检察技术与信息化

总第 003 辑
2014 年 第 1 辑

Procuratorial Technicalization And Informatization

总 主 编　柯汉民
执行主编　赵志刚

编委会 STAFF

总主编

柯汉民
最高人民检察院副检察长

顾问（按照姓氏笔画排序）

王世全
中国刑事警察学院党委书记、院长，
教授、硕士生导师

丛 斌
中国工程院院士，九三学社中央副主席，
河北省政协副主席，教授、博士生导师

冯玉才
华中科技大学教授、博士生导师，
中国计算机学会数据库专业委员会委员

刘 烁
公安部物证鉴定中心主任

吕述望
中科院信息安全国家重点实验室教授，
博士生导师

沈 敏
司法部司法鉴定科学技术研究所所长

李学军
中国人民大学法学院证据学教研室主任，
教授、研究员、博士生导师

罗晓沛
中科院大学教授，
中国计算机学会数据库专业委员会荣誉委员

倪光南
中国工程院院士，
中国中文信息学会理事长，中科院计算所研究员

霍宪丹
司法部司法鉴定管理局局长、教授，
社会系统工程专家组成员

执行主编

赵志刚
最高人民检察院技术信息研究中心副主任

执行副主编

江一山
最高人民检察院技术信息研究中心正厅级干部

幸 生
最高人民检察院技术信息研究中心副主任

贺德银
最高人民检察院技术信息研究中心副主任

编委

时 磊
最高人民检察院技术信息研究中心办公室主任

聂 宏
最高人民检察院技术信息研究中心人事财务处处长

钟福雄
最高人民检察院技术信息研究中心信息化二处处长

程剑峰
最高人民检察院技术信息研究中心技术管理处处长

周颂东
最高人民检察院技术信息研究中心司法鉴定中心副主任

刘 勇
最高人民检察院技术信息研究中心司法鉴定中心副主任

孙玲玲
北京市人民检察院技术处处长

刘会来
天津市人民检察院技术处处长

韩业兴
河北省人民检察院技术处处长

岐李娃
山西省人民检察院技术处处长

王占义
山西省检察技术鉴定中心主任

吕永华
内蒙古自治区人民检察院技术处副处长

侯占臣
内蒙古自治区信息化建设处处长

王明彪
辽宁省人民检察院技术处处长

朱泽森
吉林省人民检察院技术处处长

石 岐
吉林省人民检察院信息处处长

王树春
黑龙江省人民检察院技术处处长

邱建平
上海市人民检察院技术处处长

陈军标
上海市人民检察院信息中心副主任

赵晓春
江苏省人民检察院技术处处长

黄世军
浙江省人民检察院技术处处长

汪向阳
安徽省人民检察院技术处处长

吴晓华
福建省人民检察院技术处副处长

滕锦东
福建省人民检察院信息办主任

黄有兰
江西省人民检察院技术处处长

王 谷
江西省人民检察院信息中心主任

李建军
山东省人民检察院技术处处长

牟义军
山东省人民检察院信息中心主任

侯现军
河南省人民检察院技术处处长

马维民
河南省人民检察院信息化管理处处长

杨 皓
湖北省人民检察院技术信息处处长

雷 华
湖南省人民检察院技术处处长

谈 固
湖南省人民检察院网络信息处处长

肖 永
广东省人民检察院技术处处长

李 枫
广西自治区人民检察院技术处处长

陈廷河
海南省人民检察院技术处副处长

丛丽娜
海南省人民检察院信息办主任

田 渝
重庆市人民检察院技术处处长

廖学东
四川省人民检察院技术处处长

李 斌
四川省人民检察院信息办负责人

庄 皓
贵州省人民检察院技术处处长

黎达勋
云南省人民检察院技术处处长

马君毅
云南省人民检察院信息网络处处长

周森林
西藏自治区人民检察院技术处处长

王 勇
陕西省人民检察院技术处处长

毛蔚伟
甘肃省人民检察院技术处处长

齐世萍
甘肃省人民检察院网络信息处处长

王 华
青海省人民检察院技术处处长

贺剑锋
宁夏自治区人民检察院技术处处长

朱文贤
新疆自治区人民检察院技术处处长

马山虎
新疆生产建设兵团人民检察院技术处处长

执行编辑

季 芳
最高人民检察院技术信息研究中心信息化二处副处长

李 佳
最高人民检察院技术信息研究中心司法鉴定中心主任科员

侯建刚
山东省人民检察院信息中心干部

卷首语

科技强检战略是"十二五"时期检察工作的重要决策部署，推动检察技术和信息化工作科学发展，服务检察工作大局是科技强检战略的核心内容。在当前科技强检战略深入推进，技术信息工作科学发展，全国检察机关统一业务应用系统部署在即的重要时期，最高人民检察院检察技术信息研究中心与中国检察出版社合作，应势推出了《检察技术与信息化》连续出版物，这是最高人民检察院检察技术信息中心坚定不移贯彻党组部署，深入实施科技强检战略的一项重要举措。

科学技术是第一生产力，是先进生产力的集中体现和主要标志。新科技革命迅猛发展，深刻地改变了经济和社会的面貌，信息技术发展也出现了诸多新的特点和趋势。无线通信技术、物联网技术和虚拟现实技术趋于成熟，手持式智能终端、电子商务应用和移动办公应用趋于普及，数字媒体技术、网络互联技术和数字安全技术趋于融合。通过《检察技术与信息化》等媒介渠道不断地了解新技术、运用新技术，跟上科学技术进步步伐，进而提升检察工作科技含量，是时代赋予检察技术信息工作的责任和使命。

检察机关科技强检工作经过十多年的发展，在检察工作中的地位和作用不断提高，已成为推动检察业务工作发展和综合服务能力提高的重要力量。但从总体发展水平上看，检察机关科技发展水平仍然较低，底子薄、基础差、发展慢、层次低的问题仍然没有得到根本解决，科技应用工作仅能作为检察工作的辅助和补充，尚不能起到加强和引领检察工作的作用。检察科技工作仍然存在突出亮点少，先进经验不多，技术优势不明显等问题。检察机关与金融、通信、交通、广电等先进行业相比，科技水平差距较大；与公安、海关、财政、社保等政府部门相比，应用水平差距较大。针对这一现状，最高人民检察院技术信息中心希望以《检察技术与信息化》作为重要阵地，统一思想、解读政策、宣传先进、交流经验、放眼世界，将国家政策与科技强检相结合，将部署要求与工作实践相结合，将先进技术与实际应用相结合，将实践经验与理论创新相结合，以时不我待的紧迫感和责任感，促进各项检察技术信息工作健康发展。

最高人民检察院技术信息中心将《检察技术与信息化》定位为全国检察机关技术信息部门、相关刑事司法机关、相关行政执法机关的业务指导性用书，希望通过出版《检察技术与信息化》，加强方向引导，促进学术交流，凝聚人心士气，弘扬科技文化，将该出版物建设成为解读政策法规的园地、学习科技理论的阵地、促进工作交流的平台、树立行业形象的抓手。在出版定位方面，坚持指导性、实用性、可读性相结合，立足检察大局，紧贴工作实际，稿件选取上兼顾及时性、热点性、扩展性、深入性，既具有杂志的速度与表现力丰富等特性，又具备图书的深度、严谨与工具价值，充分调动各级检察技术信息部门的积极性，把该出版物办成富有检察科技特色，具有先进理念的连续出版物。在出版风格方面，采用"杂志书"的形式，在内容选择、编辑体例和阅读体验上充分借鉴杂志和图书各自的优点，并在传统纸质出版物的基础上，增加二维码等新技术手段辅助阅读功能，提高读物的科技含量，使读者获得更加丰富便捷的阅读体验。在读者定位方面，以提高科技强检工作水平为目的，主要读者定位在检察科技系统管理人员和技术人员、科技界理论研究人员、法学界有关专家学者、检察技术与信息化工作爱好者等领域，本连续出版物向社会公开发行。

《检察技术与信息化》连续出版物的出版工作得到了最高人民检察院胡泽君常务副检察长和柯汉民副检察长的亲切关怀。出版工作从提出申请到完成首期编辑，仅用了不到两个月的时间，先后收到稿件100余篇，采用稿件30余篇，审阅稿件200余万字，参与编辑、校对的同志克服了时间紧、任务重、要求高等困难，加班加点，高质量、高效率地完成了出版发行的所有任务环节，初步达到了"技术特色突出、整体设计新颖、栏目设置合理、稿件质量上乘、指导作用明显"的指导要求。在《检察技术与信息化》即将付梓之际，我们诚挚地希望所有读者大力支持我们的工作，不吝赐稿，多提宝贵意见，共同将《检察技术与信息化》编出特色、做成精品。▲

■ 最高人民检察院技术信息研究中心副主任 赵志刚

目录

P4 / "两会"代表委员对检察技术信息化充满期待

P7 / 勤奋严谨、务实创新
——聚焦全国检察业务专家、北京市人民检察院检察委员会委员、技术处处长孙玲玲
北京市人民检察院

领导论坛

P12/ 在全国检察技术信息部门学习贯彻"两个细则"电视电话会议上的讲话
最高人民检察院技术信息研究中心副主任　赵志刚

P16/ 在全国检察技术信息部门学习贯彻"两个细则"电视电话会议上的讲话
最高人民检察院技术信息研究中心副主任　李生

政策法规

P24/ 人民检察院文件检验工作细则

P26/ 人民检察院法医工作细则

政策解读

P29/ 2014年检察技术和信息化工作要点
最高人民检察院技术信息研究中心

专题：全国检察机关业务应用系统统一工作

P32/ 检察业务统一应用系统权限管理设计
最高人民检察院技术信息研究中心　贾茂林　贺德银　郑颖

P40/ 检察机关统一业务应用系统运维模式初探
上海市浦东新区人民检察院　王滨　桑鹏罡

机制研究

P46/ 浅议职务犯罪侦查信息化
最高人民检察院技术信息研究中心　钟福雄
湖北省武汉市江岸区人民检察院　丁建业　李保洋

P53/ 互联网时代应树立刑事司法新理念
广东省深圳市南山区人民检察院　胡捷

P59/ 检察数据异地容灾备份系统建设的思考
广东省人民检察院　李向荣

P64/ 检察机关大数据中心建设研究
山东省聊城市人民检察院　崔兆强
湖北省武汉市汉阳区人民检察院　李昌俊

P71/ 对现行《罪犯保外就医执行办法》和《罪犯保外就医疾病伤残范围》的几点思考
江苏省人民检察院　邢庭　顾晓生　方超

P77/ 司法鉴定改革立法之比较分析
——以修改后《刑事诉讼法》与《民事诉讼法》为视角
湖北省武汉市人民检察院　梅增辉　佘汉春　马建一

P83/《刑事诉讼法》修改背景下同步录音录像新问题研究
——以同步录音录像资料的证明力为视角
江苏省宿迁市人民检察院　孙辉　徐超

P89/ 电子数据取证云平台建设及其运行机制研究
北京市人民检察院　孙玲玲　刘品新　赵宪伟　王跃聪

科技论坛

P97/ 数字录音剪辑检验
最高人民检察院技术信息研究中心　王宁敏　李佳
陕西省人民检察院　樊渭钊
天津市人民检察院　李士杭
云南省昆明市人民检察院　濮大为

P112/ 办公一体化系统框架研究
最高人民检察院技术信息研究中心　张建聪
甘肃省张掖市甘州区人民检察院　马振清
东软集团股份有限公司　艾岩

P117/ 论基于GPON技术的检察涉密网络构建
浙江省嘉兴市人民检察院　孟伟江
浙江省海宁市人民检察院　傅晓峰

P122/ 笔迹的心理分析
最高人民检察院技术信息研究中心　周颂东

工作视点

P129/ 信息共享在监所检察中的应用
天津市人民检察院　赵诗航
最高人民检察院技术信息研究中心　黄华
湖北省武汉市人民检察院　陈默

P135/ 天津市东丽区人民检察院创新技术 4S 理念，为案管工作提供坚强保障
天津市东丽区人民检察院

P138/ 一体化：四川省检察机关司法会计工作的探索与实践
四川省人民检察院 廖学东

经验交流

P147/ 电子数据证据审查
上海市人民检察院 高峰

P153/ 一起摹仿笔迹的鉴定
山东省青岛市人民检察院 苏茂生 徐博

P155/ 攻坚克难 司法会计为诉讼监督提供技术支持
北京市人民检察院 朱红 王秋平

P161/96 例重新鉴定后变更原鉴定意见案件的法医学分析
甘肃省人民检察院 刘嘉 张恒 毛蔚伟

P165/ 运用电子数据 引导案件侦查
——上海铁路运输检察院查办吴某贪污案的主要做法
上海铁路运输检察院 柳旦

P170/ 大数据时代下的涉检网络舆情应对
江西省萍乡市人民检察院 胡照
江西省萍乡市湘东区人民检察院 彭澍澍
广东省广州市人民检察院 汤珺

特稿

P176/ 检察微信指南纲要
湖北省人民检察院武汉铁路运输分院 蔡欣

他山之石

P196/ 域外司法鉴定管理体制和机构设置综述
最高人民检察院技术信息研究中心

高层声音 Macro

"两会"代表委员对检察技术信息化充满期待

"两会"代表委员对2013年的检察工作表示满意，认为高检院2013年围绕党和国家工作大局，顺应人民群众对各项检察工作的新期待，采取了一系列强有力的措施，工作思路明确，作风扎实，取得了明显成效，工作质量和效益进一步提高，贯穿了"强化法律监督、维护公平正义"的主题，符合中央和全国人大相关会议精神。

代表委员认为检察机关利用技术信息手段，加强了执法规范化、办案科技化、检务公开化，有力地推动了司法公正，充分体现了以人为本，执法为民。同时，代表委员对检察技术信息工作提出了许多宝贵的意见和建议，希望技术信息工作在进一步推动检察工作上取得新成效。

一、代表委员充分肯定检察技术信息工作有力推动检察司法公正

1. 统一业务系统加强自身监督。代表委员表示，检察机关开发了统一业务应用系统，实行四级检察机关网上办案、网上监督、网上考评，利用信息化手段对所有执法办案全过程统一实施动态管理和监督，以信息化推进执法规范化、管理科学化，以公开促公正、赢公信，使得案件管理更加规范，自身监督更加有力、更加完善。

2. 检察业务公开加强公信公正。代表委员说，检察机关积极打造阳光检务，通过开展检察开放日活动、加强检察门户网站、微博微信、手机平台建设，不断创新人民代表、人民群众的监督渠道，保障了群众的知情权、监督权，以公开促公正，以公正赢公信。

3. 行贿档案系统加强信用构建。代表委员认为，检察机关行贿犯罪档案查询系统提高行贿犯罪法律责任追究率，为各行各业提供行贿人的信息，让他们寸步难行，促进社会诚信体系的建设。

二、代表委员对检察技术信息工作的意见和建议

1. 加强统一业务应用系统。通过统一业务应用系统进一步推动执法规范化，实现更加有力的自身监督。

2. 提高侦查信息化水平。加大侦查犯罪中科技化、信息化的投入，利用信息化手段，严厉打击犯罪。

3. 进一步完善对司法鉴定工作的监督。树立司法鉴定的权威，保障案件处理结果的公平公正，提升司法公信力。

4. 加强检务公开。进一步加强检察机关信息化建设，利用信息化、网络工具，扩大公开范围，加大公开力度，增加公开深度，并建立各级检察微博微信平台，提高相关新闻发布频率，提高司法公信力、准确性和权威性，满足人民群众知情权、监督权，真正做到阳光司法，同时通过检务公开促进普法教育，提高公民法律意识。

5. 加强检务互动。通过信息化手段促进与人民群众的互动，在互动中推进民主法治建设。根据检察职能将"12309"举报网站改造成综合性检察服务电话或服务窗口，内容包括举报、控告、申诉、案件进展查询、法律咨询、对违法违纪人员的投诉、对诉讼权利的保护申请等。

6. 加强信息互联共享。建立司法、行政管理、行政执法等部门信息共享平台和行政执法与刑事追究相衔接的信息网络平台，实现案件网上移送、受理、监督，健全涉法涉诉信息共享，做到信息互通、资源共享、互惠互利，检察机关可以借此对司法机关、行政机关和行政执法机关适时进行动态监督，既可以有效地保障法律正确实施，又可以有效地推进法治中国建设和平安建设，切实保护人民群众合法权益。

7. 构建典型案例信息库。深入整理、分析挖掘大量司法实践中的典型案例，构建大案、要案等典型案例信息库，为全民普法教育、检察系统内部学习、立法等工作提供支持。

8. 加强信用体系构建。进一步完善行贿档案查询系统，继续加大力度推动社会诚信体系建设的探索和运用。

9. 加强对西部基层信息化的支持。加大对西部地区及基层检察院信息化建设的支持力度，重视提高西部、基层干警的素质和科技办案水平。

10. 加快推进检察人员分类改革。建立符合司法工作特点的检察人员分类管理制度，建立检察系统的专业技术职称体系，健全专业技术人员的管理制度。

人物聚焦 PERSONAGE

勤奋严谨、务实创新

——聚焦全国检察业务专家、北京市人民检察院检察委员会委员、技术处处长孙玲玲

文 | 北京市人民检察院

全国检察业务专家、北京市人民检察院检察委员会委员、技术处处长长孙玲玲作为全国检察系统资深的检察信息化专家,自1995年从北京大学研究生毕业后进入检察院从事检察信息化工作,至今已有19个年头,亲历、见证了检察信息化从无到有、由弱到强的发展历程,她不断思考如何将信息化与检察工作运行管理机制很好的融合,建立更好的信息化平台,为检察机关的执法规范化、队伍专业化、管理科学化、保障现代化发挥积极作用。工作以来,由于工作业绩突出,先后记个人二等功两次,三等功四次,获得北京市"三八"红旗奖章、全国"巾帼建功"标兵、全国检察机关检察技术先进个人等荣誉称号。

一、真抓实干，勇于创新，推动北京检察信息化和技术工作科学发展

在多年的检察信息化从业生涯中，孙玲玲同志始终以饱满的工作热情投入工作，她作为技术负责人，主持了多个重要信息化项目的建设，1995年－1999年主持完成了北京市海淀区检察院基础网络设施建设与业务管理系统的研发，2000年－2005年从无到有主持完成了北京市全市检察机关基础网络建设与业务管理信息系统建设，2006年－2009年实现了全市检察机关业务综合管理系统在市检察院集中部署与应用，全面升级改造了全市检察机关基础网络系统，2009年至今，按照高检院"四统一"原则和推行全国统一业务应用软件部署，转变思路，关注北京市检察机关各项机制创新继续完善和拓展信息化应用。在每一个发展阶段，孙玲玲同志认识到检察信息化没有现成模式可以照搬，必须破除畏难情绪，先行先试，激发自己创造性开展工作的能力。如2006年面对北京市检察机关原有的那种"小而全"的分布式建设模式，造成各基层院发展不平衡，系统更新难以整体推进的难题，经过深入调研，科学论证，在市院党组的领导下，推出了集中与分布相结合的北京市检察机关信息化建设新模式。即以市检察院为中心，形成三级院共同使用的"应用中心"、"数据中心"和"运维管理中心"，为全市三级检察干警提供统一的网上办公、办案应用服务，分院、基层院原有服务器仅负责本院个性化的应用需求，极大地减轻了分院、基层院建设压力，整体水平位居全国检察机关前列。实践证明，集中建设模式让有限的资金得到充分利用，有效解决了全市发展不平衡的问题；基层院减轻了建设、维护压力，将主要精力放在了应用上。北京市检察机关集中部署的成功为后来全国检察机关应用系统统一省级集中部署规划提供了经验。2009年，在最高人民检察院组织开展的首届"全国检察机关信息化应用竞赛"中，取得了信息化应用成果展示全国第一名的优异成绩，受到了与会代表及高检院领导的好评。

作为检察技术处处长，孙玲玲同志一直致力于思考如何加强科技证据在办案中的作用，她坚信随着信息技术与社会发展深度融合，电子数据必将频繁出现在刑事诉讼活动中，辅助侦查甚至主导侦查的作用将越来越明显。因此自2004年北京市人民检察院技术处引进第一台电子数据检验鉴定工作站开始，市院技术处就有计划地组织全市计算机专业技术人员进行系统培训，为计算机专业技术人员的职业发展开辟了一片新的天地，为北京市检察机关电子数据的全面发展奠定了坚实的基础。2009年制定下发了《北京市人民检察院关于加强司法鉴定工作的意见》，确定了以市院为中心，统一受理检验委托，整合全市

鉴定资源的内部工作机制。在电子数据取证工作规划中，逐步落实"一个中心、若干区域、多点支撑、全市整合"的总体发展思路，实现全市电子证据鉴定工作的整体推进，全市检察机关实验室总体建设水平在全国检察机关居于前列。针对电子数据取证技术面临介质繁多、数据海量、关联复杂等制约电子取证效率和质量的难题。2013年，孙玲玲同志带领所在团队，积极创新，借助网络虚拟化和云计算平台，高效整合全市资源，建设了全国检察机关第一个电子数据取证云平台，探索电子数据多人协同检验的工作模式。该平台依托后台强大的计算、调度、分析、存储功能，将各院的实验室相互连接起来，成为该平台的前端云节点。鉴定人员通过网络协同开展工作。在统一指挥调度下，可以分别针对文档、图片、聊天记录、数据库等独自开展工作，强化了各院的协作配合。这一模式的提出和成功建设，得到了高检院检察技术信息中心领导的高度肯定，也为北京市检察机关电子数据取证工作步入一个新的发展阶段奠定了基础。

二、深入研究、实践检察信息化基本规律，坚持走有首都特色的信息化推进道路

信息化建设是个系统工程，涉及到需求调研、规划立项、争取投资、协调推进等方方面面，在十几年的检察信息化实践中，孙玲玲同志坚信检察信息化的成效是检察机关现代化的必由之路，绝不能单打独斗，必须构建一套较为完善的管理机制，并由一个强有力的建设和应用团队来推进，机制和团队是检察信息化制度化运行的根本，是决定信息化建设、应用成败的关键因素。

北京市检察机关在管理机制方面，首先建立了职责清晰、执行有力的领导和协调机制，在信息化建设推进过程中有效发挥科学决策和总体统筹作用。自2006年以来，全市检察机关信息化工作在市院信息化领导小组的统一领导下开展。检察长担任市院信息化领导小组组长，市院各党组成员、副检察长均为小组成员。同时设立信息化领导小组办公室，由主管信息化副检察长担任信息化办公室主任，各主要业务处室、综合处室处长为成员，负责规划、组织、协调具体建设及应用工作的贯彻实施。第二是建立了以应用部门为主导的研发应用机制。应该将信息化工作作为各职能部门工作计划的重要内容，集中业务骨干力量参与调研攻关，与技术人员形成合力，确保系统研发、培训、应用考核全面深入开展。第三是建立了建设、管理、培训并重的运行机制。在各个应用系统投入运行时，要进行深入的应用动员和应用培训部署，制定严格的规章制度，确保应用系统的有效运行。第四建立了与合作公司规范、双赢的工作机制。在司法机关人力资源有限的状况下，

当前信息化建设和运维主体越来越趋向于外包模式,通过严格的招投标程序确定建设、监理、运维的合作公司后,采用项目管理机制确保各系统顺利实施,并合理确定相关费用,确保合作公司能够提供高水平的后续服务,确保各个系统持续的生命力。

在团队建设方面,一是培养一支复合型的应用骨干队伍。技术处在市检察院各个应用部门发展了相对固定的信息化联系人制度,定期对联系人进行培训,培养了一支既精通业务又熟悉计算机应用的骨干队伍,通过这支骨干队伍将信息化与各个业务条线紧密融合在一起。二是建立一个有效的信息化与业务融合的中层管理运行机制。市检察院信息化领导小组办公室的日常运行由技术处负责,定期召开市院各个职能部门负责人参加的信息化领导小组办公室会议,总结、研讨、督促各个条线信息化建设、应用情况,使各个部门的负责人将本条线的管理机制创新自觉地与信息化结合在一起,同时每年各个业务条线年度工作部署前,我们要提前下发全市检察机关年度信息化发展要点,将信息化工作融入各个条线的年度业务工作部署中。三是培养一支德才兼备的专业技术人员队伍。信息化建设与运维投资大,牵涉利益大,方方面面都很关注,孙玲玲同志与所在技术部门的同志们多年来严格遵守各项规章制度,认真落实党风廉政建设责任制,做到自身净、自身硬。技术处内部专业技术人员实行严格的岗位责任制和项目负责制。责任到人，项目到人，职责清晰，目标明确，在多个项目的磨砺下，技术处专业信息化技术人员快速成长起来，得到院领导和广大干警的肯定，全市检察技术骨干已有多人走上技术、反贪大要案指挥中心、案管、控申等处职领导岗位。市检察院技术处自2006年至今，荣立北京市"三八"红旗集体、集体二等功、三等功各一次，全国检察信息化建设先进集体等，连续五年被评为院优秀党支部。

三、推进检察业务与信息化融合过程中，自觉钻研司法运行规律

检察信息化的应用有不同于其他行业的许多特点，首先，必须认真研究和摸索其自身的规律，使各个应用系统符合实际工作需要。为了更好地完成本职工作，孙玲玲同志一直坚持学习法律专业知识。在职学习了中国人民大学法律本科课程，参加了为期4个月的北京市政法委组织的赴美政法高级人才培训班，对国内外司法体系有了较为系统的了解，并结合科技证据在办案中的作用发挥，先后撰写并发表了《从"美国错案报告"论从司法实践中强化证据观念》等多篇法学论文。其次，在检察信息化实践中不断思考检察机关业务、队伍、管理的运行模式与规律。孙玲玲同志十几年来一直在从事检察业务管理的信息化，对检察业务运行模式、各个业务环节之间的配合与制约非常熟悉，对检察实务比较了解，深入思考制约办案质量和效率的不利因素，在检察业务信息化工程中发挥了积极的专业化引导作用，并在《检察日报》等核心期刊发表了10余篇有价值的检察信息化方面的论文。正是由于她充分发挥了复合型的人才作用，为北京市检察工作现代化做出了积极贡献，2012年被任命为北京市检察院检察委员会委员，进一步拓展和提升了孙玲玲同志对业务、队伍、管理的运行模式与规律的认知，尤其对于信息公开是把内外部监督落到实处的有效途径、以公开促公正有了更加全面的理解与把握。▲

赵志刚

最高人民检察院技术信息研究中心副主任

在全国检察技术信息部门学习贯彻"两个细则"电视电话会议上的讲话

同志们：

刚刚过去的一年，全国各级检察机关技术信息部门全体同志上下齐心，步调一致，不畏艰辛，勇于担当，为全面推进检察技术和信息化工作，特别是统一业务应用系统部署工作，付出了不懈努力，在贯彻落实高检院重大部署上取得优秀成绩，得到高检院党组充分肯定，在此我代表高检院技术信息中心向大家表示衷心的感谢！

下面，我结合深入学习贯彻党的十八大、十八届三中全会和中央政法工作会议精神，结合深入学习习近平总书记系列讲话以及近期总书记系列指示、批示精神，按照全国检察长会议和全国检察机关统一业务应用系统部署工作会议的要求，就检察技术和信息化工作面临的形势与任务讲几点意见。请大家批评。

一、充分认识实施科技强检战略的重要意义

党的十八届三中全会《关于全面深化改革若干重大问题的决定》提出了推进国家治理体系和治理能力现代化的总目标。建设法治中国，深化司法体制改革，加强建设公正高效权威的社会主义司法制度，维护人民权益，让人民群众在每一个司法案件中都感受到公平正义。孟建柱同志在中央政法工作会议上提出，以创新社会治理方式、深化司法体制改革、推进科技信息应用、改进政法宣传舆论工作为着力点，深入推进平安中国、法治中国和过硬队伍建设，切实提高政法工作现代化水平。曹建明检察长在全国检察长会议上强调，要深入实施科技强检战略，大力实施电子检务工程，加强检察信息化建设顶层规划，推动检察机关业务、政务、队伍、后勤管理信息系统融合贯通。积极参与跨部门网上执法办案平台建设，促进形成执法司法信息化综合系统。进一步加强检察技术工作，完善检察技术与检察业务协作机制，优化资源配置，务实开展司法鉴定实验室建设，加强电子数据、司法会计等技术门类建设，更好地发挥检察技术对执法办案的支持作用。

无论是国家治理体系和治理能力现代化建设，还是政法工作现代化建设，科学技术和信息化是基础，起到至关重要的支撑作用。在当今以信息技术为代表的科学技术的飞速发展，云计算、物联网、大数据等新技术广泛应用的同时，犯罪手段的高智能化、高科技化特点更加突出，传统的办案方法和模式已不能满足检察机关法律监督工作的需要，依靠尖端人才、先进技术、先进设备、前沿方法来发现、提取、分析、判断证据，解决专门性问题越来越显得重要；用科技和装备提高战斗力，解放生产力，解决人员不足对于检察技术信息部门更显迫切。这些都充分说明实施科技强检战略的重要意义，要求我们必须认真做好检察技术和信息化工作。

二、认真落实今年检察技术和信息化工作任务

为布局今年的工作，我们已经印发了《2014年检察技术和信息化工作要点》，希望各地结合本地实际认真贯彻落实。今年全国检察技术和信息化工作的总体思路已经确定，一是以云计算、物联网、大数据等新技术为导向，全面推进电子检务工程建设，做好总体规划和顶层设计，努力提升检察机关信息化应用水平，各省级院要在今年第三季度完成可行性研究报告的编制和报批工作。二是以部署全国检察机关统一业务应用系统为重点，全面推进检察办公、办案、队伍管理、检务保障等业务应用系统融合贯通，推动政法部门网上执法办案平台建设。加强检察数据中心和灾备中心建设和完善，集中存储、综合利用信息数据，逐步建立各类检察信息数据库，为科学决策提供全面、详实、客观的数据资源。三是以建设非涉密内网和检务外网统一平台为基础，整合信息资源，推进职务犯罪侦查技术和信息化应用，实现联网查询涉案信息和共享应用，建立和完善行政执法与刑事司法相衔接信息共享平台。加大检务公开力度，通过门户网站集成微博、微信等新媒体技术，涵盖信息发布与交流、案件信息查询、12309在线举报、网上咨询、行贿档案查询、舆情监测等功能应用，打造面向服务人民群众的综合性互动平台。四是启动新一轮司法鉴定实验室建设，立足需求，坚持布局合理、资源共享、急用先建、务实求真的原则，抓好各级检察机关司法鉴定实验室建设。在夯实传统实验室技术门类的基础上，紧跟时代科技潮流，积极探索利用云计算、大数据等新技术手段，重点发展电子证据和司法会计专业板块，全面服务职务犯罪侦查工作，充分发挥检察技术提升检察机关办案质量的巨大潜力，带动检察技术工作整体进步。近日高检院胡泽君常务副检察长对今后检察机关实验室建设提出明确要求，胡检强调指出"要务实推进新一轮的司法鉴定实验室建设工作，要充分利用、整合、优化现有资源，本着对国家负责、对事业负责的精神，充分考虑到财力情况，考虑到省情、市情、县情，切实做到节约、务实、管用，不能盲目建设"。对于胡检的指示要求各地要在实验室规划建设中坚决予以贯彻落实。五是进一步加强检察技术与检察业务工作协同机制建设。探索以检察业务需求为主导、以新技术应用为主动力的检察技术改革。从政策顶层设计的高度，使检察技术能够全面进入到业务办案程序，进入到办案环节，达到全面、深入应用的目的。通过应用统一业务应用系统，完善检察技术部门与业务部门的协作配合机制，确保检察技术纳入办案流

程，形成常态化和规范化。我们注意到上海市院技术部门在技术响应办案上有了规范性文件，值得推广学习。六是创新开展检察机关科技管理基础工作。修改完善《科技强检示范院创建办法》，开展创建活动，推进科技强检向纵深发展。制定检察系统科研课题研究发展计划，创新机制，加强督促落实，推进检察技术和信息化基础科研工作有新进展、新成效。

三、注重加强技术队伍的作风、纪律和能力建设

一是要坚持党的正确领导，始终坚持正确的政治方向。把认真学习、全面贯彻党的十八大、十八届三中全会和习近平总书记系列重要讲话精神放在加强技术队伍建设的首位，坚持党的领导不动摇，着力提高全体技术人员的政治敏锐性和政治鉴别力，用中国特色社会主义理论武装头脑，牢固树立大局意识、进取意识、机遇意识、责任意识，按照政治过硬、业务过硬、责任过硬、纪律过硬、作风过硬的要求，努力建设一支信念坚定、执法为民、敢于担当、清正廉洁的技术队伍，提高做中国特色社会主义事业建设者、捍卫者的自觉性、主动性。

近日，习近平总书记、孟建柱同志对检察工作作出重要批示。习近平总书记在批示中指出，2013年，各级检察机关紧紧围绕党和国家工作大局，忠实履行宪法和法律赋予的职责，各项工作取得新进展。希望再接再厉，深入贯彻落实党的十八大、十八届三中全会和中央政法工作会议等重要会议精神，始终坚持党的领导不动摇，建设过硬队伍，强化法律监督能力，提高查办和预防职务犯罪水平，促进严格执法、公正司法，保障人民利益，维护宪法法律权威，为推进全面深化改革、实现依法治国作出新贡献。孟建柱同志在批示中指出，习近平总书记对检察机关去年工作的重要批示是对全国检察机关同志们的极大鼓舞，希望大家以中央领导的亲切关怀作为进一步做好检察工作的强大动力，进一步坚定理想信念，忠诚党的事业，认真履行法律赋予的职责，坚持公正司法，加强法律监督，不断提高工作水平，努力为法治中国建设、全面建成小康社会作出新的更大的贡献。习近平总书记对检察工作作出重要批示，既充分肯定了2013年全国检察工作取得的成绩，又站在党和国家全局的高度，对进一步做好检察工作提出了殷切希望，充分体现了以习近平同志为总书记的党中央对检察工作的高度重视、对全体检察人员的亲切关怀，既是对全国检察机关的极大鼓舞，也是对广大检察人员的有力鞭策。各级检察技术信息部门要结合本职工作，学习好、贯彻好习近平总书记对检察工作的重要指示批示精神，作为当前和今后一个时期的重大政治任务，切实抓紧抓好，迅速掀起学习贯彻热潮。

二是要抓好队伍作风建设。巩固第一批党的群众路线教育实践活动成果，认真落实整改措施，扎实开展第二批教育实践活动。严格执行中央八项规定和高检院的实施办法，聚焦解决检察技术和信息化工作中存在的"四风"问题，增强工作亲和力和人民群众满意度。落实党风廉政建设责任制，着力培养检察技术人员与时俱进、开拓进取、一丝不苟、求真务实、爱岗敬业、甘于奉献、公正执法、清廉严明的作风。在这里要特别强调的是，大家要结合学习贯彻中央纪委第三次全体会议精神，加强检察技术人员的廉政教育。在技术办案中要严格执法、公正执法、文明执法、

处处保持公心，处处维护公信；在电子检务工程、实验室建设等涉及大量资金投入的政府采购过程中要强化监督制约机制，严格照章办事，做到公私分明、克己奉公、严格自律，确保工程优质，干部优秀。

三是要强化队伍能力建设。要努力提高专业技术水平，增强解决疑难案件的技术能力、自我监督的能力、应对突发事件的能力和做群众工作的能力，增强信息化规划、设计、实施和运维管理等方面的能力。采取多种措施，加大培训轮训力度，加强专业技术人员的相互沟通，建立交流平台，通过讨论问题、交流心得，实现经验共享，通过技术能力比试、对抗等方式，激发专业技术人员的学习热情，促进技术能力的不断提升。高检院启动检察技术和信息化"双百"人才库成员评选活动，着力打造一支政治过硬、技术精湛、作风扎实的专家型人才队伍。按照《人民检察院工作人员分类管理制度改革意见》，积极探索符合检察技术信息工作职责的人员分类管理制度改革，争取在技术人员的职称评定问题上有所突破。此外，要进一步加强检察技术机构和队伍建设，在摸清队伍情况和工作状况的基础上，通过分析论证，为引才、聚才、留住人才，向院党组和政治部门提出方案和建议，力争使技术队伍建设有所改观。

同志们，面对新形势、新要求、新任务，尽管我们还存在许多困难和问题，只要大家坚定信念，积极进取，一定能够推动检察技术和信息化工作创新发展。让我们在党的十八届三中全会精神的指引下，认真贯彻落实中央政法工作会议和全国检察长会议精神，围绕司法体制改革和检察工作改革的总体目标，积极谋划检察技术和信息化工作改革与创新发展，团结一心，真抓实干，为检察工作的科学发展作出自己应有的贡献。

最后，在春节即将来临之际，我给大家拜个早年，祝大家节日快乐、工作顺利、家庭幸福、身体健康！

谢谢！▲

幸 生

最高人民检察院技术信息研究中心副主任

在全国检察技术信息部门学习贯彻"两个细则"电视电话会议上的讲话

同志们：

今天，我们召开全国检察技术部门贯彻实施《人民检察院法医工作细则》和《人民检察院文件检验工作细则》（以下简称"两个细则"）电视电话会议。这是检察技术信息部门2014年召开的首个全国性会议。下面，我就贯彻落实好"两个细则"以及今年实施《人体损伤程度鉴定标准》，讲几点意见。

一、关于"两个细则"

（一）修改的背景和主要过程

为使相关的司法解释、规范性文件与修改后的《刑事诉讼法》相衔接，在全国人大审议通过《刑事诉讼法》后，高检院研究室就下发通知，要求各厅室局对高检院以往颁布的司法解释和规范性文件进行统一清理，按照谁主办谁负责的原则，由相关部门提出"修订或废止"的意见。《人民检察院法医工作细则（试行）》和《人民检察院文件检验工作细则（试行）》是1988年高检院颁布的，已实施了二十多年。作为检察技术工作规范体系架构之一的专业细则，检察技术信息中心（以下简称"中心"）经过研究，决定对其保留并进行修订。为此，"中心"于2012年8月组织系统部分法医和文检专家召开了一次专题研讨会。经过充分的研究讨论，统一了思想，明确修改原则和方法、步骤，并进行了分工。在系统专家分别研究、提出各自修改意见的基础上，同年9月，"中心"再次组织进行了集中统稿，形成了"两个细则"的征求意见稿。经高检院领导批准，下发征求了系统技术部门的意见。各省级院检察技术部门组织人员进行了认真研究，共有23个省级院检察技术部门反馈了具体的修改意见和建议。在充分吸纳各地意见的基础上，经反复修改，于2013年1月，"中心"征求了高检院各业务厅（室、局）的意见。2013年12月3日，经高检院第十二届检察委员会第十三次会议审议，通过"两个细则"，并于12月23日正式印发施行。

（二）修改的主要考虑

1."两个细则"对于推动检察技术工作的发展起到了重要作用。上个世纪八十年代检察技术工作建立之初，对于大多数检察院来讲，法医和文检是检察机关技术工作中最先起步的两个传统专业门类。法医专业主要是适应当初检察机关对重大责任事故案件侦查、死刑临场监督的需要，文件检验专业主要是经济案件检察需要而建立起来的。"两个细则"颁布，对于促进检察机关法医工作和文检工作发挥了不可替代的作用，也为许多地方检察技术机构的设立、人员引进、设备投入、基础建设提供了依据。同时，对于规范法医和文检工作，逐步树立检察机关法医和文检工作影响力和权威性发挥了重要作用。

2."两个细则"修改和重新颁布，是建立和完善检察技术工作制度体系的重要内容和举措。如何做好检察技术工作发展的顶层设计，这些年"中心"做了相应的摸索，目的是从制度设计和工作规范上保障检察技术工作作用的发挥，从程序上保证检察技术进入检察机关的办案流程中。2011年在湖北宜昌召开的检察技术和信息化工作会议上，柯汉民副检察长提出：用两年左右的时间，逐步建立以检察技术工作规定为总纲，以"勘验规则"、"鉴定规则"、"文证审查规则"为主要内容，以各相关专业工作细则为基础的比较完整的检察技术工作规范化体系，以指导我们的工作，规范我们的办案方式和办案行为。"宜昌会议"后，"中心"组织人员着手进行了"现场勘验规划"和"文证审查规划"的制订工作，也形成了两个规则的征求意见稿，但种种原因，未能出台。就专业工作细则而言，2009年前后，"中心"制订并下发各个专业的程序规则。但毕竟是部门层面的文件，是技术部门内部规范，文件的效力和执行效果都有待于提高。这次借助"两个细则"修订，提高专业工作细则发文层级和效力，对于检察技术工作制度体系的形成和逐步完善具有重要意义。

3.以"两个细则"实施为契机，强化对技术性证据审查工作的规范。"文证审查"工作是传统的叫法，它是体现检察技术部门法律监督职能的重要工作，是检察技术部门参与检察机关执法办案主要方式和途径之一。各地在文证审查工作机制建设上，作了许多尝试，也取得很好的效果，据统计，有13个省级院出台了相关制度规范。近年来，"中心"也多次组织人员研究起草《文证审查规则》，但都终于征求意见阶段。2010年7月"两高三部"《关于办理死刑案件审查判断证据若干问题的规定》和《关于办理刑事案件排除非法证据若干问题的规定》对鉴定意见审查作了明确规定。修改后的《刑事诉讼法》将非法证据排除制度上升为法律规定，使我们在"两个细则"修订中对文证审查工作进行规范有了法律依据。如果"两个细则"能够得到高检院业务部门，特别是侦监厅、公诉厅的认可，以高检院发文，对于促进检察技术部门在审查证据方面的作用发挥，突出检察技术工作在检察机关履行法律监督中的作用，全面完整地建立文证审查制度机制都具有重要意义。

（三）关于修改后的"两个细则"中的重点内容

此次修改注重与《刑事诉讼法》和《人民检察院刑事诉讼规则（试行）》等法律法规相吻合，并与中央关于司法鉴定体制改革的总体要求相衔接。同时，保留比较成熟的规定内容，以保持其连续性和稳定性。在两个细则中，紧紧围绕检察机关法律监督职能，对法医工作服务渎检、监所、侦监、公诉等部门执法办案，文检在检察机关查办职务犯罪、民事行政检察等执法办案上的要求和程序作了进一步细化和规范，使其在业务办案中发挥更好辅助和支撑作用，增强了法医、文检工作在执法办案上的针对性、操作性。同时，吸收了各地工作实践的经验，对近年来"中心"制度建设成果进行了引入和提炼。

一是"两个细则"明确了检察机关法医工作、文检工作的范围。两个细则的第二条均作了明确规定，分别是检验鉴定、技术性证据审查、参与现场勘验检查和协助收集提取证据、技术咨询和参与法庭审理活动。要进一步说明的是，这些工作内容中，法医和文检鉴定委托主体除检察机关办案部门外，还可以是其他机关或者单位。与《人民检察院鉴定规则（试行）》第9条规定的"鉴定机构可以受理人民检察院、人民法院和公安机关以及其他侦查机关委托的鉴定"相比，接受委托的范围有所扩大，这里的"其他单位"既包含了其他政法机关，也包括了工商、税务、海关、纪检监察等行政执法机关。在征求高检院业务厅（局）意见时，有些厅（局）提出，应当适当扩大受理范围，对"其他单位"委托的鉴定也可以受理。"其他单位"主要是指除司法机关、行政执法机关等"机关法人"之外，还包括事业法人和企业法人。同时，要说明的是，《人民检察院鉴定规则（试行）》第10条规定了检察机关内部实行逐级受理、其他机关实行同级受理的规定。但在"两个细则"中没有此规定。主要基于以下考虑。第一，"两个细则"的规定应当符合《刑事诉讼法》、《人民检察院刑事诉讼规则》规定以及中央关于司法鉴定体制的改革要求和全国人大《决定》精神。第二，《人民检察院鉴定规则（试行）》实施几年来，据各地反映，对于其他机关实行同级受理制度的设置存在实施上困难和问题。第三，检察机关不宜与事业法人、企业法人进行级别比较，同时，根据中央关于事业单位改革的精神，事业法人和企业法人也将取消行政级别。但要强调的是，检察机关内部的委托仍要严格实行逐级受理制度。

二是"两个细则"吸收了近年来制度成果和实践需要。在《法医工作细则》中，第12条对尸体解剖场所和设施的要求，对解剖过程中的行为举止要求，第14条中禁止其他人员对尸体解剖进行照相和录音录像规定。在《文检细则》中，第7条对委托单位送检检材的要求和对送检样本进行确认的要求，第10条对协助委托单位补充样本给予技术指导和协助要求，以及第15条提出的"先无损、后有损"和"系统检验"规定等等。都是检察技术部门多年来的经验总结。借助"两个细则"修改，将这些好的做法通过规范性文件作出明确，有助于加强风险防控，提高工作规范性和工作的质量与效果。

三是"两个细则"对技术性证据审查作了比较系统的规定，统一了技术性证据审查意见书的用章。第一次正式提出了"技术性证据审查"的概念以及调整原因。首先，从检察技术部门审查的对象上看，针对的是运用专门技术方法和手段获得的案件证据，而不是广义上的"文证"。其次，高检院公诉厅以及许多地方的公诉部门也认为，未经查证属实的不能称为"证据"，只能叫"证据材料"，而检察技术部门审查的对象是案件中涉及的"技术性证据材料"，比较恰当的叫法应当是"技术性证据材料审查"，简称"技术性证据审查"。此次修订，采纳了这一意见。再次在法医专业之外的规范性文件中引入了"技术性证据审查"内容。过去的"文证审查"主要是指法医工作，这次在"文检细则"修订中，将该项工作正式写入，这样也为今后其他专业开展"技术性证据审查"提供了依据。第三，明确了案件中涉及的法医学检验鉴定的几类情况必须进行审查，审查包括了七种情形，这个要求对办案部门和技术部门都具约束力。第四，进一步明确了"技术性证据审查"的内容。第五，明确了"技术性证据审查"人的资格条件。第六，规定了关于"技术性证据审查"意见书的用章问题。关于印章的制作，可由各省级院技术部门进行统一制作，印章规格可参照"司法鉴定专用章"。

四是"两个细则"对鉴定人出庭提出明确要求。检察技术部门人员出庭有两种情形。一是作为案件的鉴定人出庭；二是作为"技术性证据审查"人出庭，也就是《刑事诉讼法》所指的"具有专门知识"的人员，就鉴定人作出的鉴定意见提出意见。在这个方面四川省检察机关结合《刑事诉讼法》对于鉴定人出庭的要求，积极探索建立《专家辅助人工作办法（试行）》，发挥专家辅助人在出庭支持公诉、庭审质证等方面的作用，取得比较好的效果。

（四）关于"两个细则"的贯彻实施

一是各级检察技术部门要把贯彻实施"两个细则"作为今年一项重点工作，摆上重要议事日程。检察技术工作经历了二十多年的发展，有过快速发展的辉煌时期，也经历了减速发展的低谷。起伏波动的原因是多方面的，既有发展理念上主观原因，导致出现思想上的不统一，认识上的偏差；也有大环境发生变化的客观原因，如法律修改，导致检察技术工作范围、工作内容的调整；还有我们自身抓工作的措施和方法掌握是否得当等等，除此之外还有一个很重要的原因就是作为政策层面、法律层面、制度层面规范检察技术工作的法律规定和制度要求的内容还不多。由于没有制度保障，因此检察技术工作的发展很难进入一个正常的发展轨道。多年来一些检察院的检察技术部门想尽办法、想方设法力图改变等案上门的局面，许多地方取得了比较好的效果，将检察技术融入到办案业务工作中，发挥了很好的作用，这就是我们所讲的检察技术与检察业务建立起有机的、密切协作的配合机制，使检察技术进入良性的发展循环。就全国整体而言，密切配合业务工作，能够形成整体联动的地区和单位还不够多、还不够广泛，尤其在高检院层面，作为规范全国上下整体的制度没有建立起来，没有硬性规定和制度保证，相当多的单位一年下来没有多少案件办理，造成人员无事可做，设备闲置。长此以往，检察技术的作用得不到体现、专业技术人员的个人能力得不到提升、技术部门也不会得到业务部门的认可，更不会得到领导的重视，久而久之部门必然会被边缘化、被弱化。如何打破这种局面，需要多种措施，多措并举。今年"中心"计划采取一系列措施，努力改变这种局面，这里重点强调"两个细则"的贯彻实施。我们总讲做任何一项工作首先都要做好顶层设计，这次高检院检委会审议通过"两个细则"，就是从制度层面对检察技术的两项专业工作以法律的形式予以规范，这就是制度上的顶层设计，不仅规范专业技术工作，同时规范检察业务工作。当然规章制度颁布实施，并不是万事大吉，关键是要抓好落实，过去我们已有的制度不少，落实的怎么样，效果又如何呢？我在这里举个例子，2011年底我们从检察技术围绕侦查工作协助配合机制入手，与高检院反贪部门、渎检部门共同商量在检察机关查办职务犯罪案件中充分发挥科技手段的作用，提升侦破案件的科技含量，加强侦查技术的应用，高检院印发了《最高人民检察院反贪污贿赂总局 渎职侵权检察厅 检察技术信息研究中心关于加强职务犯罪案件侦查中技术协助的若干规定（试行）》的通知，从目前看这个规定执行的效果并不理想，很多技术部门对于这个规定不了解，甚至有些地方连这个文件没有见到过，又如何贯彻执行呢？现在的侦查工作从转变侦查模式的要求上，多么需要科技手段的支持，需要侦查技术的支撑，而我们失去了机遇，也失去了自我发展的机会，大家都可以深切地感受到，科技和信息化的应用目前在侦查部门发展有多么快。因此讲再好的制度，落实不好，只能束之高阁。我们还要清醒地认识到，不是有了这些规定，就等于我们与业务部门的协作配合机制就形成了，还需要我们主动宣传、扩大影响，要业务部门知道我们、了解我们、主动将各项检察技术应用到办案中。因此贯彻"两个细则"作为今年检察技术工作的一项重点工作，摆上重要议事日程，各省级院检察技术部门要负起责任，制定本省行之有效的贯彻意见，做好督促。"中心"也将组织对"两个细则"贯彻执行情况进行专项检查，总结经验，发现问题，年底进行讲评。

二是各级检察技术部门要强化落实"两个细则"的主人翁意识。除高检院以外的地方各级院的检察技术部门之所以是业务部门，最主要的是其工作性质和内容所决定的。大家知道，检察技术部门的主要工作内容归结为四个大的方面：现场勘验、检验鉴定、技术性证据审查、技术协助。而现场勘验和技术协助（包括同步录音录像）主要是服务于职务犯罪侦查工作中的提取、固定证据工作。按照法律规定，证据只有查证属实，才能作为定案的依据，技术性证据审查是检察机关办理案件中，进行证据查证的重要组成部分。也可以说，我们所开展的技术性证据审查工作，属于直接履行的检察行为或是协助案件承办人完成的检察行为，是检察业务工作的重要组成部分。相比其它三个工作内容，检验鉴定工作则具有两种属性。其一，检察工作属性。即检察技术部门接受委托或指派对检察机关办案中涉及的专门性问题提供鉴定意见的活动。这一活动的属性具有职权性，正如曹建明检察长所指出的"检察机关的司法鉴定是检察权的重要组成部分"。其二，兼具服务其他机关的属性。按照全国人大《决定》精神，司法鉴定是一种诉讼服务活动，具有社会服务的属性而非职权属性。在这种属性下，检察机关的司法鉴定机构可以接受其他机关或单位的委托进行检验鉴定，检察机关的办案部门也能选择公安机关和社会鉴定机构来做鉴定。如果我们没有主动服务的意识，又不具备优于别人的能力，别说检验鉴定不需要你，其他工作也会视你可有可无。

因此，各级检察技术部门和全体技术人员，都要提高工作主动性。一是要做好宣传鼓动。采取上门宣讲、举办讲座、经典案例汇编等多种方式，宣传自己、推介自己。二是改"坐堂等案"变主动上门。主动与业务部门进行沟通和协作，就建立和完善机制进行商谈，建立情感和信任。在这一方面，福建省院、南京市院为我们做出了榜样。三是以统一业务应用系统部署使用和"两个细则"颁布实施为契机，推进检察技术工作纳入检察机关执法办案流程，使检察技术服务检察机关案件侦办工作实现一体化。

三是提升能力，做好资源准备，确保满足检察业务需求。"两个细则"能否贯彻实施好，检察技术部门的能力水平是决定因素，特别是在技术性证据审查工作、协助案件承办部门把握证据的能力方面显得更为重要。因此，各级检察技术部门要高度重视专业人员的能力培养，检察技术人员要加强学习，重视研究和掌握本专业技术性证据审查的方法和程序。同时，我们也要清醒地认识到，检察机关办案可能涉及到方方面面的专门性问题，受检察技术部门的人才、专业设置等情况所限，会出现一些技术性证据无人能审的情况。这种情况下，我们也不能一推了之，要积极地出主意、想办法，帮助他们解决问题。一是要做好检察技术工作机制建设，完善上下一体的工作格局。上级检察技术部门要给予下级技术部门提供方便、快捷的技术支持，充分利用检察专网和统一业务应用系统，实现检察技术工作的网上办理，促进效率和质量的提升。在利用网络办理技术性证据审查方面，上海市院的做法值得各地学习借鉴。二是检察技术部门都要建立自己的专家人才库，网罗一批社会各行各业的专家资源，加强联系，遇有专门性问题，聘请他们协助解决。三是要加强与公安机关刑事技术部门的沟通，建立工作机制，保证相关技术性证据审查时，能够取得完整的资料。许多检验鉴定的审查，如果只有一份鉴定书，是难以作出一个客观评价的。因此，是否能够获取其检验鉴定全过程的完整记录，对于技术性证据审查意见的做出是非常重要的。

二、关于贯彻执行《人体损伤程度鉴定标准》的有关内容

借这次会议，对2014年1月1日开始实施《人体损伤程度鉴定标准》（以下简称"新标准"）的相关问题提几点要求：

（一）各级检察技术部门的法医都要加强对"新标准"的学习。2013年11月，"中心"举办了全国的法医师资班，各地陆续也都在年底前开展了法医全员培训。但是，由于"新标准"变化较大，实施的过渡期较短，准确地掌握和使用好"新标准"，还需要一定的过程。各级检察技术部门和全体法医同志要深刻认识和把握"新标准"制定的必要性和迫切性，过去的人体轻重伤标准是1990年颁布的，实施了二十多年。原标准存在的固有缺点急需改进，概括起来有几个不相适应，即原标准与现代社会发展已不相适应，也与法制建设不相适应，与医学科学发展不相适应，与司法鉴定现状不相适应，因此制定和出台新标准尤为迫切。"新标准"概括起来有以下几个特点：一是对损伤程度进行了调整，由重到轻分为三等五级制。这样调整使体系更加客观科学，符合法医鉴定实际，贴近审判实践，针对性强，更加符合诉讼要求。二是本次修订仍在原标准的基础上进行修订，力求达到标准要求的连续性。三是强调原发

损伤为主，结合损伤后果及结局综合分析的鉴定原则，避免了原标准由于主要以结果为依据所造成的人为因素参与、鉴定和办案周期过长，甚至案件因鉴定而久拖不决问题。有资料统计表明，在5000起上访案件中，因鉴定滞后引起的上访占50％。四是明确了损伤程度鉴定疑伤从轻（疑罪从无）、先轻后重的原则。五是解决损伤鉴定中一些困惑，如伤病关系、生前损伤等的鉴定问题。六是条款设置合理，内容丰富、全面，可操作性强。补充原标准中遗漏的条款，对绝大多数损伤进行了规范性的量化，解决了原来各行其是，随意性较强，而引起的多头鉴定等。七是删除原标准中不宜使用的条款，完善原标准中有瑕疵的条款。如脑震荡、血尿、鼓膜穿孔等问题。八是综合各个相关学科的新技术、新方法，有许多独创性，如面部的中心区、骨挫伤等。这些特点以及变化是我们把握"新标准"的重要内容。

（二）各地要及时总结使用"新标准"的经验和做法，注重发现问题并及时上报。这个标准是法医临床鉴定最重要、最基本的技术标准，是检察机关准确认定案件事实的重要依据，直接影响到公正司法和维护人民群众合法权益。各级检察技术部门要高度重视，切实抓好"新标准"的贯彻落实，以此为契机进一步推动检察系统法医损伤鉴定及其技术性证据审查的规范化、制度化、科学化建设。当然"新标准"也还存在有不足之处，如某些条款设置过于笼统，有些跨度较大，没有合理过渡，在实践中难以把握等等。这些都需要通过司法实践，标准的实施，发现问题，不断研究、不断解决。

（三）各地的法医要充分利用各种平台，加强相互间研讨交流。"新标准"关系到罪与非罪、如何量刑、处罚等重大问题，是配套服务于《刑法》和《刑事诉讼法》的技术性规范文件。《人体损伤程度鉴定标准》是法规，是尺子，是体现公平的工具，是要求鉴定人员在鉴定中执行的准则，只有严格地不折不扣地执行《人体损伤程度鉴定标准》，才能保证司法鉴定的公正，才能保证在法律面前人人平等。因此在实施过程中我们要注意把握不随意发挥、不标新立异、不曲意解释。各地可以充分利用各种平台，通过交流发现问题、解决问题，共同提高。一是各省要有针对性地指导，在"新标准"实施过程中进行调研，发现实施过程中出现的问题，组织系统内法医及其它专家共同研究讨论，提出相应的措施和办法。二是要针对问题，通过与系统外的法医和相关的法律人员进行沟通和交流，提高把握"新标准"的能力，增强执行"新标准"的效果。

我们的基本要求，检察技术部门的所有法医都要学习"新标准"、了解"新标准"、掌握"新标准"，不能有空白。除了各省组织培训外，高检院在今年制定的培训计划中也专门安排相关的培训和研讨，力争每一个法医临床鉴定人都能熟悉掌握《标准》的基本内容、规范要求和具体尺度，以确保《标准》在全国检察系统的统一适用。

（四）关于新旧标准交替的问题。这是当前大家比较关心、关注的问题，一般是按致伤行为发生的时间，旧伤从旧、新伤从新的原则。据了解司法部司法鉴定管理局1月4日向各省司法行政部门就新旧标准适用问题发出通知，他们在与最高人民法院沟通的基础上，司法行政机关对于所管理的鉴定机构执行新旧标准做了三个方面基本内容的规定：一是致人损伤的行为发生在2014年1月1日之前，尚未审判或者正在审判，需要进行损伤程度鉴定的，适用原鉴定标准。但按照"新标准"不构成损伤或者损伤程度较轻的，适用"新标准"。二是致人损伤的行为发生2014年1月1日之后，需要进行损伤程度鉴定的，适用"新标准"。三是对于2014年1月1日前已发生法律效力的判决、裁定，需要进行重新鉴定的，依照原鉴定标准进行。这是司法行政系统内部规定，作为新旧标准的过渡期，检察技术部门也可以比照执行。

最后，在这里特别强调的是，全国检察机关统一业务应用系统已全面启动，高检院对统一业务应用系统的应用有明确要求，作为检察技术信息部门更要起到表率作用，带头使用、全面应用。按照高检院统一部署要求，三月份全国都要统一上线，三月份以后各地检察技术部门办理的所有案件均要在网上登记、流转。通过网络高检院可以随时随地地掌握各地的办案情况，了解分析检察技术工作作用发挥的情况，我们也将定期通报各地的办案数据，分析情况。同时，随着上线应用单位的增加，统一业务应用系统上办理的案件数呈大幅增长趋势，各地要在应用中注意总结、发现问题，提出合理化建议，为应用系统的不断修改完善提供依据。

同志们，今年是"两法"实施的第二年，又是全国检察机关统一业务应用系统全面应用和电子检务工程全面启动的第一年，随着司法体制改革、检察改革的不断深入，检察技术工作正处在一个关键时期，希望各级检察技术部门和全体检察技术人员都要牢固树立科技意识、大局意识、责任意识以及危机意识，坚决贯彻高检院党组的各项工作部署，紧紧抓住"两个细则"实施契机，全方位、立体地推进检察技术工作，以奋发有为的精神状态、攻坚克难的进取态度，使检察技术工作有新的发展。▲

关于印发《人民检察院文件检验工作细则》的通知

高检发技字〔2013〕4号

各省、自治区、直辖市人民检察院，军事检察院，新疆生产建设兵团人民检察院：

《人民检察院文件检验工作细则》已于2013年12月3日经最高人民检察院第十二届检察委员会第十三次会议审议通过，现予印发施行。施行中遇有问题，请及时报告最高人民检察院。

最高人民检察院
2013年12月23日

人民检察院文件检验工作细则

（2013年12月3日最高人民检察院第十二届检察委员会第十三次会议通过）

第一章 总 则

第一条 为了规范人民检察院文件检验工作，根据《中华人民共和国刑事诉讼法》、《人民检察院刑事诉讼规则（试行）》等有关法律法规，结合检察工作实际，制定本细则。

第二条 文件检验工作范围包括：

（一）接受检察机关办案部门和其他机关或者单位委托，就案件中涉及的笔迹、印刷文件、污损变造文件、文件制成材料等文件物证进行检验鉴定；

（二）对检察机关办理案件中有关文件检验技术性证据材料进行审查；

（三）为检察机关侦查工作中的现场勘验、搜查、调取书证提供技术协助，收集、固定证据；

（四）根据办案需要，参与法庭审理活动。

第三条 文件检验鉴定和文件验技术性证据审查应当由具备文件检验鉴定资格的人员实施。

第四条 文件检验鉴定人员应当遵循《中华人民共和国刑事诉讼法》和《人民检察院刑事诉讼规则（试行）》等关于鉴定人回避的规定。

第五条 文件检验工作应当遵守法律法规、行业标准和操作规范，应当遵循客观、公正、科学、独立、保密等基本原则。

第二章 委 托

第六条 检察机关案件承办部门在办理案件时，需要进行文件检验鉴定、技术性证据审查的，应当填写委托书，向检察技术部门提出委托要求。

第七条 委托文件检验鉴定时，应当提供文件物证的原件，样本材料应当符合检验要求并经过委托单位确认。

第八条 委托文件检验技术性证据审查时，应当提供需要审查的鉴定文书及附件，必要时提供历次鉴定文书及附件。

第九条 委托单位应当客观介绍案件的有关情况。

第三章 受 理

第十条 受理文件检验鉴定时，应当做好以下工作：

（一）查验委托书；

（二）了解案情，明确鉴定要求；

（三）查验送检材料是否具备鉴定条件，核对材料的名称、数量、性状；

（四）查验样本的来源和收集方法，确定是否满足鉴定要求；

（五）根据查验结果，确定是否接受委托或者要求补充样本材料。对需要补充样本材料的，应当给予必要的技术指导或者协助办案人员提取。

第十一条 受理文件检验技术性证据审查时，应当做好以下工作：

（一）查验委托书；

（二）了解案情，明确审查要求；

（三）核对鉴定文书及附件是否齐全；

（四）核对鉴定的检材、样本等材料是否齐全。

第十二条 接受委托时，应当填写受理登记表，经检察技术部门负责人审批，指派具有文件检验鉴定资格的人员进行鉴定和审查。

第四章 鉴定和技术性证据审查

第一节 鉴 定

第十三条 受理后应当及时进行检验鉴定，一般案件应当在受理后十五个工作日以内完成检验鉴定工作；疑难复杂的案件，征得委托单位同意，可以适当延长时间。

第十四条 文件检验鉴定的同一认定，按照预备检验、分别检验、比较检验、综合评断的程序进行，每个程序都应当制作检验记录。

（一）预备检验。应当根据委托要求设计检验鉴定方案，确定检验鉴定方法，做好仪器设备、耗材等相关准备工作；

（二）分别检验。对送检检材、样本分别进行观察研究，进一步明确检材和样本的性质、状态，认识特征的价值、作用及变化规律，制作特征比对表；

（三）比较检验。对送检检材和样本之间相应特征进行比较，全面反映它们之间的异同和内在联系；

（四）综合评断。对比较检验的情况进行分析，综合评断特征的质量和数量，准确解释符合和差异形成的原因，作出鉴定意见。

第十五条 文件检验鉴定应当依照先无损、后有损检验的原则，对文件物证进行客观全面系统检验。主要包括：

（一）笔迹是否为书写形成，印章印文是否为盖印形成；

（二）文件物证有无消褪、添加、挖补、拼接、污染等异常痕迹；

（三）纸张表面有无异常压痕；

（四）文件物证的整体布局有无明显异常；

（五）文件物证的形成过程与当事人描述是否有明显差异；

（六）其他应当进行检验的内容。

第十六条 对送检材料要妥善保管，防止丢失和损坏。需对送检材料进行有损检验时，应当征得委托单位同意，并在实施有损检验前采用照相或者扫描等方式对原件进行复制。

第二节 技术性证据审查

第十七条 本细则所称的技术性证据审查，是指具备文件检验鉴定资格的人员，受检察机关办案部门委托或者指派，就案件中涉及的文件检验技术性证据材料进行审查、判断，提出审查意见的专门活动。

第十八条 文件检验技术性证据审查的主要内容：

（一）鉴定条件是否充分；

（二）采用的鉴定方法是否科学、适用；

（三）鉴定的程序、操作过程是否符合本专业的检验鉴定规程和技术方法要求；

（四）检验是否全面、客观，分析论证是否科学、严谨，鉴定意见依据是否充分；

（五）鉴定文书的专业术语是否准确，相关标识是否规范；

（六）鉴定项目是否有明显遗漏，是否需要补充鉴定；

（七）其他应当审查的内容。

第十九条 文件检验技术性证据审查应当在受理后五个工作日以内完成。特殊情况下，征得委托单位同意，可以适当延长时间。

第五章 文书制作

第二十条 文件检验鉴定结束后应当出具鉴定书，鉴定书应当包括：

（一）绪论部分：包括委托单位，委托要求，送检人，送检时间，简要案情，送检检材和样本的名称、数量以及鉴定要求；

（二）检验部分：简要说明检验的方法，描述检验中所见的现象，列举检测结果或者比较中发现的异同；

（三）论证部分：简要论述对检验情况的综合评断，阐明据以作出鉴定意见的依据，可以附图加以说明；

（四）结尾部分：针对鉴定要求，简要明确地表述鉴定意见；

（五）附件部分：包括所有检材的复制件，所有样本或者部分重要样本的复制件。检验中发现的对鉴定意见有重要意义的现象，应当以图表形式展示。

第二十一条 文件检验技术性证据审查，应当出具技术性证据审查意见书，提出审查意见，并说明理由。

第二十二条 文书的签发

（一）鉴定书应当由鉴定人签名，并加盖"司法鉴定专用章"，同时附上鉴定机构和鉴定人的资质证明；

（二）技术性证据审查意见书应当由审查人签名，并加盖"技术性证据审查专用章"。

第二十三条 文件检验工作结束后，应当制作技术卷宗。按照人民检察院档案管理的相关规定进行归档。

第二十四条 鉴定书或者审查意见书应当与回执单一并发出。案件承办部门在案件终结后，应当将文件检验工作所起到的作用填写在回执单上，反馈检察技术部门。

对于重大、特殊、疑难案件，鉴定人可以适时回访。

第二十五条 鉴定结束后，应当将送检材料与鉴定书一并发还送检单位。对送检材料拟留用的，应当征得送检单位同意，并商定留用时限和保留、销毁的责任。

第六章 出 庭

第二十六条 人民法院通知鉴定人出庭的，鉴定人应当出庭。确因特殊情况无法出庭的，应当及时向法庭书面说明理由。

根据案件承办部门的要求，审查人可以出庭就鉴定人作出的鉴定意见提出意见。

第二十七条 鉴定人出庭前应当做好如下准备：

（一）熟悉鉴定意见和相关情况；

（二）向公诉人或者其他出庭检察员了解该案的进展情况及对鉴定意见的异议；

（三）针对出庭可能遇到的问题，拟定解答提纲。

第二十八条 鉴定人出庭应当准备如下材料：

（一）委托书或者聘请书、受理检验鉴定登记表、送检材料照片或者复印件、检验记录、鉴定文书；

（二）与该鉴定意见有关的学术著作和技术资料；

（三）鉴定机构及鉴定人资格证明，能够反映鉴定人专门知识水平与能力的有关材料；

（四）其他与鉴定及出庭有关的材料。

第二十九条 鉴定人出庭时，应当回答审判人员、检察人员、当事人和辩护人、诉讼代理人依照法定程序提出的有关检验鉴定的问题；对与检验鉴定无关的问题，可以拒绝回答。

第三十条 鉴定人、审查人因在诉讼中作证，本人或者其近亲属的人身安全面临危险的，可以请求法律保护。

第七章 附 则

第三十一条 本细则由最高人民检察院负责解释。

第三十二条 本细则自颁布之日起施行。

关于印发《人民检察院法医工作细则》的通知

高检发技字〔2013〕5号

各各省、自治区、直辖市人民检察院，军事检察院，新疆生产建设兵团人民检察院：

《人民检察院法医工作细则》于2013年12月3日经最高人民检察院第十二届检察委员会第十三次会议审议通过，现予印发施行。施行中遇有问题，请及时报告最高人民检察院。

最高人民检察院
2013年12月23日

人民检察院法医工作细则

(2013年12月3日最高人民检察院第十二届检察委员会第十三次会议通过)

第一章 总 则

第一条 为了规范人民检察院法医工作，根据《中华人民共和国刑事诉讼法》、《人民检察院刑事诉讼规则（试行）》等有关法律法规，结合检察工作实际，制定本细则。

第二条 法医工作范围包括：

（一）接受检察机关办案部门和其他机关或者单位委托，就案件中涉及人身伤亡的现场进行勘验、检查，对尸体、活体及法医物证进行检验鉴定；

（二）对检察机关办案部门移送的法医学鉴定文书和相关证据材料进行审查；

（三）为检察机关办案部门提供涉及法医学问题的技术协助或者技术咨询，根据办案需要参与法庭审理活动；

（四）开展法医培训和学术交流，组织以应用为主的法医学科研工作；

（五）其他与法医相关的工作。

第三条 法医人员应当遵循《中华人民共和国刑事诉讼法》和《人民检察院刑事诉讼规则（试行）》等关于鉴定人回避的规定。

第四条 法医工作应当遵守法律法规、行业标准和操作规范，应当遵循客观、公正、科学、独立、保密等基本原则。

第二章 工作内容

第一节 勘验、检查

第五条 法医在检察机关案件承办人员的主持下参加勘验、检查。

第六条 法医参加勘验、检查的主要任务是：进行尸体检验、活体检查，发现和收集痕迹、物证，为诉讼活动提供线索和证据。

第七条 法医勘验、检查应当如实反映现场情况，配合其他技术人员对尸体的原始状况及周围的痕迹、物品进行照相、录像、制图固定。

第八条 复验、复查时应当制定预案，并尽可能在与原始现场相同条件下进行重新勘验检查或者侦查实验。必要时，可以协助检察机关案件承办人员参加公安机关复验、复查或者侦查实验。

第二节 尸体检验

第九条 尸体检验的目的，是确定死亡原因、死亡方式，推断死亡时间、损伤时间及致伤物。

第十条 尸体检验的范围包括：

（一）检察机关渎职侵权检察、监所检察等部门办理案件中涉及非正常死亡的；

（二）检察机关认为有必要进行补充鉴定或者重新鉴定的；

（三）按照相关规定接受其他司法机关委托，对案件中涉及的尸体进行检验的。

第十一条 尸体检验应当由两名以上法医进行。

第十二条 尸体检验原则上应当在解剖室内进行。现场解剖的，应当设置防护隔离设施。

尸体检验禁止有伤风化的行为。

涉及少数民族尸体检验的,应当尊重其民族风俗。

第十三条 尸体检验包括尸表检验和解剖检验。尸体检验要全面、系统,应当按相关技术规范提取有关脏器和组织进行组织病理学检验,提取胃内容物、脏器、组织、血液、尿液等进行毒物分析或者其他检验。

上述检材应当留取一定数量,以备复检或者重新鉴定。

第十四条 尸体检验应当进行照相、录音录像。照相和录音录像应当由专业技术人员进行。未经办案部门批准,禁止其他人员照相和录音录像。

第十五条 尸体检验应当形成全面客观的记录,尸体照相应当完整,阳性发现和重要的阴性表现均应当完整反映,细目照相应当有比例尺。

第三节 活体检查

第十六条 活体检查主要是对被检人的个人特征、损伤情况、生理状态、病理状态、精神状态和各器官、系统功能状态等进行检验、鉴定。包括:

（一）查明个人特征,包括性别、年龄、血型及生理、病理特征,提取用于DNA检测的生物检材等;

（二）检查人身损伤情况,判断损伤程度,推断损伤性质、损伤时间、致伤工具、伤残程度等;

（三）检查有无性侵害、妊娠、分娩以及性功能状态,协助查明有无性侵害犯罪方面的问题;

（四）查明人体有无中毒症状和体征,检查体内是否有某种毒物,并测定其含量及判断入体途径等;

（五）检查有关人的精神状态,必要时配合精神病学专家判断是否存在明显的精神异常表现。

第十七条 活体检查一般在法医活体检验室进行。根据办案需要,可以在医院、住处或者监管场所等地进行。

活体检查应当由两名以上法医进行。

检查未成年人身体时,应当有其监护人在场;检查妇女身体时,应当有女性工作人员在场。

第十八条 活体检查时,案件承办人应当将被检人的临床资料及有关材料送交法医鉴定人。涉及临床医学专科问题,可聘请医学专家共同检查。

第四节 法医物证检验

第十九条 法医物证是指与案件有关的人体组织器官的一部分或者其分泌物、排泄物等。

第二十条 法医物证检验主要内容:

（一）血痕检验包括检验检材上是否有血及其种属,判断性别、血型、DNA基因分型、出血部位等;

（二）毛发检验包括种属认定,确定其生长部位,脱落、损伤的原因,有无附着物,判断性别、血型和DNA基因分型等;

（三）精斑检验包括认定是否精斑,判断血型和DNA基因分型等;

（四）骨骼检验包括认定是否人骨,是一人骨还是多人骨,推断性别、年龄、身高和其他特征,判断骨骼损伤是生前还是死后形成以及致伤工具等;

（五）对其他人体生物检材的检验。

第二十一条 法医物证检验的步骤一般包括:肉眼检查、预备试验、确证试验、种属试验、个体识别和亲缘鉴定等。

第二十二条 法医物证的提取、包装、送检和保管应当区别不同种类的检材,严格遵照有关规定进行。

第五节 技术性证据审查

第二十三条 本细则所称的技术性证据审查,是指具备法医鉴定资格的人员,受检察机关办案部门委托或者指派,就案件中涉及的法医学证据材料进行审查、判断,并提出审查意见的专门活动。

第二十四条 有下列情形之一的,应当进行技术性证据审查:

（一）对案件定罪、量刑起关键作用的法医学证据与其他证据之间存在明显矛盾且不能排除的;

（二）同一案件对同一法医学专门性问题有两个或者两个以上不同鉴定意见的,或者对鉴定意见理解不一致的;

（三）犯罪嫌疑人、被告人及其辩护人,被害人及其诉讼代理人提出异议,案件承办人认为应当审查的;

（四）死亡原因鉴定中涉及伤病关系分析的;

（五）损伤检验鉴定意见与鉴定标准的适用条款明显不相符的;

（六）对被鉴定人法定能力的司法精神病鉴定意见存在疑问的;

（七）案件承办人认为有必要进行技术性证据审查的。

第二十五条 技术性证据审查的内容包括:

（一）检验鉴定材料是否全面完整,委托受理是否符合法定程序,鉴定人是否具有专门知识和鉴定资格,鉴定机构是否在其执业范围内开展鉴定工作;

（二）法医学检验鉴定检材、样本的收集、固定、保管等是否符合有关技术标准和规范,检材、样本是否充足、可靠;

（三）检验鉴定的程序、方法、步骤及仪器选用是否科学规范,检验是否全面细致;

（四）鉴定意见的依据是否科学客观,引用鉴定标准及条款是否恰当,是否符合委托要求,有无遗漏或者需要补充鉴定;

（五）审查保外就医罪犯所患疾病是否达到规定的医学条件;

（六）审查勘验检查笔录中涉及法医学的内容是否客观,有无遗漏勘验检查项目和内容,与检验鉴定是否一致;

（七）其他需要审查的内容。

第二十六条 审查完成后,应当制作技术性证据审查意见书,提出审查意见,并说明理由。

第六节 出 庭

第二十七条 接到人民法院的出庭通知,法医鉴定人应当出庭。确因特殊情况无法出庭的,应当及时向法庭书面说明理由。

根据案件承办部门的要求，技术性证据审查人可以出庭就鉴定人作出的鉴定意见提出意见。

第二十八条 法医鉴定人出庭前应当做好如下准备工作：

（一）熟悉鉴定意见；

（二）向公诉人或者其他出庭检察员了解该案的进展情况及对鉴定意见的异议；

（三）针对出庭可能遇到的问题，拟定解答提纲。

第二十九条 法医鉴定人出庭，应当携带必要的材料，包括：

（一）委托书或者聘请书、受理检验鉴定登记表、送检材料照片或者复印件、检验记录、鉴定文书；

（二）反映有关物证、书证、勘验检查笔录、视听资料等获取、制作过程的有关材料；

（三）与该鉴定意见有关的学术著作和技术资料；

（四）鉴定机构及鉴定人资格证明，能够反映鉴定人专门知识水平与能力的有关材料。

第三十条 法医鉴定人出庭时，应当回答审判人员、检察人员、当事人和辩护人、诉讼代理人依照法定程序提出的有关检验鉴定的问题；对与检验鉴定无关的问题，可以拒绝回答。

第三十一条 鉴定人、审查人因在诉讼中作证，本人或者其近亲属的人身安全面临危险的，可以请求法律保护。

第三章 工作程序

第三十二条 法医接到委托后，应当听取送检人介绍案件情况，明确委托事项和要求，接收并核对送检材料。符合受理条件的，应当受理；不符合受理条件的，予以退回，并说明理由。

第三十三条 法医学鉴定应当在受理后十五个工作日以内完成。疑难复杂的案件，征得委托单位同意，可以适当延长时间。需要进行毒物分析、组织病理学检验和其他特殊检验以及补充材料的时间，不计入鉴定时限。

技术性证据审查应当在受理后五个工作日内完成。

第三十四条 法医学文书包括尸体检验记录、法医学鉴定书、法医学检验报告、技术性证据审查意见书、法医学技术协助工作说明等。制作法医学文书应当语言规范、内容完整、描述准确、论证严谨、意见客观。

第三十五条 法医学文书应当由承办人签名。法医学鉴定书和法医学检验报告应当加盖"司法鉴定专用章"，同时附上鉴定机构和鉴定人的资质证明。技术性证据审查意见书应当加盖"技术性证据审查专用章"。

第三十六条 剩余的检材原则上应当退回送检单位。送检单位放弃剩余检材的，应当办理相关手续。

第三十七条 法医工作结束后，应当将案件有关材料、病历资料以及检验鉴定记录、图片或者照片等，按照人民检察院档案管理的相关规定制卷归档。

第三十八条 法医学文书应当与回执单一并发出。案件承办部门在案件终结后，应当将法医工作所起到的作用填写在回执单上，反馈检察技术部门。

对于重大、特殊、疑难案件，鉴定人可以适时回访，总结经验。

第四章 附 则

第三十九条 本细则由最高人民检察院负责解释。

第四十条 本细则自颁布之日起施行。

2014年检察技术和信息化工作要点

文 | 最高人民检察院技术信息研究中心

2014年检察技术和信息化工作的基本思路是：紧紧围绕新一轮检察改革和检察业务对检察技术和信息化工作提出的新需求，坚持以巩固扩大党的群众路线教育实践活动成果为抓手，着力解决制约检察技术和信息化发展的瓶颈问题；以继续推进统一业务应用系统全国部署为重点，着力提升其应用的深度和广度；以电子检务工程为主线，加强顶层设计和规划，着力打牢实施基础；以执法办案为中心，着力推进检察技术的应用与发展；以实验室建设为平台，着力加强技术门类建设；以队伍建设为保障，着力增强工作活力，不断推进检察技术和信息化工作有新发展、新进步。

一、抓好整改方案落实，着力巩固扩大党的群众路线教育实践活动成果

1.按照高检院整改方案分工，在2014年6月底之前，完成检察技术信息中心（以下简称"中心"）牵头或参与的6大类9项工作。

2.严格监督检查和责任追究，认真落实"中心"整改方案，着力解决"四风"方面存在的突出问题；到2014年底，确保系统反映的7个方面的工作有明显改进。

3.结合"中心"实际，抓好高检院部署的主题教育实践活动，为检察技术和信息化发展提供精神动力。

二、以电子检务工程为主线，着力加强检察信息化建设的顶层设计和推进

1.以云计算、物联网、大数据等新技术为导向，围绕新一轮的检察改革，2014年第三季度完成电子检务工程可研报告的编制工作，做好检察信息化的顶层设计和规划，并组织专门机构，加强对下指导，推进具体工作落实。

2.加强检查指导，确保2014年3月底之前，全国各级检察机关全面部署应用统一业务应用系统；并围绕检察业务新需要，与相

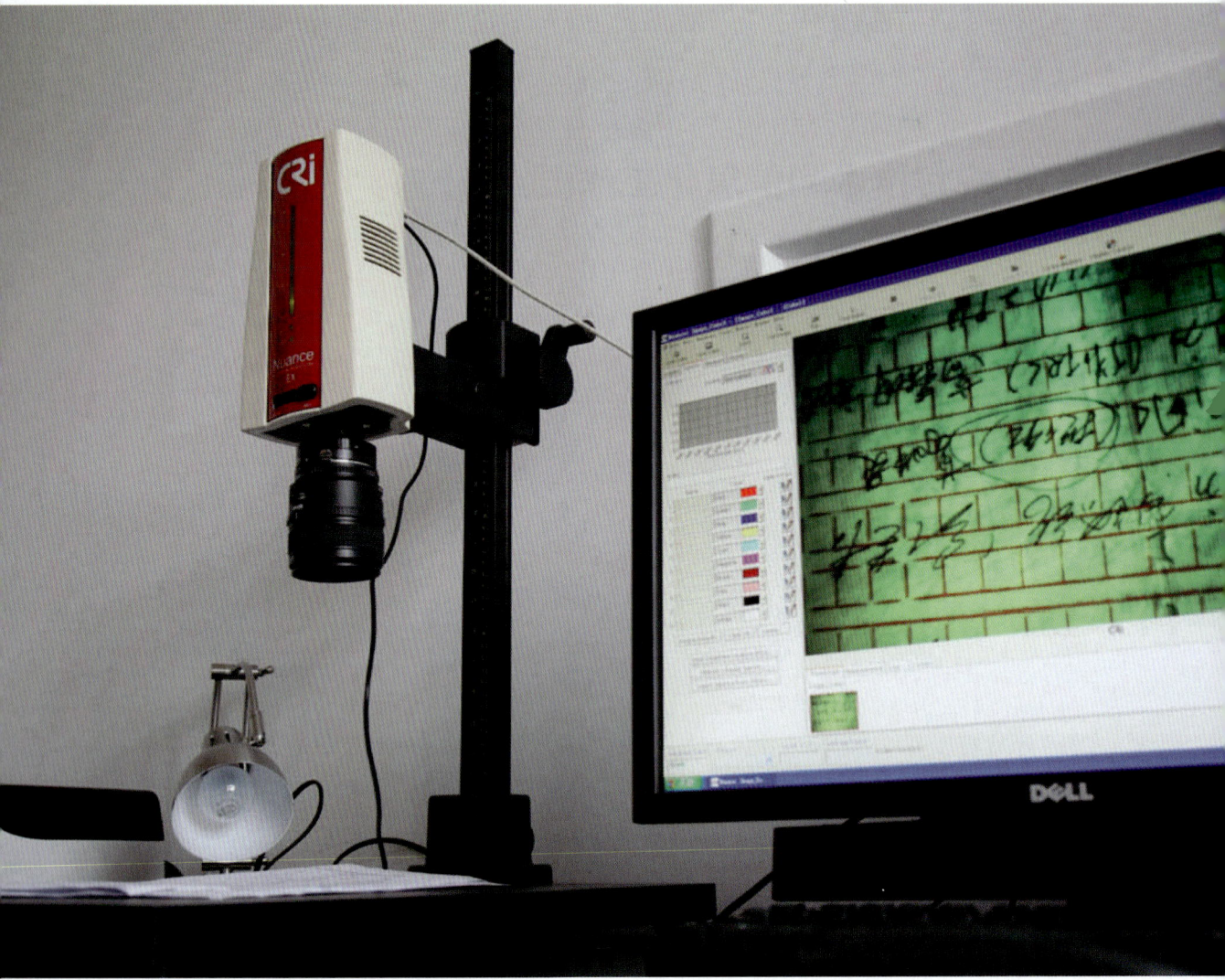

关业务部门密切配合,加快应用系统的二期研发。以此为契机,全面推进检察办公、办案、队伍管理、检务保障信息系统建设与应用。

3. 加强沟通协调,尽快制定下发全国检察机关职务犯罪侦查信息综合查询系统建设方案,完成高检院职务犯罪侦查信息系统综合查询平台建设,为职务犯罪侦查提供查询、分析、研判的信息化手段。

4. 着眼检察业务需要,通过建设检务外网统一平台,集成微博、微信等新媒体技术,建立检察机关与人民群众互动平台,为检务公开提供技术保障。

5. 认真落实中央政法委"ZF801"工程建设要求,配合完成中央级共享平台建设,组织开展协同办案试点示范工作。

6. 启动国家检察数据中心建设,为领导决策、信息查询提供支撑。

7. 推进全国检察机关高清视频会议、远程视频接访、远程提讯等系统建设。

8. 加强组织协调和落实,确保 2014 年 7 月《科技强检电子信息系统研发与示范》项目圆满通过验收。

9. 加强高检院内部网站的升级改造、整合扩展，同时强化服务意识，创新维保方式，为办公办案提供满意的技术保障和服务。

三、紧紧围绕执法办案需要，着力推进检察技术的应用与发展

1. 立足执法办案需求，按照布局合理、资源共享、急用先建的原则，进一步推进全国各级院司法鉴定实验室建设及认可认证工作。

2. 着眼需求，因地制宜加强高检院司法鉴定中心的业务门类建设，做好CNAS复评审的各项准备工作。

3. 在夯实法医、文检、视听技术等传统技术门类的基础上，积极探索利用云计算、大数据、新技术手段，重点发展电子数据、司法会计、心理测试等业务板块，服务、引导职务犯罪侦查工作。

4. 从政策顶层设计的高度，修改完善《关于进一步加强和改进检察技术工作的决定》，并以此为依据，加强沟通协调，尽快建立检察技术与检察业务的协作配合机制，积极推进检察技术融入执法办案的全流程。

5. 着眼新情况、新需要，修订完善相关规程、规定；积极推动《人民检察院法医工作细则》和《人民检察院文件检验工作细则》的贯彻落实，切实提升检察技术工作制度化、规范化水平。

四、加强队伍建设和对下指导，着力夯实检察技术和信息化发展基础

1. 以电子检务工作实施和统一业务应用系统部署为契机，加强调查研究，2014年上半年提出健全基层技术机构，配强基层技术人员的意见。

2. 着眼检察技术和信息化工作需要，结合系统实际，制定工作流程细则，完善系统考核规范，加强对系统业务建设的考核讲评。

3. 充分调动各方面的积极性，采取多种形式，2014年要对系统三分之一的检察技术和信息化人员进行轮训或培训。

4. 制定计划，抓好检察技术岗位练兵和竞赛，2014年第三季度，组织全系统进行鉴定人出庭对抗赛。

5. 2014年第三季度，启动检察技术和信息化"双百"人才库成员评选活动，着力打造一支政治过硬、技术精湛、作风扎实的专家型人才队伍。

6. 修改完善《科技强检示范院创建办法》，尽快通过下发，开展创建活动，推进科技强检活动向纵深发展。

7. 根据系统和"中心"工作实际，制定科研计划，加强督促落实，推进检察技术与信息化基础科研工作有新进展、新成效。

8. 根据《人民检察院工作人员分类管理制度改革意见》，积极探索符合检察技术信息工作职责的人员分类管理制度改革；加大调研论证力度，争取在技术人员的职称评定问题上有所突破。▲

检察业务统一应用系统权限管理设计*

权限管理是信息管理系统的基础功能，关系到系统的运行效率、用户体验和管理员日常工作的复杂度。统一业务应用系统服务于全国检察机关有四级检察院、20多个业务部门和10个业务条线，系统权限功能交错复杂，经不断实践和完善，最终形成成熟系统。

文 | 最高人民检察院检察技术信息研究中心　贾茂林　贺德银　郑颖

一、统一系统背景介绍和权限管理设计目标

检察机关统一业务应用系统（以下简称统一系统）是服务于全国四级检察机关、覆盖几乎所有检察业务的综合业务应用系统，既要满足单独检察院内部的信息流转与管理，满足不同层级检察机关之间的信息流转，满足上级院对下级院案件信息的管理指导，同时还要满足各级、各地检察机关业务机构设置各异、业务流程差异化的需求。这就要求系统设计上既要考虑通用性，又要考虑灵活性以适应各级、各地检察机关个性化的需要，从而对系统设计提出了很高的要求。

权限管理是任何系统的重要组成部分，主要用于控制功能和流程，以满足不同系统用户的需求，提高系统安全性，成为应用系统不可缺少的部分，也是系统设计的核心内容之一。一个好的权限管理系统，不仅为整个系统筑起一道安全屏障，使管理者操作自如、管理方便，也是整个系统的亮点。

统一系统的权限管理部分的设计目标主要有：

1. 满足统一系统业务需求，对系统的所有资源进行权限管理，如功能菜单、界面操作按钮控件、查询数据集等进行权限的操控。

---

*国家科技支撑计划项目科技强检电子信息系统研究与示范
科技强检电子信息系统开发（2011BAK11B02）

2. 提供完善的组织、角色、用户、资源、操作的管理功能，方便管理。

3. 便于扩展。当系统新增功能或资源时，可以方便地加入到系统中，并实现对其的操控管理。

4. 简单、直观。合理确定权限管理的边界，适应降低权限管理的实现成本和复杂度，结合组织实际，便于用户理解和使用。

二、权限管理的理论与现状

权限管理，尚无准确的定义，可以理解为解决当前用户能够对系统资源进行访问或拒绝控制的策略，使得用户可以访问而且只能访问自己被授权的资源。权限管理技术又可称为访问控制技术，即通过某种途径准许或限制当前用户对系统的访问能力及范围，从而限制对关键资源的访问，防止非法用户的侵入或者合法用户的不慎操作造成破坏。其理论研究开始于20世纪60年代末70年代初，先后出现过自主访问控制（DAC）技术、强制访问控制（MAC）技术，由于DAC和MAC的特殊背景，人们越来越发现在实际情况中并不适合商用。而上世纪90年代出现的基于角色的访问控制方法（RBAC：Role-Based Access Control），是目前公认的解决大型企业的统一资源访问控制的有效方法，最早由R.Sandflu提出，并将传统的RBAC模型根据不同需要拆分成四种嵌套的模型且给出形式或定义，极大地提高了系统的灵活性和可用性，美国国家标准技术局NIST已将

RBAC 确定为计算机应用系统的权限管理机制。其基本思想是根据组织中的职能划分为不同的角色，将系统资源的访问权限附加到角色上，并为用户分配相应的角色，通过控制角色权限来间接地控制用户对系统资源的访问，现有的应用系统通常采用基于角色访问权限。在国内，1994 年马建平较早论述了 RBAC，此后，国内研究者在 RBAC 模型的基础上，提出了许多扩展的 RBAC 模型，如新型 RBAC 模型（NRBAC）、基于业务工作流和角色的访问控制模型（WRBAC）、基于角色的多级访问控制模型（RBMHAC）等。其中，WRBAC 模型引入业务工作流对象，描述了业务工作流对象对访问控制操作的影响，RBMHAC 模型引入了"域"的概念，描述了角色之间的组合关系，并在此基础上实施授权管理和权限验证，以模拟现实世界中等级式权限体制。

三、统一系统权限管理设计与实现思想

（一）统一系统中权限管理的概念

通过分析，权限管理从不同角度，可以有不同的划分方法，如从控制方向来看，可以将权限管理分为两大类：

1．从系统获取数据，如查询案件、查询嫌疑人资料；

2．向系统提交数据，如删除案件、修改嫌疑人资料。

从控制粒度来看，可以将权限管理分为两大类：

1．功能级权限管理，粗粒度的权限管理，即对系统所提供功能的授权管理，如收案、结案、查询案件信息等权限的管理，其实现技术可以基于 RBAC；

2．数据级权限管理，细粒度的权限管理，即对数据层面权限的管理，一般与业务紧密相关，如查询案件简要列表信息、查看案件详细信息、查询某类业务信息等权限管理，其实现技术目前没有一个完美的解决方案。

本文主要从第二种分类角度进行分析。这里首先要强调一点：权限逻辑应当配合业务逻辑，即权限系统应以为业务逻辑提供服务为目标。如"案件详细信息只能被承办人修改，本人和上司可以查看，其他人不能查看或者只能查看简单列表信息"，这既可以认为是一个细粒度的权限问题，也可以认为是一个业务逻辑问题。权限管理功能不提供所有关于权限问题的解决方法，根据业务实际，只提供适当粒度的解决方案，一些细粒度的权限问题因其极其独特而不宜纳入权限管理范围，需要在业务逻辑层面单独实现。

为了更好地理解和说明权限管

理系统，这里需要介绍系统中几个重要概念：

1. 用户（User）

应用系统的具体操作者，是权限的拥有者或主体。用户和权限分离，通过权限管理进行绑定。

2. 角色（Role）

权限分配的单位与载体。角色可以通过继承关系支持分级的权限实现，角色可以形成树状视图，便于管理。例如，某科长角色如需同时兼顾承办人角色，可以继承承办人角色，再授予科长特有的权限即可。在统一系统中只需10来个角色即可满足需要，鉴于统一系统的自身特点，没有使用角色组的概念。

3. 业务属性（Business Attribute）

代表某项具体的检察业务，如公诉类业务、侦监类业务、申诉类业务等。

4. 业务域（Business Domain）

为了更好地管理用户，对用户根据组织情况进行归类，可是机构或部门。可以组织多个层次，形成树状视图，便于管理，如公诉科、院领导都可以是一个业务域。域与具体的权限无关,不参与权限分配，但是域具有特定的业务属性，如基层检察院的控申科具有"控告"、"申诉"两个检察业务属性，就可以办理控告、申诉两类检察业务。

5. 资源（Resource）

就是系统的资源，如系统提供的功能、某类业务、法律文书等，是用户权限指向的对象，对象资源可以形成树状视图。

6. 权限（Permission）

即对受保护的资源操作的访问许可（Access Permission），是绑定在特定的资源实例（Resource Instance）上的，对系统的对象资源或者数据资源具备了访问（操作（Operator））的权限，即可以操作相应的资源。（与此相对应，访问策略（Access Strategy）和资源类别（Resource Class）相关，不同的资源类别可能采用不同的访问模式（Access Mode））。

7. 转移权限（Permission of Authorization）

由其他用户授予的权限。用户可以把自身的的资源授权给其他用户或者角色（即二次授权或多次授权），转移权限可以进一步分为可重复授权权限（Reapetable Permission of Authorization）和不可重复授权权限（Unreapetable Permission of Authorization）。

8. 用户权限（Permission of User）

即直接授予用户本身的对象资源和数据资源的访问权限和转移权限。

9. 角色权限（Permission of Role）

授予角色的对象资源和数据资源的访问权限和转移权限。

10. 用户权限集合(User Permission Set)

从系统角度看某个用户的权限集合包括该用户的具体权限及该用户被授予角色的权限、转移权限的结果集合。

（二）功能权限

1. 功能权限设计

统一系统功能权限设计部分采用了基于 RBAC 的管理技术。RBAC 的显著特征是减小授权管理的复杂性，降低管理开销，同时灵活地支持企业的安全策略，并对企业的变化有很大的伸缩性，但 RBAC 也存在不足之处，如授权复杂、权限访问控制粒度单一。本文在借鉴 RBAC 的基础上，对其进行了扩展，以适应统一系统复杂的权限管理需求。下面结合前面介绍的概念，说明以下几点扩展和改进：

（1）一个用户可以被授予多个角色，用户可以按角色进行授权，也可以个别授权。在必要的时候也可以把自己的权限转授权给他人。

（2）统一系统的角色跟现实联系起来设置，如设置内勤、承办人、部门负责人（厅/局/处/科长）、副检察长、检察长等，对应现实工作中单位里的职务，同时通过特别设计的角色编码，以实现角色之间的层级关系，以及对流程和文书等的审批要求。

（3）检察业务属性用以指明检察业务的种类，一个域（一般是部门）可以被赋予多个检察业务属性（即可办理多种检察业务），统计报表中会用到业务属性，如公诉和监所部门都可以办理公诉业务（都具有公诉业务属性），统计时可以根据该属性来统计一个单位所有公诉类业务。但是业务属性不参与授权，权限管理中依据的是域而非其对应的业务属性，如分管公诉、侦监的副检察长对公诉域和侦监域具有相应的权限，而对监所域则没有。

（4）上面的资源概念是指资源的类别（Resource Class），而不是某个特定资源的实例（Resource Instance）。资源的类别和资源的实例的区分，以及资源的粒度的细分，有利于确定权限管理系统和应用系统之间的管理边界，这样区分主要是基于以下考虑：一方面，资源实例的权限常具有资源的相关性。即根据资源实例和访问资源的主体之间的关联关系，才可能进行资源的实例权限判断。例如，公诉和侦监承办人都可以承办案件，这里"案件"是属于资源的类别的范畴。但实际上公诉承办人只能承办公诉业务的案件，就必须要区分出案件的归属，这里的资源是属于资源实例的范畴。另一方面，资源的实例权限常具有相当大的业务逻辑相关性。对不同的业务逻辑，常常意味着完全不同的权限判定原则和策略。

（5）权限系统最好是可以分层管理而不是集中管理。大多时候不同的部门能且仅能管理其部门内部的事务，而不是什么都需要一个集中的管理员来处理。

（6）统一系统属于涉密系统，考虑到相关保密要求，应做到以下几点：1）系统管理员设置应满足"三员分立"的要求，系统管理、权限分配和系统审计账户要做相应处理。2）提供账户锁定与解锁策略，一旦账户锁定，用户将暂时不能登录系统用户。3）具有单点登录功能，即一用户同一时间只能在一个终端登录系统。4）系统应当提供权限操作的详细日志，便于系统审计。

（7）根据RBAC模型，一个用户可以拥有多种角色，但同一时刻（session）用户只能用一种角色进入系统。即用户登录时是以用户和角色两种属性进行登录的，登录后进行初始化。否则遇到特殊情形则难以处理，如公诉和监所域都可以处理公诉类业务，如果某人刚好又兼具公诉和监所两个域的承办人角色，则他登录时系统将会混淆。办法是这种多角色且角色冲突的情况下，允许用户以主角色（或第一角色）登录进系统，进入系统后在界面上提供用户切换角色的途径。

（8）在系统的权限的实现中，系统通过把上述三种权限方式相结合。对不同职责的用户进行分类，创建相应的角色，对不同的角色授予可以完成特定职能的权限，再给不同的用户授予不同的角色。当需要区分细化具有相同角色的用户权限时，通过个人授权来补充用户的具体权限。典型应用场景如：检察长出差半个月，把自身权限根据业务需要自主转移到副检察长A、B、C三个用户，并设置转移时限及是否可再次转移授权，依此类推。这种情况如果用传统的权限管理模型必须经过系统权限管理员来操作，而且相当繁琐，如果在此期间A、B、C再出差就更麻烦。由此可见转移权限的设计好处是显而易见的。

2. 功能权限验证

由于功能权限一般对应着一个操作（Operator），也就是对应着系统后台的一个方法，因此权限的验证也应该是基于方法级别的。权限系统需要提供一个集中管理权限的拦截器，负责拦截业务系统收到的所有请求，然后将以下三个参数传递给权限系统：当前登录用户的唯一标识、请求操作的功能权限的唯一标识、当前系统的唯一标识（这里假设权限系统是同时用于多个系统的权限控制）。权限系统接收到这三个参数之后，根据当前用户的唯一标识，获取其对应系统下该用户所有功能权限的列表，最后再判断当前请求的功能权限是否在这个用户的权限列表之中,如果在,则表示该用户具有这个功能权限,否则拒绝。

(三)数据权限

1.数据权限设计

对于数据权限来说,目前尚没有一个非常完美的方案,因为数据权限的控制和系统本身的业务是紧密相连的,不同业务系统对数据权限的控制、要求肯定是不一样的,通常做法是,权限系统提供一个数据权限控制的标准模式,然后所有的业务系统按照这个标准模式去实现自身数据权限控制的目标。一般的,一条数据会有两个归属:Owner,表示创建这个数据的用户,通常具有对该数据的较大权限;Domain,表示这个数据所属的域。基于这两点,就可以对需要做数据权限验证的数据实现一个数据权限验证的接口。

统一系统采取的方式是每个域对应数据库中的一套相对独立的业务数据表,在此基础上结合承办人信息就可以区分数据权限。此外系统还提供一些基本的规则或者说是定义好的策略,供权限管理时使用,比如承办人对于自己承办的案件默认具有除删除之外的基本权限(统一系统中禁止删除案件,确有必要须通过审批由管理员来进行逻辑删除),这就是一条默认规则;再如部门负责人默认对自己负责域内数据具有查询案件列表及案情详情的权限,同时默认具有查询下级单位与之对应域的案件列表信息而不能查询详情信息。同样"查询下级单位案件列表"和"查询下级单位案件详情"也是两条预定义的规则,在为具体的角色或用户授权时可以直接使用。

2.数据权限验证

数据权限验证的方式较为复杂,往往跟业务逻辑紧密相关。当功能权限验证成功后,将由系统的专门方法来接收处理数据权限的验证,大致是根据所请求数据所属用户ID(如案件承办人)和所属域来进行初步过滤,然后再根据数据权限规则最终决定返回用户请求的数据。

(四)数据库设计

综合前述设计思想,给出统一系统权限管理部分数据库建模如>>1:

因篇幅所限,仅对本系统特有的部分表作简要说明:

1.XT_QX_PermAuth 转移权限表:用来保存用户自主将自身拥有的权限转授权他人的相关信息,每一次记录均附有失效期限;

2.XT_QX_ResultSet 用户最终权限表:该表用于存储用户的最终权限集合,包括自身的用户权限、继承自角色的权限和来自其他用户转移授权,设计目的主要是为了提高

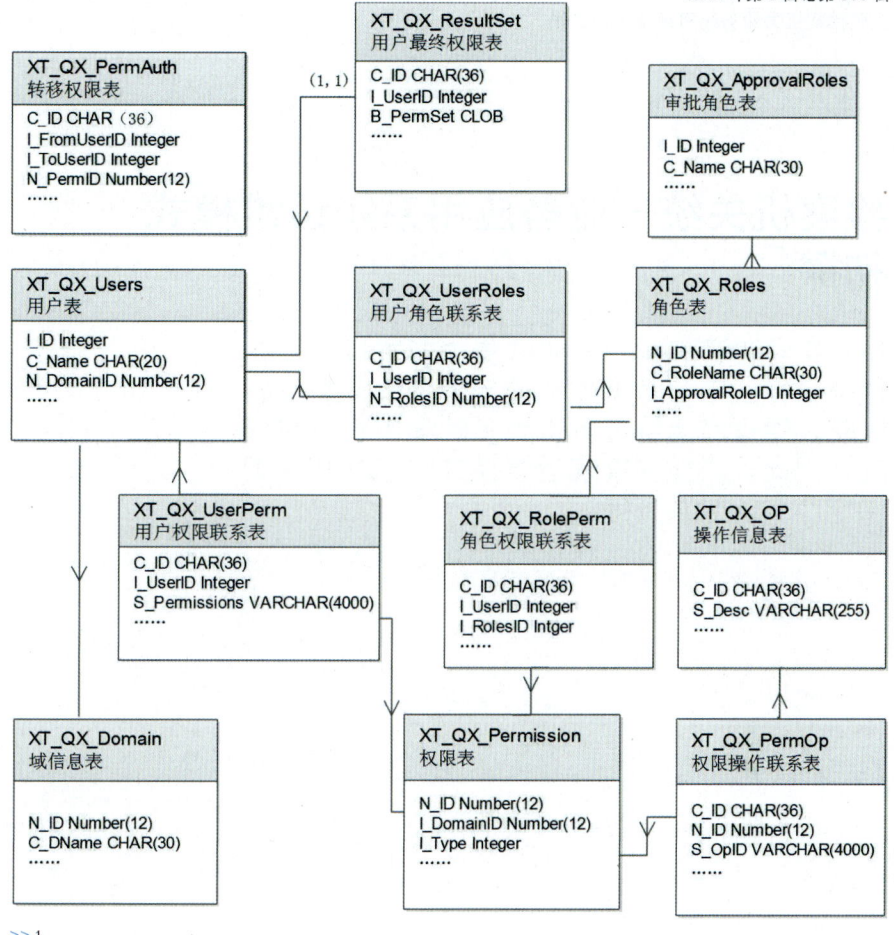

>> 1

用户访问时权限计算的效率,只有当用户权限发生变化时才更新对应用户的记录;

3.XT_QX_Domain 域信息表:用于存储域相关信息,其关联的实体相当于组织机构中的部门。

四、结语

以上权限管理设计思想在统一系统得到了应用,并取得了较好的效果,解决了检察业务软件复杂的权限管理问题。下一步的目标是为权限管理系统提供规范的扩展接口,以支持多系统共享的权限管理问题,以及权限管理系统的导入导出,进一步提高权限处理的性能和效率。▲

【参考文献】

[1]邓集波,洪帆.基于任务的访问控制模型[J].软件学报,2003,14(01):76-82.

[2]Snyder L.Formal models of capability-based protection systems [J].IEEE Transaetionson ComPuters,1981,30(3):172 — 181.

[3]陈丹丹.基于 RBAC 的权限管理组件的设计与实现 [D].武汉:武汉理工大学,2008:2-3.

[4]OSBORN S,SANDHU R.Configuring role-based access control to enforce mandatory and discretionary access control policies. ACM transactions on Information and System Security,2000,3(2):123-132.

[5]马建平.一种无干扰的访问控制模型 [D].武汉:华中理工大学,1994:1-20.

[6]张惠.JZEE 架构下基于角色访问控制的研究及应用 [D].武汉:武汉理工大学,2008:6-18.

[7]杨铸.ARBAC 模型实用化研究及在内网监管中的应用 [D].成都:电子科技大学,2006:9-31.

检察机关统一业务应用系统运维模式初探*

统一系统设计思想为省级院集中部署模式，在该部署模式下，数据库和应用服务均部署于省级院，管理和运维任务也更多的集中在各省级院，因此，省级检察院运维模式的选择和探索工作凸显的极其重要。

文 | 上海市浦东新区人民检察院　王滨　桑鹏罡

一、运维初解

在庞大的软件工程体系中，包括了可行性分析、需求调研、软件开发、软件测试、软件实施。其中，狭义的运维工作指的是软件实施阶段的运维，广义的运维工作是指包含了软件实施、软件运行维护等一个相当长的时间周期的系统性工作。在软件工程中，包括研发在内的工作只占了不足一半的工作量，而运维工作占了更重要的一部分，软件系统越庞大，业务流程越复杂，涉及用户越广，运维工作占的比重就越大，可以说："运维决定成败！"。

检察机关统一业务应用系统有以下几个方面的特征：一是业务流程复杂，其中涉及到审批环节中人与人之间的流转、部门之间业务流转、上下级院之间业务流转，流转中的不畅通会导致系统无法运行；二是涉及面广，从上至下涉及四级检察机关几乎所有的业务条线的检察人员；三是业务数据庞大，该软件不仅仅要汇集各单位的业务数据，而且还涉及到各省级院数据中心数据和高检院之间的数据交换；四是对运维时间的响应要求极高，由于逮捕、起诉等工作必须在法定的时间完成，软件一旦出现异常，就有可能导致办案延期，违反《刑事诉讼法》的情况发生，这违反了软件

---

* 国家科技支撑计划项目科技强检电子信息系统研发与示范
科技强检电子信息系统集成与示范（2011BAK11B03）

服务办案的宗旨，也是绝对不允许的。

综上，检察机关统一系统涉及到的运维工作必须满足以下几个特性：

专业性：统一系统的运维不仅仅涉及到网络、终端、服务器、数据库等信息技术，更多的涉及到检察业务，因此，运维人员必须既熟悉信息技术，又熟悉检察业务，复合型运维人员在该软件的运维中体现的尤为重要，打造一支专业的运维队伍是当务之急。

主动性：主动性指的是运维人员不应当被动的接受问题，处理问题，运维人员应当积极的收集问题、分析问题、整理问题，以问题为核心，构建知识库和管理流程，最终形成各运维机构自身的管理模式，在管理模式上，应当参考ITSM服务体系的要求，建立服务台、服务水平管理、业务关系管理等流程，以此来驱动后台运维管理工作。

及时性：运维中的时间响应尤为重要，应根据问题的类型、紧急程度、涉及面等多种因素综合制定出一套符合检察业务特色的运维制度，确保案件不因统一系统无法使用而延期。

经济性：运维的经费是我们不得不面临的问题，全国各省份可用经费情况迥异，应根据自身经费预算，在其范围内，合理的选择适合自身的运维模式。

涉密性：统一系统是构建在检察专网平台上的软件，其中有大量的涉密数据，如举报线索等，因此，要求所有部署使用的终端必须符合分级保护机制的要求，相关运维人员必须签署相应的保密协议，确保检察业务数据的机密性和安全性。

二、运维模式分析

在统一系统发布之前，从高检院到基层院积极探索运维管理办法和运维管理模式，高检院也颁布了相应的管理办法供各级院参考，并且，在软件试运行阶段，各级院也开始积极的探索适合自身的运维模式，那么，如何根据高检院的要求构建自身的运维体系呢？

（一）运维前应完成的基础平台建设工作

运维工作是一个系统工程，涉及到多方面的投入，建设符合标准的基础平台尤为重要，基础平台主要是指应用支撑平台建设，要了解应用支撑平台，首先应从以下金字塔图中分析运维结构：

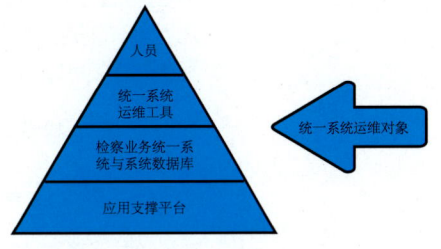

从上图看出，应用支撑平台是统一系统的基础平台，检察机关统一业务应用系统试点和全面推广前，应根据高检院制定的相关标准将服务器、存储备份系统、与统一业务应用系统配套的数据库管理系统、应用中间件购置到位，并且应当完成"两网"建设任务，进一步提高已建网络的传输质量，优化网络结构，完善网络支撑平台和应用支撑平台。统一系统是构架在坚实的符合保密要求和基础平台要求的应用支撑平台之上的，而统一系统的运维又离不开相应的运维工具，运维工具的管理和使用需要相应的人员，因此，运维工作中应建立从应用支撑平台到运维人员管理整套的管理体系。

（二）运维中的投入

运维是个系统工程，涉及到多方面的资源投入，其中主要包含资金投入，人员投入，资金投入的主要用途在于基础平台建设以及外包运维中的服务费用；人员投入又包含了检察机关自身的人员投入和外包公司，人员的投入和调配是一项管理性的工作，如何合理调配各种资源尤其是人力资源，符合运维专业性、及时性、主动性、经济性、涉密性全方面的要求，并且实现投入产出的最大化是我们要着重思考和解决的问题。

（三）检察机关常见运维模式

1. 统一系统部署模式

统一系统的应用服务器和数据库服务器目前均部署在高检院和各省级院，因此，整体来看，高检院和省级院的工作重心应放在后台管理层次的运维，而统一系统是C/S结构（客户端/服务器），用户的终端均需要安装.NET Framework4以及统一系统的客户端、文书的相关插件，终端维护的工作量较大，因此，从高检院到基层院都需要一支专门的终端运维团队，而基层院，尤其是业务量较大的基层院终端运维的压力会更大一些。

当统一系统库表结构稳定下来后，有能力的基层院可以尝试将省级院的数据通过数据交换平台将本院的数据定时交换到本单位后，根据本单位的需求定制自身的一些统计分析业务报表，与此同时，又会派生出新的运维需求，即构建基层院自身的数据中心以及基层院数据中心的运维。

2. 省级院的几种运维模式

由于服务器放置于高检院和省级院，因此高检院和省级院的运维为运维工作的重中之重，本文重点探索省级院的运维模式，当前，对于省级院，常见的运维模式有以下几种：一是省级院信息技术部门依靠自身的力量完全自主运维；二是省级院信息技术部门牵头，信息技术部门主要从事管理和协调类工作，具有涉密资质的公司参与并且从事主要的运维，即公司为主要运维力量；三是省级院信息技术部门和公司联合运维，即信息技术部门派出相应的人员，公司也派驻相应的人员，组成一个运维团队，两者内部分工并相互配合，两者技术实力相当。

（四）各种运维模式的优劣

三种运维模式各有优劣，省级院完全依靠自身力量运维，资金投入会比较少，但由于运维工作中涉及到小型机、网络、Oracle数据库以及集群、存储、备份、应用服务器等多方面的知识，人员之间也需要互为备份，对省级院自身人员技术要求较高，当出现紧急情况时，响应的时间和技术支持力量比较难以保障，该运维方式比较适合人员较多，且人员的技术实力较强，资金相对匮乏、用户数量相对较少的省级院。省级院信息技术部门牵头，以管理、协调为主，公司为运维中坚力量，公司人员的技术水准较高，专业性较强，在处理技术问题时相对更加专业，更符合专业性、及时性的要求；但公司运维中毕竟也要产生高昂的费用，且必然会在检察涉密网络环境中工作，在经济型和涉密性方面也存在一定的弊端。在信息技术部门和公司组建运维团队并联合运维的模式下，由检察技术人员主要负责保密、案件业务、涉密后台数据的维护，而公司运维力量主要集中在小型机、应用服务器方面，这样一方面能够培养检察机关自身的运维人才，另一方面不容易被公司"牵制"，同时，也更容易符合经济型方面的要求。

（五）运维模式适合性分析

以上谈到了三种运维模式，各省级院应当根据自身的资金、人员、运维需求等多种因素选择适合自己的运维模式，但无论哪种方式，应当符合运维的基本要求，即符合专业性、及时性、主动性、经济性、涉密性全方面的要求。综合分析，在符合自身特色的情况下，应首要考虑保密方面的要求，鉴于检察专

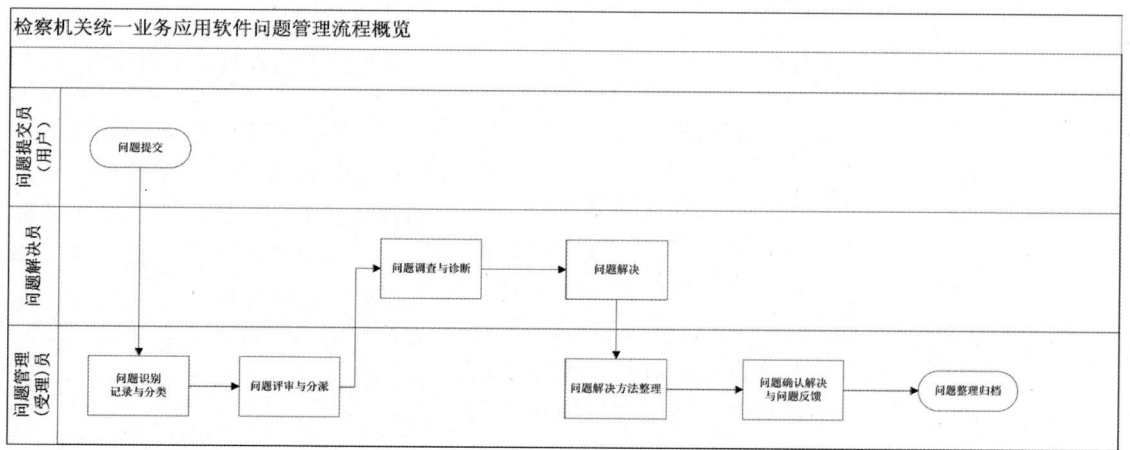

网为涉密网络，统一业务系统又是核心涉密系统，因此运维模式可以突出自身运维为主导，公司辅助运维的模式。该种运维模式下，公司可以派少量人员驻点主要负责监测小型机的运行情况、网络负载情况、应用服务器安全漏洞等，同时，对一些用户的终端进行日常的维护，鉴于其本身对检察业务不够熟悉，同时，数据库中可能存在诸如线索等机密数据，因此，业务流转中的问题以及后台数据库的备份等工作由检察机关内部人员运维为主，公司运维为辅，这样，在一定程度上符合了涉密性的要求。另外，检察技术人员还应该有相应的措施对公司人员进行管理和约束，一方面可以通过管理制度规范其运维活动，另外一方面可以开发或引入有效的管理软件平台对其监督，对公司运维人员的管理本身也是运维管理中的一项重要工作。这种模式下，既可以培养一批技术骨干力量，又可以最大限度保证统一系统业务系统的信息安全。

三、运维建设

（一）运维流程建设

选择好相应的运维模式后，接下来最重要的环节是构建相应的运维流程，一个优质的运维流程是统一系统运维管理质量的核心保证，运维机构要逐渐形成一个流程驱动型的运维体系。运维流程按角色和功能操作可参考上页示意图。

从图中可以看出，问题受理中的角色应当包含问题提交员、问题解决员、问题管理员，统一系统运维中也应当设置相应的角色，问题提交员一般为省级院及下属的各院的系统管理员，而不是各下级院的最终用户，系统管理员统一受理问题并上报的好处在于，一是上下级院有统一的对应口，上下级院条线对应的特定，能够减少沟通的成本，更加方便问题的收集和反馈；二是基层院的系统管理员通过多角度的问题收集，能够更快的提高运维的能力。问题受理人员是一个团队，在上文提到的最优运维模式中，其指的是由省级院信息技术部门和公司联合组成的运维团队，主要负责解决具体问题，只不过在解决问题时根据问题的类型有所分工。问题管理员是一个核心角色，其主要任务有几个方面：一是任务的收集、识别、分类；二是根据问题的内容和类型进行派发，派发的对象为问题受理员；三是问题的集中反馈；四是问题的整理和归类。

（二）运维管理平台建设

在建立运维体系中，最为重要的开发符合要求的运维管理平台，运维管理平台是运维服务的物理载体，其是服务者与用户沟通与互动的桥梁，运维管理平台应当根据运维流程设计，体系运维流程，即针对不同的角色设置不同的功能。具体而言，针对不同的运维角色，其包含的模块至少需涵盖问题受理、问题指派、问题处理、问题反馈、问题整理。需要强调的是，问题处理完毕后，问题管理人员应阶段性的将有价值的问题进行分类整理，形成知识库，并定期生成 HTML 版的帮助文档下发给基层院学习。

通过这种流程以及运维管理平台的建立，一方面可以使统一系统运维人员能够对工作有一个统一的认识，更重要的是通过这些服务工作的流程化使得整个服务提供过程可被监控、管理，形成真正意义上的"IT 服务车间"。

（三）运维制度建设

运维工作不仅仅是对问题的管理，更重要的还涉及到对人的管理，运维中应当建立相应的管理制度，管理制度包含以下几个方面：第一，环境管理，统一系统环境安全管理的重点在于如何根据不同区域的特点使用不同的安全管控和出入原则。对重点管控区域应当选用先进的安全设备，使用严格的进出管理控制制度进行管理。在制定数据中心环境管理相关文件时，通过对各区域内所存放的信息资产的等级进行分析，将数据中心划分成不同类别的管控区域和安全区域。建议至少划分为 3 类区域：运维公共区域、办公区域、安全管制区域，如涉密的屏蔽机房；第二，网络管理，网络管理应包含全省的网络拓扑结构图，在此基础上明确网络的访问管理，规定有权访问各类网络的设备和人员，明确网络接入的申请、审批流程和终止接入的流程，做到网络接入、终止接入过程受控，有专门的人员负责网络接入和终止接入的管理工作；第三，工作制度管理，运维中应当设立工作机制，目前，省级院可以结合高检院《全国检察机关统一业务应用系统使用管理办法（试行）》及《检察机关统一业务应用系统运行维护管理办法(试行)》的运维要求，根据自主的需求，制定符合自身特色的运维管理制度，但制度不能宽于高检院的管理办法。

（四）运维工作中业务部门参与

统一系统运维工作涉及面极广，运维团队是一个集体，这个集体中应当有业务部门人员的参与，针对业务流程配置方面的问题，应当由业务部门主导解决。▲

【参考文献】

[1] 顾大伟，郭建兵，黄伟. 数据中心建设与管理指南. 北京：电子工业出版社，2010.

浅议职务犯罪侦查信息化*

职务犯罪侦查要从人力密集型向信息密集型转变,构建传统侦查方法与现代信息技术相结合的信息化职务犯罪侦查,是检察机关的必由之路。职务犯罪侦查信息化要着力解决信息库建设不完善、信息化手段缺乏、信息技术应用能力不足等问题,同时在应用信息化职务犯罪侦查手段过程中要加以合理规制。

文 | 最高人民检察院检察技术信息中心　钟福雄
　　湖北省武汉市江岸区人民检察院　丁建业　李保洋

学界通说信息具有三重属性:一是内容属性,即信息以一定的形式记录某种能被认知的事物;二是载体属性,即信息作为途径或方式处理内容及其形态;三是技术属性,即信息作为传输内容的工具。所谓信息化,就是指人对所认识和改造的客观世界作内容、载体、技术的处理,其中内容是基础,载体是形式,技术是手段。由此可以说,职务犯罪侦查信息化是指检察机关依法运用信息技术对展开侦查活动所收集的信息进行固定、存储、转换、传输的过程。职务犯罪侦查信息化应当包含至少三个层面:(1)信息资源量大,内容丰富;(2)途径方式灵活,载体夯实;(3)硬件软件齐备,技术先进。

一、检察机关职务犯罪侦查信息化主要问题

(一)信息库建设不完善

职务犯罪侦查信息化的核心前提是广泛收集犯罪信息。然而一个不争的事实是,检察机关职务犯罪信息库十分不完善。一是人员信息,检察机关没有人口信息库,且一直未能与公安机关实现人口信息系统对接,以至于侦查部门调取涉案人

---

*国家科技支撑计划项目科技强检电子信息系统研发与示范
　科技强检电子信息系统技术支撑系统研究(2011BAK11B01)

员信息时必须向公安机关求助,更遑论社保、企业、人事等信息;二是资产信息,职务犯罪大多与金钱有关,金融、证券、保险、房产、车辆、税务等方面的信息对开展职务犯罪侦查极其重要;三是交通、通讯信息,人员到案是破案的基本条件之一,而犯罪嫌疑人的交通、通讯情况对摸排其行为轨迹、活动规律等有重大帮助。信息库建设不完善造成对侦查活动的阻滞,"侦查中如果需要相关信息,传统的方式是由侦查人员携带法律文书到银行、工商、公安或是涉案单位调取,尽管不存在上述单位不予配合的情况,但往往需要等很长时间,常常延误侦查计划的实施,这一点在银行查询时体现得最为明显。"

(二)信息化手段缺乏

职务犯罪侦查目前仍然是一种较为粗放的模式,确定犯罪嫌疑人行踪需要投入大量人力物力去摸排,收集犯罪证据需要跑遍辖区、从一地到另一地往来奔波,开展询问讯问需要全体侦查人员共同参与。排除一般性影响因素,职务犯罪侦查特别是基层检察机关的职务犯罪侦查仍是简单的劳动叠加型侦查。侦查缺乏信息化手段,主要原因在于:(1)装备器材建设落后。开展信息化侦查,必然要有强大的物质装备作基础,而大多检察机关办案经费都难以保障,物质装备要跟上时代要求的确勉为其难。（2）法律法规支撑不足。虽然新《刑事诉讼法》第148条赋予了检察机关技术侦查权，但是还有很多问题需要明确，比如"重大的贪污、贿赂犯罪案件以及利用职权实施的严重侵犯公民人身权利的重大犯罪案件"的具体标准、"严格的批准手续"的具体程序，这些语焉不详之处必须出台更详细的实施细则才能保障技术侦查的有效运用。

（三）信息技术应用能力不足

信息库建设不完整、信息化手段缺乏，在很大程度上制约了侦查人员运用信息技术的能力，但相对于这些外在因素，侦查人员信息技术应用能力不足的内因显得更为重要：（1）运用信息技术进行侦查的意识薄弱。以现代通信网络为核心的信息技术已经深刻影响了人们的日常生活，侦查人员（特别是不熟悉现代网络技术的老一辈侦查人员，这在基层检察机关并不少见）不应该忽略从网络宽带、交通通讯、电子监控等方面获取信息；（2）侦查人员信息技术掌握不到位。信息技术更新换代的速度越来越快，导致许多信息技术在未全面运用于实践前就被落后了，而且部分侦查人员对现代信息技术不"感冒"，过于依赖经验，不愿意主动学习信息技术；（3）信息技术培训没有取得理想效果。最高人民检察院、省分州市检察机关多次组织电子取证网络培训、信息技术培训等教程，但并没有引起高度重视，鉴于侦查部门畸重的办案压力（这是各地检察机关的普遍现象），出现业务骨干人员很难有机会深入学习专业技术尴尬局面。

二、检察机关职务犯罪侦查信息化的应用

（一）扩大信息技术应用空间

现代化信息技术已然渗透到职务犯罪和职务犯罪侦查的方方面面。"首先，它拓展了侦查空间，在原有现实物理空间外，增加了一个虚拟空间，也使电子证据成为一种常见的证据形式；其次，它影响着犯罪客体，信息技术广泛地被运用于犯罪，犯罪手法也具有了信息化的特征；再次，它改变了侦查环境，升级了侦查工具，侦查办案已与网络与计算机密切相连；最后，它促进了侦查途径与方法的演变，侦查途径更具多样性，'电子资源'广泛存在，'数字化侦查'已成为一种必然的选择。"在现代化信息技术背景下，职务犯罪侦查被倒逼转型，更是顺应实际发展的需要。

与信息技术推动职务犯罪演变相适应，进一步扩大信息技术应用于职务犯罪侦查的空间是大势所趋：其一，电子取证常态化。电子数据成为新《刑事诉讼法》明确规定的证据种类，是侦查人员务必格外重视收集的证明材料，如企业财务进

行电子记录的，侦查人员可以办理扣押手续，将电脑、U盘、移动硬盘、手机等用于记录、存储、处理电子数据的物品一并扣押；其二，证据材料数字化。为了方便使用和保存，证据材料可以进行电子化处理，如将重要的文件资料扫描成图片，这样就有实物和电子形态的"双保险"；其三，工作方式无纸化。侦查部门工作方式无纸化程度已然较高，如不论在何处制作讯问、询问笔录都可以进行电脑记录和同步录音录像。

（二）健全信息库和数据资源

健全信息库和数据资源并不是要求检察机关开发、建设相应的人员、资产、交通通讯等信息系统，在利用公安机关现有资源的基础上无需进行重复建设。健全信息库和数据资源的目的在于实时掌握职务犯罪嫌疑人的动态，第一时间把获得的信息反馈回来加以印证，其中尤以公安机关的有关信息系统（如人口信息系统、视频监控系统等）对职务犯罪侦查的帮助最大，以笔者办理的职务犯罪案件为例，在蹲点守候时确认犯罪嫌疑人的行踪规律，调取相关监控视频是较为快捷有效的方法，这就需要公安机关协助配合。

"侦查信息化建设是一项复杂的系统工程，从职务犯罪侦查办案工作的实际出发，需要通过数据库建设、信息共享机制建设、网上办案系统建设、情报信息系统建设等，构建成上下左右互联互通的网络体系。其中，数据库建设是基础，情报信息系统建设是前提，信息共享机制建设是重点，网上办案系统建设是根本。"笔者认为，信息数据库是实现职务犯罪侦查信息化的基础，其核心手段是检察机关与相关部门的数据库实现对接，信息共享机制建设提供了实现对接的途径，这是职务犯罪侦查信息化对外层面的；网上办案系统和情报信息系统则是对内层面的，是检察系统内部的运行机制，其中网上办案系统是职务犯罪侦查信息化的重中之重，目前较为成熟的分支系统主要有远程提审在押人员系统等。现在新的检察机关统一业务应用系统都作了大胆尝试，较好地实现了各级检察机关之间的信息整合、数据共享。

（三）提升电子证据收集能力

在信息化背景下，以网络为平台的现代信息技术已经扩展到人们日常生活的各个角落，职务犯罪行为同样深深打上了现代信息技术的烙印，而犯罪嫌疑人在网络环境上留下的任何蛛丝马迹，有的能够帮助掌握案情，有的利于增进对犯罪嫌疑人的了解，甚至成为侦破案件至关重要的证明材料。提升电子证据收集能力的关键就在于充分运用网络寻找信息，结合时下普遍运用的信息技术挖掘犯罪嫌疑人的各种信息，比如QQ上填写的基础信息、微博上发布的文章、微信上的照片等，侦查人员要善于发现这些信息里潜藏的有价值的信息（如往来对象、地址等）。

但是，"在违法犯罪信息的收集阶段，证据调查人员所获得的违法犯罪信息还是各种各样的尚未系统化、结构化的单一信息或线索材料，是对与违法犯罪有关的人、事、物进行直接观察、查询、提取得来的信息本体，它们的结构比较单一或简单，其真实性、准确性和诉讼价值等还不显著，更没有按照违法犯罪过程的内在联系组合、匹配成能够反映违法犯罪事实及其发展过程的违法犯罪信息系统。"因此，侦查人员不仅要有较高的信息敏感度，从看似无关紧要的材料入手梳理事物的关联，更要敢于大胆假设，但当然要小心求证，证据收集能力的提升很大程度上有赖于证据研判能力的水平。

三、检察机关职务犯罪侦查信息化的规制

（一）明确信息技术的应用边界

职务犯罪侦查与一般的侦查活动有共性但也有自身特点。首先职务犯罪侦查没有犯罪现场可供勘查，没有实实在在的作案工具，往往一对一进行，是无被害人犯罪。但这并未严重削弱职务犯罪信息的丰富程度，反而因为这些原因以及职务犯罪的其他特点，侦查部门格外重视收集能够反映犯罪嫌疑人个性特征、心理状态、个人经历、家庭情况等方面的信息，这些信息的集合，最能生动刻画犯罪嫌疑人的基本面貌，从而为侦查破案打牢基础。

正因为此，职务犯罪侦查难免会"伤及无辜"，开展侦查活动所获得的信息覆盖了涉案人、事、物的所有整体和细节，而实际上真正与职务犯罪案件有关联的通常只是其中一部分，若仅就犯罪事实而言，甚至可能只是很少的一部分。但是职务犯罪侦查张开的口袋必须足够大，才能尽可能网罗对侦破案件有价值的所有信息，这张网越大，就越有可能捕到鱼。所以，讨论职务犯罪侦查中应用信息技术的边界显得很有必要，但这又是很难清晰界定的，笔者试图论述两条重要的原则：第一，收集但不予公开的原则，即侦查活动所收集到的信息经过侦查人员的信息研判，留存与职务犯罪有关的信息，而其他无关信息严格遵循不公开的原则；第二，扩大但不能扩散的原则，即收集职务犯罪信息仅指向案件当事人及与其有直接关系的人员（如近亲属），根据案件事实再适当延伸，除了深挖扩线的需要，不可以该案为由扩散收集其他无关人员（如职务犯罪嫌疑人的领导、同事）的信息。

（二）完善信息分级与保密制度

职务犯罪侦查的启动基于有一定调查价值的线索，而线索一般只是涉嫌犯罪事实的一个侧面，并不

是全部，有的甚至是不实的信息。然而线索必定有一个确实存在的因素，那就是指向具体的某个人或某个单位，从这个角度来看，职务犯罪侦查惯用由人到案（事）的侦查途径。"在信息化特征十分明显，信息技术被广泛运用于各行各业的时代，从人到案的侦查路径常常表现为与计算机、网络相互联系的特点，即信息——计算机、网络——人——案件。"以扣押的犯罪嫌疑人电脑为例，实际办案当中不仅要调取电脑上留存的资料信息，包括文件、图片、影像资料等，往往还要恢复其删除的资料信息，从这些资料信息里面可以发现对侦查有重大指引作用的证明材料。

在侦查部门张开的这张足够大的口袋里，定然会自觉或不自觉地收集到与本案无关，但有可能涉及国家秘密、商业秘密、个人隐私的信息，泄露这些信息有可能会危害特定人员的人身财产安全、阻碍企业的商业运作、暴露有关人员的隐私。因此，建立健全信息分级制度确有必要，笔者建议将涉及国家秘密的定为一级信息，涉及商业秘密的定为二级信息，涉及个人隐私的定为三级信息，每级信息加以特别标记，只有拥有相应职能和职权的人员才有权限接触、阅读、使用、公布。同时要加强保密工作，就个人而言，签定保密协议是一种普遍做法。这些涉密信息应当由专职部门专职人员保管，需经有相应权限的人员赋权使用，只能用于侦查、起诉和审判，不得用于其他用途，并且规定使用时限，使用之后要及时归档，以免信息泄露。另外，完善统一的信息披露和销毁制度，对于已经解除秘密的信息可以适当公开披露，对于过时信息、作废信息则应当及时销毁。

（三）强化程序正当与人权保障

职务犯罪侦查信息化不可能绕开技术侦查，技术侦查可以说是职务犯罪侦查信息化不可或缺的一环，也是倍受诟病之处。人们担心拥有武器的人会对付手无寸铁的人，而不是保护他们。任何一种信息化侦查手段都不可怕，可怕的是滥用这种手段的人，我们要做的是用强化程序正当和人权保障的制度去压缩滥用的空间。

事实上，技术侦查的应用前景很大，但现状并不乐观，有太多因素制约了其广泛使用：第一，适用前提的限制。技术侦查只适用于已经立案的案件，而技术侦查的重要目的就是为了掌握准确的涉案信息，这便形成了一个矛盾，使用技术侦查的前提和目的同一（至少是部分同一）；第二，适用标准的限制。技术侦查仅针对"重大的贪污、贿赂犯罪案件以及利用职权实施的严重侵犯公民人身权利的重大犯罪案件"；第三，批准手续的限制。虽然"严格的批准手续"并未明细规定，但秉持审慎的态度，办案实践中要求法律文书齐全（包括立案报告、立案决定书、拘留报告、拘留证等），需经分管领导、上级检察机关相关负责人签字、盖章再交由公安机关执行；第四，监督措施的限制。技术侦查主要由公安机关执行，检察机关作为法律监督机关，又是提出使用技术侦查的主体，这就造成了另一个矛盾，"让用不让用都你一家说了算"。同程同步录音录像解决了侦查部门刑讯逼供的问题，技术侦查的监督同样可以寻求内部解决机制，比如交由国家安全机关执行，或者检察机关派专职人员跟进技术侦查，都是可以在试用中进行考察的办法。▲

【参考文献】

[1] 刘昕. 对职务犯罪侦查信息情报工作的若干思考[J]. 重庆工商大学学报，2008，11(18):82-84.

[2] 欧三任. 建立以犯罪信息为核心的侦查运行机制[J]. 江苏警官学院学报，2003(3):63-67.

[3] 顾明. 信息化反贪侦查模式的构建[J]. 山西省政法管理干部学院学报，2011(3): 46-47.

[4] 李双其. 论信息技术对犯罪侦查的影响及应对[J]. 福建警察学院学报，2009(5): 5-11.

[5] 陈连福. 探析检察机关职务犯罪侦查的信息化建设[J]. 河南社会科学，2011(4): 22—26.

[6] 卢志坚，朱家春，李跃. "苏州智造"：向着信息化迅跑[N]. 检察日报，2013-9-16.

[7] 李亦农. 论网络环境下侦查与犯罪情报主客体关系的嬗变[D]. 中国人民公安大学学报，2003(5): 96.

[8] 王均平. 人证调查原理与应用技术[M]. 武汉：武汉大学出版社，2002: 181.

[9] 刘品新. 论网络时代侦查模式的转变[J], 山东警察学院学报，2006(1): 74—77.

[10] 关福金. 浅议信息引导职务犯罪侦查[J], 人民检察，2008(20): 23.

互联网时代应树立刑事司法新理念

刚刚闭幕的党的十八届三中全会通过了《中共中央关于全面深化改革若干重大问题的决定》,明确指出"加强知识产权运用和保护,健全技术创新激励机制,探索建立知识产权法院",将知识产权的保护推向了更高层面。

文 | 广东省深圳市南山区人民检察院　胡捷

如今互联网已经成为继水、电之后人类离不开的产品,互联网还在加速改变我们的社会、生活、组织等方方面面,而这一切都来源于创意,创意又与知识产权息息相关。刚刚闭幕的党的十八届三中全会通过了《中共中央关于全面深化改革若干重大问题的决定》,明确指出"加强知识产权运用和保护,健全技术创新激励机制,探索建立知识产权法院",将知识产权的保护推向了更高层面。

民事诉讼要求"谁主张,谁举证",侵犯知识产权的案件大都存在取证难的问题。而刑事诉讼由于公权力的介入,取证力度更大,更具威慑力,更有助于权利人维护自身权益。但我国知识产权刑事立法滞后,许多新型涉互联网犯罪案件在办理过程中遇到了困惑。作为司法工作人员,在办理侵犯知识产权犯罪和新型涉及互联网犯罪案件时,应当最大程度上用足现有法律,运用高超的司法技术和应用技巧,让刑法在保护知识产权和新型涉及网络犯罪案件方面发挥出应有的威力和效用。

我国侵犯知识产权犯罪案件每年都呈现上升的趋势。根据国家知识产权局的《2012年中国知识产权保护状况白皮书》公布的数字显示:2012年全国检察机关共受理公安机关移送审查起诉涉嫌侵犯知识产权犯罪的人员共31880人,同比增加186%,其中涉及商标类的占54.6%,侵犯著作权案件占36.6%,侵犯商业秘密案件占0.6%,其他罪中含知识产权的案件占8.1%。在这份白皮

书里,有一个非常可喜的数字,检察机关的立案监督权在保护知识产权的案件中得到了比较好的运用,2012年全国检察机关受理公安机关应当立案侦查而不立案侦查涉及侵犯知识产权犯罪案件线索213件,2011年只有41件,增长4.2倍。经审查,监督公安机关立案209件(成功率98%)。立案监督权是法律赋予检察机关的一项权力,《刑事诉讼法》第87条规定:人民检察院认为公安机关对应当立案侦查的案件而不立案侦查的,或者被害人认为公安机关对应当立案侦查的案件而不立案侦查,向人民检察院提出的,人民检察院应当要求公安机关说明不立案的理由。人民检察院认为公安机关不立案理由不能成立的,应当通知公安机关立案,公安机关接到通知后应当立案。常听企业反映,公司内发生了员工犯罪案件,或知识产权被他人侵占,到派出所报案却因各种原因很难立案(案值少、取证难、损失难鉴定、侵权单位在外地、人跑了等)。以后遇到这种情况可凭《不立案通知书》到检察院要求对公安机关不立案的情况进行监督。

一、我院办理知识产权及计算机信息系统犯罪现状

(一)侵犯知识产权犯罪案件

2010年至2013年10月,南山

区院受理的侵犯知识产权犯罪案件共97件236人，占绝对主导地位的是商标权类案件，共69件183人，占总受案数的71.1%，其中又以假冒注册商标犯罪居首。该犯罪成本低、回报率高，不要求作案人具备相当的资质；侵犯著作权12件20人，侵犯商业秘密16件33人，也表明打击侵犯著作权及商业秘密犯罪的难度。

（二）侵犯计算机信息系统犯罪案件

此类犯罪虽然没有列入刑法知识产权犯罪的章节中，但在司法实践中却被用来惩治类似侵犯知识产权的案件中。如我院2012年提起公诉的韦某南案，其通过游戏外挂的方式获取游戏币，并在网上销售，获利27万余元。而网络游戏开发公司为开发该款名为"天道"的游戏软件投入大量人力物力，因韦某南的侵权行为而受损，法院以非法控制计算机信息系统罪判处韦某南有期徒刑2年，并处罚金2000元。2011年至2013年10月，南山区院共受理移送审查起诉的侵犯计算机信息系统犯罪案件14件32人，呈逐年上升趋势。侵害对象主要集中在互联网企业，上述14件案件中有8件的被害单位是腾讯公司（包括同案或关联案件）。

（三）案件办理难度增加

知识产权具有无形性及易复制性，且侵犯知识产权的行为非传统意义上的占有，而是假冒、篡改、擅自使用等，手段十分隐蔽，客观上为刑事追诉增加了难度。知识产权刑事案件涉及的专业性很强，检察官除了要精通相关法律条文和司法解释外，还需要了解与案件相关的专业知识，如计算机、网络、模块芯片、原理图、新材料、源代码等，要在短时间内掌握这些知识，对检察人员而言是一个很大的挑战。

广东省高院公布的"2012年度十大知识产权案例"之一的燕某航侵犯著作权案由我院办理。被告人燕某航通过修改在网上下载的深圳某科技公司开发的"弹弹堂"游戏源代码，调整了该款游戏的难易程度和道具价格，在未经权利人合法授权的情形下，擅自将经修改的游戏，以"52弹弹堂"、"霸气弹弹堂"等为游戏名，发布在网络服务器上商业运营。经鉴定，从燕某航的电脑中提取的"弹弹堂"游戏源代码与深圳某公司提供的"弹弹堂"游戏源代码的比较，其相似率在99%以上。燕某航被法院判定犯有侵犯著作权罪，判处有期徒刑一年六个月，罚金人民币八万元。

二、相关刑事立法的不足之处

随着互联网的迅猛发展，一些与其相关联的犯罪不断涌现且日益严重，我国刑事立法滞后的问题凸显，导致司法实践中存在许多问题，亟待解决。

（一）入罪门槛较高

以侵犯商业秘密罪为例，按相关司法解释规定，该罪的立案标准是给商业秘密权利人造成损失数额在 50 万元以上，或违法所得数额在 50 万元以上，或致使权利人破产，或其他重大损失的情形。实践中，这一立案标准很难达到。除此之外，利润下降、市场份额降低、商誉受损等造成的预期利益或潜在利益受损，往往比直接经济损失严重得多，却因"法无明文规定不为罪"而无法追究刑事责任。如南山区某知名通讯公司员工将公司投标方案向竞争对手出售，获利人民币 6 万元，因该信息泄露导致该公司数百万的投标失败，公安机关以未达到侵犯商业秘密罪最低追诉金额 50 万元，且投标失败是多因一果为由，对此案不予立案侦查。

侵犯计算机信息系统犯罪行为对象是计算机信息系统中存储、处理、传输的数据，造成的损失往往是看不见摸不着，难以量化的，比如造成系统崩溃、交易中断或者潜在商机的消失，这些损失往往不认为是因侵权（犯罪）行为造成的直接损失，因此，难以作为定罪量刑的依据。例如，曾经轰动一时的"红旗QQ"案，腾讯公司发现异常状况后为查明原因、进行技术更新等投入了大量的人力物力，但是，最后在确定犯罪数额上却仅能以因"红旗QQ"的运行给公司广告收入造成的减少数额（经鉴定为 30000 元）作为定罪量刑的依据。被告人管某、王某因犯有非法获取计算机信息系统数据罪被判处有期徒刑 7 个月，并处罚金 2000 元。

（二）刑罚设置不合理

我国刑法对侵犯知识产权案件的处罚一般分为两档：基本情节的，处 3 年以下有期徒刑或者拘役，并处或者单处罚金；加重情节的，处 3 年以上 7 年以下有期徒刑，并处罚金。美国《2006 年制止制成品伪造法》规定，自然人故意使用假冒商标，或者非法买卖商品或者服务，可处以最高 10 年监禁和最高 200 万美元罚金，单位犯罪可处以最高 500 万美元罚金，再犯的情况下可处以最高 20 年监禁和最高 500 万美元罚金，单位再犯可处以最高 1500 万美元罚金。法国对侵犯著作权犯罪的最高自由刑是 10 年，明显高于我国刑法规定的 7 年。我国刑法对侵犯知识产权犯罪的处罚均显偏轻，不足以实现刑罚惩戒、预防犯罪的功能。

（三）保护客体过窄

现行刑法对侵犯知识产权罪罪名设置缺乏应有的前瞻性和完备性，致使一些社会危害程度严重的犯罪因"法无明文规定"而不能纳入刑事打击的视野。

我国刑法第 213 条至 219 条规

定的侵犯知识产权犯罪涉及的保护客体仅包括商标权、专利权、著作权和商业秘密权。植物新品种权、集成电路布图设计权、地理标志权、信息网络传播权等新型知识产权虽然有专门的法律、法规和规范确立了其权利保护的内容与法律责任，但是均未被纳入我国刑法保护的范围。

还有，非法出租侵权复制品的行为，与销售侵权复制品的犯罪行为性质几乎相同，社会危害性也相差无几，但我国并未将其列入刑事犯罪。实践证明，我国侵犯著作权犯罪的保护对象范围较窄，难以适应惩治犯罪的现实需要。我国刑事立法未明确虚拟财产（如QQ号、游戏装备等）的属性，未将注册服务商标、网络环境下的域名权、知识产权的技术措施、著作人身权等明确纳入刑法保护对象。

三、我院在保护知识产权方面的主要做法

虽然我国知识产权刑事立法中存在上述不足，但我们通过树立新的刑事司法理念，运用高超的司法技术和应用技巧，用足法律，让有用的条款在保护知识产权方面发挥出应有的威力和效用。具体做法如下：

1. 理念先行，敢于创新

司法实践中，我们始终坚持打击与保护并举，任何有利于保护知识产权的方式方法我们都先行先试，将案件公开审查、风险评估等机制引入侵犯知识产权犯罪案件的办理中。如2012年，我院受理了腾讯公司员工张某伙同闫某在网上出售QQ靓号的案件，张某获利40万，闫某获利10万。公安机关以职务侵占罪移送审查起诉。该案如何定性有争议，我院召开案件公开审查会，腾讯、新浪微博直播，同时在线和事后关注的粉丝有3万多人。犯罪嫌疑人的律师认为，《刑法》没有规定虚拟财产可以作为职务侵占罪的客体，法无明文规定不为罪。参会人大代表认为，虚拟财产属于《刑法》第92条规定的"其他财产"，可以定职务侵占罪。深大法学院教授吴学斌认为，QQ号是否有价值应由鉴定机构评估，如能鉴定出价值则职务侵占罪成立。曾月英教授认为，犯罪嫌疑人张某未经单位授权，对计算机系统进行控制，出售QQ靓号，其行为符合《刑法》第285条规定的罪名：非法获取计算机信息系统数据罪、非法控制计算机信息系统罪。犯罪嫌疑人闫某构成掩饰、隐瞒犯罪所得罪。两被告人分别被判处有期徒刑2年和8个月。

2. 用足法律，让有用的条款发挥作用

由于刑事立法滞后，使得有些违法犯罪人员有机可乘，通过侵犯他人的知识产权获取利润。如前不

久,我接到某高新企业要求严惩李某的诉求信。该企业生产的生物农药被评为国家科技进步二等奖,投入巨大。曾担任该公司销售人员的李某离职后,代理假冒该公司的生物农药在福建销售,给公司造成重大损失。呈报我院审查批准逮捕的罪名是非法经营罪,经审查其行为不符合该罪名的构成要件。相似的罪名有销售假冒注册商标的商品罪、生产销售伪劣农药罪。但证明他主观明知的证据不足,但审查中发现他有伪造公司印章的行为,先以涉嫌该罪名批准逮捕,同时建议公安机关收集其主观明知的证据。

3. 引导侦查,发挥法律监督的作用

随着互联网的快速发展,与网络相关的犯罪也不断"推陈出新",如网络赌博、网络性交易、网络诈骗、敲诈勒索、游戏外挂、侵权复制他人产品等等,而收集证据却很艰难。如我院今年受理了朱某灯等4人涉嫌侵犯著作权犯罪案,上述4人从某科技有限公司离职后又带走另外9人组成新公司,利用原公司的游戏源代码制作的德州扑克上线经营,13个月的主营业收入为415万余元。公安机关委托的广东某鉴定机构的鉴定意见是:侵权方(犯罪嫌疑人)与被侵权方的德州扑克网页游戏的125334行源代码进行比对,相似率为89.2%,而我院以往办理类似案件的鉴定结论多为99%,所以没有批准逮捕4犯罪嫌疑人。但同时引导侦查,提出详细的补充侦查意见,包括提供类似判例。公安机关发现类似判例中,上海东方计算机司法鉴定所的鉴定更专业、更详细,即委托该鉴定所进行鉴定。鉴定除对双方服务器端软件源代码比对外,还对核心模块、软件和网络架构层模块、存储模块、其他非核心功能模块等进行对比,得出的结论是:双方软件实质性相似,具有同一性。再次呈捕时,我院做出批准逮捕的决定。

4. 主动服务,送法上门

2012年以来,我和我的检察官同事们先后走访了30多家高新技术企业,了解企业的需求,宣传知识产权保护的相关法律规定和案例。举办了8场专题讲座,近百家知名企业和中小企业家代表及企业骨干参加。向企业家们提出加强预防和防范的建议,树立一个理念:在预防和防范上投入的成本远低于案发后的维权成本。今年,我院还编写了《知识产权刑事司法保护案例精编》,准备免费赠送相关企业。在打击侵犯知识产权和涉及互联网犯罪的道路上,我们将一如既往,充分运用刑事法律手段,让法律的威慑力最大化地发挥作用。▲

检察数据异地容灾备份系统建设的思考*

为了提高检察机关重要应用系统和数据抗灾难性风险的能力，本文给出了建设检察数据异地容灾备份系统的建设思路和总体方案。该系统具有可靠性强、操作简便、兼容性好等特点，可以为全国检察机关信息化建设积累经验，提供参考。

文 | 广东省人民检察院　李向荣

一 引言

近年来，随着检察信息化工作重心逐渐由建设转向应用，各地按照以用促建原则，相继建成了以应用为核心的检察数据中心，全面推行网上办公办案。检察工作对信息网络和应用系统的依赖程度不断提高，系统可靠性和数据安全问题日益凸显。为提高重要应用和数据抗灾难性风险的能力，建设检察数据异地容灾备份系统成为信息化的现实需求。

二 异地容灾备份系统建设思路

异地容灾备份系统是在相隔较远的两个城市或多个城市，建立起两套或多套功能相同的应用系统，互相进行数据备份、状态监视和功能切换，当一处系统因火灾、水灾、风灾、地质灾害等事件而停止工作时，整个应用系统可以切换到另一处，使得该系统能够继续正常运行，提供持续服务。

（一）调研论证

建设异地容灾备份系统应进行充分的调研论证。按照重要性对主要业务应用和数据进行分级分类，从必要性、紧迫性、可行性、科学性等方面进行研究论证。综合考虑经济成本、技术力量投入和数据重要性等因素的关系，进行必要的经济技术分析。通过调研论证，确定是否需要建设、在哪里建设和建

---

* 国家科技支撑计划项目科技强检电子信息系统研发与示范
  科技强检电子信息系统集成与示范（2011BAK11B03）

设什么功能和目标的异地容灾备份系统。按照数据的重要性和应用连续性要求，明确数据恢复时间指标 RTO（Recover Time Object）和恢复点指标 RPO（Recover Point Object）。

（二）异地容灾备份中心选址

确定主数据中心与容灾备份中心之间的距离是容灾系统建设方案设计首要任务。两个中心的距离越远，两个中心之间共同依存的因素就越少，可预防灾难的种类就越多。但是当两者距离超过一定范围时，容灾系统所采用的技术、项目实施的难度以及系统建成后的管理和维护难度将明显提高，项目建设和运维成本也将随之增加。因此，在方案设计过程中，应仔细权衡系统目标和方案成本之间的关系，科学选择备份中心建设场址。综合考虑以下要素：

1．策略性。根据灾备中心建设目的和功能定位，采取相应的选址策略。

2．风险性。备选场址包含的风险是否在所容忍的风险范围之内，例如，主数据中心与灾备中心应保持适当的物理距离，避免因同一灾难导致两个中心同时遭受损失。

3．科学性。应对备选场址进行全面科学的评估，如进行气象、地理地质分析，是否属于同一灾难区（带）。

4．适合性。备选场址应符合GB/T 2887-2000《电子计算机场地通用规范》的要求，关注场址周边环境、市政配套条件、电力供应条件、通讯服务商提供的网络和服务能力等诸多因素，综合判断是否适合建设灾难备份中心。

5．便捷性。灾难发生时，为确保灾难恢复小组快速抵达灾备中心，场址周边必须交通便捷，有多条道路保证相关人员和设备顺利、快速到达。

（三）机房物理环境选择

1．灾备中心机房应远离境外驻华机构、境外人员驻地等涉外场所，符合国家有关保密规定和规范要求。

2．机房建设要求满足GB50174-1993《电子计算机机房设计规范》、GB/T2887-2000《电子计算机场地通用规范》的要求，并在防火、防水、防震、电力、布线、配电、温湿度、防雷、防静电等方面符合GB9361-1998《计算机场地安全要求》。

3．重点区域出入应实行授权管理，采取必要措施对人员出入情况进行监控。

4．应加强灾备中心所处周边环境的安全监控。

（四）数据备份策略选择

目前，数据备份方式主要有：完全备份、增量备份、差异备份、累加备份等四种基本方式。一般地，在灾备系统设计中，可以选择完全备份与其余三种备份方式的组合备份策略，以减少备份量，避免重复读写存储设备。因此常用的备份策略有：完全备份、完全备份加增量备份、完全备份加差异备份、完全备份加累加备份。此外，还可以利用存储快照技术对历史数据进行时间点备份，通过快照对数据进行检索和恢复。

（五）远程数据复制方式选择

包括同步复制和异步复制。同步复制能保证数据在任何时间在多个复制节点间均能保持一致。如果复制环境中的任何一个节点的数据发生了更新操作，这种变化会立刻反映到其他所有的复制节点。而异步复制的数据在同一时间不同复制节点上是不同的。当某一节点上发生了数据更新操作，需要经过一定的时间后才能反映到其他复制节点上，以最终保证所有复制节点间数据的一致性。异地容灾备份系统设计时，采用同步复制还是异步复制技术，应视系统切换时间和数据恢复点即 RTO 和 RPO 两个指标的要求来定，一般选择异步复制以减少经济投入。

三 广东建设数据异地容灾备份系统的探索

（一）系统建设目的

根据广东检察机关信息化应用的实际需要，建设异地容灾备份系统，对汇集到省检察院数据中心的案件信息进行异步备份，通过一定的措施和手段实现本地和异地的应用切换，保证检察业务系统和案件数据的安全，在灾难情况下，最大限度地保护案件数据信息，确保应用的连续性。

（二）容灾备份中心选址

我们在粤东、粤西、粤北山区和珠三角四个地区各选择了一个城市作为备选灾备中心，经过实地调研考察和专家论证，最后选定佛山市作为全省数据灾备中心。主中心与灾备中心相距超过 30 公里，符合国家关于数据保护和容灾系统建设的相关规定。灾备中心机房建设在佛山市检察机关办公大楼内，有完善的保安监控设施和安全机制，信息技术和网络基础设施好，交通便利，而且直接利用检察机关内部现有的机房、网络硬件支撑平台和技术力量，减少了投资。

（三）总体方案与应用切换

1. 总体方案

在省院数据中心现有结构设备的基础上，增加一套 H3C IV5240 虚拟化管理平台硬件设备，连接到原 FC 交换机上，服务器的数据访问逻辑链路通过 IV5240 虚拟化管理平台实现。IV5240 虚拟化管理平台为高缓存设计，确保整体系统性能，配置 TimeMark 连续数据保护软件，最多可保证 255 个时间点快照，与代理软件配合保证数据一致性和有效进行数据恢复。

在主数据中心增加一台 H3C IX3040 存储系统作为业务系统的存储扩容，通过 IV5240 虚拟化管理平台整合二套物理存储设备为虚拟存储池，构成在线存储系统。IX3040 配置 15000RPM 高速 SAS 硬盘 16 块，可提供 4.8TB 存储容量。新增的存储系统不仅可作数据中心主数据库存储系统的本地备份，还可以划分存储区供其他应用系统使用，例如视频会议、同步录音录像等应用。存储系统前端配置一台 H3C S5100-24P-EI 千兆以太网交换机，应用服务器通过该交换机接入到 IX3040 存储设备上。

佛山容灾备份中心配置与主数据中心基本一致的 IBM 小型机 P550，作为容灾备份数据库服务器；配备 2 台机架式 PC 服务器运行检察业务应用系统；配备一台 IX3040 磁盘阵列，配置 16 块 300GB 15000RPM SAS 硬盘，提供 4.8TB 存储容量；配备 H3C S5100-24P-EI 千兆以太网交换机一台，用于备用主机与存储系统的连接。

2. 应用切换

在佛山容灾点的应用服务器和数据库服务器上安装了与主数据中心完全一致的应用系统，正常情况下，全省办案数据都通过采集交换平台逐级汇集到主数据中心，实现数据大集中，同时通过异地容灾备份系统，将数据异步备份到佛山灾备中心。当灾难事件发生或者主数据中心主机出现故障时，采取适当的人工干预措施，由佛山容灾点的应用服务器和 P550 小型机把主数据中心的 P650 小型机上的业务接管，实现应用系统切换的设计目标。

（四）系统特点

1. 可靠性

容灾备份基于虚拟化管理平台和高可靠的磁盘阵列，无需应用服务器参与，不占用主机 CPU 资源，提高了系统性能。新增磁盘阵列采用负载均衡，加上系统模块支持动态扩展，使存储阵列的可靠性大幅度提高。虚拟化管理平台的卷镜像功能可有效避免磁盘故障导致的业务中断，当主存储业务系统出现故障时，备份存储系统可以迅速切换，避免应用中断。存储快照功能的应用，使用户能方便地选择时间点进行业务数据恢复，减少人为或病毒等"软灾难"对数据的破坏。服务器主机热备和集群，提高了业务的连续性，避免了单点故障。

2. 开放性、标准化和先进性

灾备系统采用更加开放和标准化的 IP 存储技术标准（iSCSI）和存储虚拟化技术，实现了共享式存储和统一存储的要求。在虚拟化数据管理平台的框架下,实现存储资源共享,后续存储阵列的扩容选型将不受厂家的限制,消除了必须采用统一品牌的壁垒。此外,虚拟化数据管理平台可以兼容各类iSCSI、FC、SCSI协议接口存储设备,各类数据管理功能都可以在这些存储设备上使用,提高了系统的兼容性。IP存储技术是当前较先进、应用前景最广阔的存储技术标准,其开放性和标准化代表了存储技术的发展方向。

3. 操作管理简单,成本低

系统采用IP网络技术进行管理,本地配置与远程配置相结合,通过虚拟化管理平台实现FC与IP网络的联接,在一个工作站上即可完成所有存储设备的管理。管理软件操作界面人性化、图形化,只需对网络技术人员简单培训后即可操作。充分利用现有网络设备、机房设备和技术管理人员,有效降低系统管理和运维成本。

4. 与现有应用系统紧密结合

异地容灾系统设计既立足于信息化应用的未来发展需要,又充分考虑了应用现状和相关核心应用业务平台,符合实际应用需求和应用扩展需求。在整体规划上,基于数据中心现有平台结构,兼顾即将实施的全省业务应用数据大集中,实现对全省案件数据大集中后的异地在线备份和应用切换,提高数据的安全性。

四 结语

随着检察机关信息化应用的不断推进,异地容灾备份技术的作用越来越凸显,建设数据异地容灾备份系统具有现实必要性和紧迫性。可以预期,全国检察机关统一业务应用系统部署后,建设全国性或区域性的检察数据异地容灾备份系统将摆上议事日程。广东探索建设本地区检察数据异地容灾备份系统,可以为全国检察机关信息化建设积累经验,以资借鉴。▲

【参考文献】

[1] 刘锦,刘晓洁等. 一种异地容灾系统的设计与实现. 计算机应用研究, 2007, 24(8):294-P296.

[2] 陈作霞,张凯,李振坤. 异地容灾系统和数据仓库中数据同步的设计及其关键技术实现. 计算机应用研究, 2007, 24(5): 229-P233.

[3] 金崇英,范里. 在线备份和异地容灾软件的设计与分析. 计算机应用与软件, 2008, 25(8):170-171、195.

[4] 王树鹏,云晓春,余翔湛等. 容灾的理论与关键技术分析. 计算机工程与应用, 2004, 40(28):54-P58.

[5] 刘迎风,祁明. 容灾技术及其应用. 计算机应用研究, 2002, 19(6):P7-P10.

机制研究 MECHANISM

检察机关大数据中心建设研究*

随着时代的发展，检察机关的大数据中心的建设将成检察信息化发展的必然。本文将从建设内容、中心选址、基础设施规划三个方面探讨检察机关大数据中心方案的建设研究，分析了管理、技术相关关键点、难点，给出了相应设计方案。

文 | 山东省聊城市人民检察院　崔兆强
　　湖北省武汉市汉阳区人民检察院　李昌俊

大力推进检察信息化，是促进检察机关执法规范化、队伍专业化、管理科学化和保障现代化建设的战略举措，是贯彻落实科学发展观、提高法律监督能力、保证检察工作科学发展的现实要求和必然选择。

数据中心的建设和布局应以科学发展为主题，以加快转变发展方式为主线，以提升可持续发展能力为目标，以市场为导向，以节约资源和保障安全为着力点，遵循产业发展规律，发挥区域比较优势，引导市场主体合理选址、长远规划、按需设计、按标建设，逐渐形成技术先进、结构合理、协调发展的数据中心新格局。

数据中心建设目标是对全国检察机关各业务条线数据进行集中处理、存储和备份，建立统一的综合信息服务平台，实现各个业务子系统数据的实时交换和互用共享。

本文目的在说明如何建设一个检察机关数据中心。通过数据中心建设内容，主要研究了数据中心的选址及基础设施规划问题。

一、数据中心建设现状

随着信息技术的飞速发展，现在已经进入信息爆炸的时代，大数据这一新兴的 IT 行业词汇已经发展成为人们关注的焦点。大数据一方面为用户提供了丰富的资源，也为

*国家科技支撑计划项目科技强检电子信息系统研发与示范
　科技强检电子信息系统集成与示范（2011BAK11B03）

用户如何利用大数据带来了难题。如何将海量数据"再加工",从中快速分析摄取"有意义"的数据信息,成为当前的一个重要研究方向。而建立数据中心,成为这个难题的一个重要解决办法。在全球,IBM已拥有400多个数据中心。这样庞大的数据中心建设规模,充分表现出了IBM在大数据方面的重视程度及完善力度。而谷歌在2013年4月到6月的3个月时间内就在数据中心建设方面投入了超过16亿美元。现在检察机关由于案件存储资源的丰富,例如证据视频、音频等,建立数据中心的需求也极为迫切。

二、数据中心建设内容

数据中心的建设是一个庞大而又复杂的系统工程,主要包括数据中心机房建设、软硬件系统建设、数据应用系统建设、容灾备份系统的建设等内容。

(一)数据中心机房建设

按照有关标准,科学规划数据库结构、资源库分类,科学设计通信、电源、温控、线缆、安全监控、存储备份、智能控制及其他环境保障系统,为数据中心安全、高效运行提供有力支撑。

（二）软硬件系统建设

1. 数据库系统：数据库系统是集数据的收集处理、存储管理及检索应用等多环节的系统。检察机关数据库系统主要对本级和下级种类繁多、格式复杂、数据量庞大的数据资料进行有效管理，并实现对下、对外的数据服务和信息共享。

2. 主机系统：采用高可用性集群解决方案，多台主机共享一套存储设备存储办公和业务数据，主机之间通过物理连接形成一定的相互联系，并与相应的集群软件协同工作。

3. 云计算平台：当前"云计算"得到越来越多的关注，构建一种符合云计算规范的"检务云"应用意义十分重大。通过利用"桌面云"等技术，可以提高数据中心计算与服务的先进性，支撑后续不断更新的应用系统进行查询和更新。"云数据中心"的建设有利于数据中心虚拟架构的建设，有利于增加各个系统之间的信息交互，增加中央决策系统的控制力。

（三）数据应用系统建设

1. 数据采集系统：数据采集系统通过多种输入方式，及时有效地从各部门获取完整数据，保证数据及时有效地传输到前端进行发布和服务。

2. 数据共享平台：异构数据库中的数据共享需要对各地各级检察机关产生的数据进行整合，整合的目的在于规范和统一各种异构数据，解决异构数据对电子检务造成的"数据孤岛"问题，实现数据共享。

3. 数据交换平台：数据交换平台用于解决异构数据之间的数据交换问题，并保证交换数据的有效性和可用性。利用相关技术实现关系数据之间的格式转换，建立松耦合、扩展性强的适合电子检务需要的数据交换平台，并通过数据交换平台实现内外网数据交换。

4. 数据仓库：数据仓库为检察业务应用平台提供结构化数据环境，为数据挖掘技术的应用提供良好的平台，为检察机关决策支持系统提供面向主题的、集成的、稳定的、反映历史变化的后台支持。通过建立面向不同专业、区域和案件的主题域，设计数据仓库拓扑模型，进行数据结构、元数据、数据字典和数据规则的设计，建立一个长期动态可用的检察机关数据仓库。

（四）容灾备份系统建设

1. 存储备份系统：建立磁盘阵列、磁带库或光盘库，通过存储设备网络访问存储子系统，提高访问速度和安全性，最大程度减少数据传输对网络带宽和主机资源的占用。同时，采用基于磁盘和磁带的双备份策略，确保系统因各种原因失效时，备份系统可以维持整个系统的正常运行。

2.灾备恢复系统：建立数据级、应用级、业务级等面向不同需求的容灾备份和灾难恢复系统。建立远程或异地的灾难备份和恢复中心，负责在灾难发生后继续支持检察办公和业务系统运行。

三、数据中心选址

数据中心选址是数据中心规划中最基础也是最重要的问题之一。

（一）遵循"绿色IT"理念建设现代数据中心

在全球能源日趋紧张、能源成本不断上涨的趋势下，数据中心也正面临着降低能耗、提高资源利用率、降低整体运营成本的严峻挑战，构建节能型的绿色数据中心受到越来越多的重视和关注。目前，检察机关在建设数据中心时，应按照"绿色IT"要求进行规划设计，既节省资源成本、顺应时代潮流的需要，也体现了检察机关重视社会责任，以下将在节能方面介绍建设绿色数据中心的可行方式。

（二）数据中心冷却系统

当前，面临数据中心机房功率密度越来越高的情况，如果仍按传统冷却技术进行规划设计，不但会带来极高的成本和电力消耗，而且还会造成某些区域的热点无法得到有效冷却。冷却系统是数据中心建设的重点，选取成本最低效果最好的水冷却系统是关键，当前主流的大型数据中心冷却系统有：

1．水侧自然冷数据中心：从附近的运河抽取用水，并采用蒸发冷却系统的方式。具体来说，即利用运河的冷水来带走热量，自己修建水处理厂，再将处理后的运河水给数据中心提供冷量，只采用冷却塔来散热，无chiller（冷水机组），实现了100%水侧自然冷机房。

2．空气侧自然冷数据中心：采用直接蒸发制冷技术、定制个热回收单元，实现了100%的空气检测自然冷却。具体来说，从室外取自然空气送入到混风室跟机房内回风混合，经过滤和加湿等环节，用AHU风扇送到直接蒸发盘管进行冷却，最后通过送风管道进入机房。进入机房的冷空气经IT设备加热后，采用热通道封闭方案隔离热气流，部分参与回风，部分则直接排放到室外。直接蒸发制冷技术在夏天用于调峰，比如在高温天气冷却室外热空气，也可以在干燥的冬天用于机房湿度调节。

3．海水直接冷却数据中心：和海水底建立水下通道，并采用模块化制冷单元和闭式的内循环冷冻水（淡水）对开式的外循环冷却水（海水）的热交换器传热，然后将升温后的海水送到室外的温度调节房，这个房间的主要作用是将送出的热水和进入的新鲜海水进行混合。在回到海中之前，会用更多的海水来冷却它。以便使水排出到海湾的时

候，能尽可能与湾内海水温度接近，从而减少其对环境的影响。

在以上三种方式中采用海水来散热有很多技术上的挑战，如需要做热仿真，包括各个季节海水的不同温度、水垢带来的影响，以及海水对管路的腐蚀性等；海水冷却中的过滤难题；大型海水冷却泵的水击损坏；海水中的生物，例如水母会直接导致管道、交换器的毁坏等。空气侧自然冷数据中心则由于国内许多地区工业污染严重，空气质量差，导致需要额外的空气净化成本。综上所述，选取成本最低效果最好的水冷却系统，要求中心建设需要有充足的水源，但海水散热方案并不适合我们，因为海水冷却首先要拥有一座岛屿，因此中心的选址要紧邻大型湖泊或运河等河流。本页上图是比利时的 Google 水侧自然冷数据中心，当地的部长也称赞 Google 说这是一次双赢的合作。

（三）数据中心电力供应

数据中心电力规划需求的第一步就是确定要为其供电并提供保护的关键负载容量。

关键负载是指构成 IT 应用架构的所有 IT 硬件组件：除了服务器、路由器、计算机、存储设备、通信设备外，还包括安全系统、消防和监控系统设备等。上述设备都有铭牌功率标识，但该功率需求是指该产品在最坏情况下的功率消耗数值，在绝大多数情况下，该值远远高于预期的运行功率水平。据一些电源制造商的研究显示，大多数 IT 设备标识的铭牌额定值至少超出实际运行负载 33%。因此，需要选取具有充足的电力资源，能够满足建设高耗能的地址建设大型数据备份中心。

（四）数据中心容灾备份

从防范不同类型风险角度出发，同城灾备中心选址需要考虑供电局分布、运营商环网情况、城市功能区、交通情况以及周边环境要求等因素，即同城灾备中心在电力接入、通信线路接入、消防排水等市政配套设施必须与生产中心完全分隔。同时，为了达到同城灾备快速响应和运行管理便利的目的，两中心之间最好有快速进行人员、物质转移的交通通道。在此基础上，应综合考虑地价成本和周边环境等因素的影响，进行合理的生产中心和同城灾备中心选址。但鉴于一些地区出现暴雨、洪水等极端气候事件的概率增多，数据中心选址时务必在所选区域的相对高处。

超大型数据中心，特别是以灾备等实时性要求不高的应用为主的超大型数据中心，优先在气候寒冷、能源充足的一类地区建设，也可在气候适宜、能源充足的二类地区建设。

灾备中心选址的7大要素按重要性排序为自然地理条件、配套设施、周边环境、成本因素、政策环境、高科技人才资源环境、社会经济人文环境。

按照上述7大要素评估现有灾备中心选址城市和区域，我们会发现以下问题：选址特大型城市会直接导致成本显著提高，但若选在部分中小型城市，其关键设备配件供应和人力资源又可能成为瓶颈，尤其在灾难发生时该风险将显著加大；若灾备中心选址区域本身就面临较高的自然灾害风险，则灾备系统将受到较大影响；若配套设施条件不足，将导致投入增加，关联成本的上升；周边环境的恶化也有可能导致设备可用性降低，并可能危及整体运维安全。

因此，选址距离大城市近且交通便利的中小城市最好。

四、数据中心基础设施规划

检察机关大数据中心主要负责维持检察机关的信息系统运行，提供信息服务。由于国内电力供应、通信网络等基础设施基本成熟，在相对较好的二线宜居城市建设检察机关大数据中心的条件日趋成熟，如数据中心选址于人力资源成本较低的中小城市，还可以结合检察机关对于业务集中化和规模化的实际需求，将需要大量人工处理的客服中心和集中作业中心的建设一并考虑，以减少相应的管理运维成本。另外地，由于数据中心设备密集，水冷等设备的重量很高，所以对应选择地质结构稳定，土壤承重力较高的地方建设数据中心。总之，制定检察机关大数据中心建设规划与设计需要全方位的考虑。新建超大型数据中心，重点考虑气候环境、能源供给等要素。数据中心基础设施规划包括：

1. 数据中心建筑面积等规划：生产数据中心的机房面积、机柜容量、电力供应、机房制冷散热等普遍存在资源紧张情况，为了满足进一步发展所需，提升灾备数据中心机房的规划与设计，应前瞻5-10年内来自于用户对服务器、软件系统的规划与需求。如确定数据中心和灾备中心按照1：1进行配置，则在确定建设灾备中心的规模规划时，可先由信息技术部门将现有各项生产应用所使用设备机型体积、设备使用率、电力和制冷需求进行逐一列表，根据业务部门提供的未来业务量增长情况进行相应规模预估，再将其单项结果求和，就可以获得现有业务品种在未来发展所需的设备数量（建议不考虑计算能力升级的因素），然后根据现有生产数据中心的单位密度情况，得出实际所需的机房使用面积。

2. 数据中心通信布线规划：数据中心依靠通信和布线系统对外提供服务，在进行通信规划时，应在垂直和水平方向上均拥有两路以上完全隔离的入户光缆管道，再经不同方向的桥架进入数据中心通信机房位置。在提供接入的运营商的局端，同一家运营商也从不同局向提供双路物理光缆。此外，在条件许可的情况下，运营商除了要在所在城市的通信网络接入并提供具备冗余切换功能的光端机外，还建议采用运营商的城市长途节点直接数据中心的组网方式。

3. 数据中心信息安全规划：检察机关数据中心的运营具有保密性、开放性、网络化的特点，必然会存在着来自外部或内部的各种攻击，对系统的安全性提出了非常高的要求。建立健全信息安全保障体系，加快推进安全防护系统建设、容灾备份系统建设、IT应用服务建设，要将数据大集中后的数据安全，从根本上解决信息安全威胁，除技术和产品外，安全服务是也是一个不可或缺的部分。

五、结束语

数据中心建设是一门多专业、多学科、技术含量高的综合工程，在智能建筑工程中处于核心地位。检察机关虽然处于快速扩张的高速发展期，有能力也迫切需要采用先进技术进行数据中心建设，但先进技术并不等价于高价技术，通过对规划理念、实施方法、技术方案选择、基础设施建设、系统设备采购及管理体系建设等方面积极研究和实施，就一定能设计出技术领先、成本低廉、绿色节能的建设方案。▲

【参考文献】

[1]最高人民检察院.2009-2013年全国检察信息化发展规划纲要[R], 2009.

[2]柯汉民. 深入推进统一业务应用系统平台建设[J].检察技术与信息化，2013(1).

[3]Baliga, J.;Ayre, R.W.A.;Hinton, K.;Tucker, R.S.;, Green Cloud Computing:Balancing Energy in Processing, Storage, and Transport[C], Proceedings of the IEEE, vol.99,no.1,pp.149-167,Jan.2011.

[4]Ahmadi,M.R.; Maleki,D. Performance evaluation of server virtualization in data center applications[C], 2010 5th International Symposium on Telecommunications(IST), vol., no., pp.638-644,4-6 Dec.2010.

[5]Bein,D. Bein,W. Phoha,S. Efficient Data Centers, Cloud Computing in the Future of Distributed Computing[C], Seventh International Conference on Information echnology:New Generations(ITNG),pp.70-75,2010.

对现行《罪犯保外就医执行办法》和《罪犯保外就医疾病伤残范围》的几点思考

保外就医是暂予监外执行的一种形式，这一制度的设立体现中国惩罚与改造罪犯和人道主义相结合的刑事政策，有利于对罪犯的教育、感化、挽救。体现我国法治建设和人道主义精神，促进罪犯改造，体现社会主义法治文明。

文 | 江苏省人民检察院　邢庭　顾晓生　方超

保外就医是暂予监外执行的法定形式之一，这一制度的设立符合我国惩罚与改造罪犯和人道主义相结合的刑事政策，体现了我国法治建设和人道主义精神，有利于对罪犯的教育、感化和挽救，以促进罪犯改造。现行《刑事诉讼法》中规定的"有严重疾病需要保外就医的"情形，早在1979年《刑事诉讼法》中就有规定，且该法的两次修改均保留此条款。基于对严重疾病范围的进一步细化，以便在刑事诉讼实践中有统一的规范操作，1990年12月31日，司法部、最高人民检察院、公安部联合出台了《罪犯保外就医执行办法》(司发〔1990〕247号)(以下简称《办法》)，《办法》正文19条，《罪犯保外就医疾病伤残范围》(下称《范围》)作为其附件，共30条。《范围》是保外就医医学评定的依据，施行二十多年以来，尚无新的规定替代。

一、《办法》的法律定位与法律适用

有学者认为，《办法》由最高人民检察院参与会签发布，属司法解释。笔者认为，根据《最高人民检察院司法解释工作规定》，《办法》缺少司法解释的发文形式、文号以及公告等形式要件；《办法》是由司法部牵头制定，最高检与公安部参与会签，以司法部的发文号形式颁布，它不是人民检察院对法律适用的直接解释，不属于司法解释；按照《立法法》规定，国务院各部门可依据法律、法规等在本部门权限范围内制定或联合制定规章。

因此，《办法》应属部门规章范畴。

《办法》是旧的部门规章，《刑事诉讼法》、《监狱法》是新法、基本法，根据法律冲突解决的规则以及规范性文件的效力规则，法律的效力当然高于部门规章。因此，在处理修改后的《刑事诉讼法》、《监狱法》与现行规章的关系时，应当注意把握好以下几个衔接原则：第一，对于《刑事诉讼法》、《监狱法》修改时已经吸收了的规章内容，应当直接执行修改后法律规定。第二，修改后的法律与规章内容不一致的，应当按照修改后的法律规定执行。第三，规章中作了规定而法律中未作规定的，以与现行法律立法精神不相冲突为限，应当继续适用规章的规定。因此，在实际执法办案过程中，若出现规章与法律条文的冲突，故应适用现行的法律规定；现行法律对严重疾病范围又未具体规定的，应适用规章。还有学者认为，按特别法优于普通法优先适用原则，《办法》可作为特别法适用。

二、现行《办法》及《范围》存在的弊端

《办法》是对法律条文在司法实践中的可操作性的具体规定，《办法》自1990年实施二十多年来，实践中出现了很多弊端，尤其是《办法》中的《范围》，严重损害了法律的严肃性、权威性和公正性，主要表现在以下几个方面：

1.《办法》的适用具有可选择性，没有法定的强制力

实践中，有的法院认为，《范围》针对的是改造期间的服刑人员，《办法》是部门规章，法院的裁判是否一定适用没有硬性规定，可以参照；最高人民法院也没有参照该《办法》的规定，该《办法》不是法院决定暂予监外执行的依据；有的地方执法、司法机关还出台了一些地方解释，对《办法》和《范围》作细化甚至扩大解释；另外，检察机关又据此《办法》对罪犯的病残情况实施法律监督，这样势必导致罪犯暂予监外执行的标准不统一，有损法律的权威公正。

2.《办法》及《范围》中保外就医医学条件范围条款的泛化

《办法》第2条就规定了可准予保外就医的情形，这一条款中出现了"短期内"、"长期医治无效"、"生活难以自理"、"年老多病"等关键术语，《范围》中也出现了诸如"明显"、"频繁"、"严重"等关键词。实践中，对于这些条文的把握，缺少相应的标准解释，无统一操作规范，大多缺乏量化指标，难以理解把握。法律规则的泛化和不确定性，导致了保外就医制度上的漏洞，出现了"误保"、"漏保"等情形，滋生了以部门规章的漏洞打通合法的"越狱"通道的司法腐败现象。

3.《范围》中条款之间不平衡性与不对等性

《范围》中条文界定的病情严重程度，有的具有生命危险，有的则没有明确要求，出现了病情非常严重的罪犯难以保外，而病情严重程度一般的罪犯得以保外，出现"一保即死"与"以保代刑"的情形。条款之间有明显的不平衡与不对等严重损害了保外就医的公正性与规范性，这也与保外就医制度的人道主义精神相悖。如：《范围》第6条中"各种慢性肾脏病引起的肾功能不全，经治疗不能恢复者"与第10条中"糖尿病合并心、脑、肾病变"，前者要求出现严重的肾脏损害表现，后者条文本身模糊，心、脑、肾病变是否要同时具备，且是否肾病变要达到严重肾损害的程度，《范围》没有明确界定。

4.《范围》中某些条款与现行的诊疗技术不相匹配

随着医学科学的迅速发展，目前的诊治疗手段大有改进，二十多年前医疗条件下某些比较凶险的或不易诊治的病残，现已经形成了成熟的诊疗常规技术，这势必导致《范围》中某些条文的滞后性。如：《范围》第12条中"甲状腺功能亢进"，可以采用内科治疗、放射性碘治疗、外科治疗及介入栓塞治疗等方法治疗，现在甲状腺机能亢进已经是外科常见病，经手术治疗基本可痊愈，而甲状腺机能减退的患者口服甲状腺素片，也可基本治愈。尽管确实存在甲亢危象或严重心脏损害等少部分凶险或不易治愈的情形，但是否属于保外就医规定的严重情形，不加区分地将二者均纳入《范围》中，明显与当下医学科学发展水平不相适切。

三、尽快制定新的保外就医医学评定国家标准的必要性

现行《办法》依据1954年9月7日颁布的《中华人民共和国劳动改造条例》的有关规定制定，《办法》是对当时的劳动改造条例中加强和改进对罪犯的保外就医的管理工作细化解释与可操作性的规定，该条例已于2001年10月16日失效，加之现行的《刑事诉讼法》、《监狱法》等对《办法》中的条文进行了修改吸收，《办法》中的很多条款与现行的法律法规中的条款相冲突，《办法》已与现实司法实践明显脱节，因此对《办法》的修改显得尤为重要。

除暂予监外执行中涉及罪犯保外就医医学评定外，现行有效的刑事法律、法规及司法解释等规范性文件中均有涉及，如：《刑事诉讼法》在取保候审、监视居住等强制措施中规定了"严重疾病、生活不能自理"的情形，《看守所条例》与执法规范中也规定了"不予收押、出所就医"等情形。司法实践中，《办法》和《范围》仍是这些关键执法环节的重要依据，因此必须对"严重疾病"有新的、明确的界定。

保外就医医学评定是广义的司法鉴定，其应用标准是对鉴定意见的形成条件、可靠性、可信度以及可采性、证明能力等设定一系列标准，使法官、检察官、律师和其他诉讼参与人不会因相关知识的缺乏而对该鉴定意见束手无策，他们可以用已经确立的标准对鉴定意见的相关问题作一判断。为体现鉴定的科学性、客观性、公正性，鉴定所依据的技术标准和规范必须是明示的、可执行的，鉴定所依据的技术标准和规范必须是统一的。根据目前行业自律和国际接轨对司法鉴定标准化的要求，建立标准化、规范化、国际化的司法鉴定需要有一套科学的标准体系，且司法鉴定的标准化是体现法律的公正、效率、秩序价值必然要求。

现行法律体制下，国家标准化管理委员会是国务院授权的履行标准化工作的主管机构。我国目前的技术标准可分为国家标准、行业标准、地方标准和企业标准四级，强制性标准和推荐性标准两类。对需要在全国范围内统一的技术要求，应当制定国家标准。保障人体健康，人身、财产安全的标准和法律、行政法规规定强制执行的标准为强制性标准。《范围》涉及人体健康及人身自由，是保障患有病残罪犯人身权利的重要依据，目前，我国尚无罪犯保外就医医学评定国家标准，故应当尽快制定国家强制性标准加以保障。

四、《范围》与保外就医医学评定国家标准之间关系

作为部门规章的《范围》，是一个法规性文件，标准是规范性的操作指南；《范围》是对法律条文的细化，标准则是对法律条文中涉及的特定情形规定的可操作性和可重现性的技术指标和程序；《范围》是执法司法部门之间会签的文件，标准是国务院授权机构批准强制或推荐施行行业性技术性规范。依据效力等级的适用，部门规章和国家强制性标准均属于同一位阶，保外就医国家标准出台即可以优先适用。《办法》没有废止失效前，其中没有与现行法律冲突的条款仍然适用，一旦出台保外就医医学评定国家强制性标准，原《办法》中的《范围》就应自行废止失效。

五、检察机关如何介入行使保外就医法律监督权利

现行《刑事诉讼法》专门增加制定了第255条，吸收了2007年6月、2009年12月最高人民检察院发布的《关于加强和改进监所检察工作的决定》、《关于进一步加强对诉讼活动法律监督工作的意见》两个文件的精神，将暂予监外执行的意见呈报、批准和决定过程确立同步检察监督模式。但目前该模式只限于将暂予监外执行的书面意见的副本抄送人民检察院，实质上检察机关很难发挥实质上的全程监督作用。为切实加强检察机关的法律

监督效能，笔者建议从以下几个方面开展工作：

1. 牵头制定保外就医医学评定国家标准

《办法》与《范围》在多年的司法实践中出现了不同程度的实体与程序的弊端，为弥补法律的空白、漏洞以及滞后性，从制度上确保暂予监外执行刑罚制度的公平公正，保外就医医学评定标准的制定势在必行。笔者建议，由最高人民检察院牵头并会同最高人民法院、公安部、司法部等制定保外就医医学评定国家标准。

2. 切实加强保外就医医学评定的同步监督

现行制度下，保外就医的医学诊断证明由省级人民政府指定的医院出具，暂予监外执行决定机关则由人民法院、监狱管理机关或公安机关决定批准，保外就医医学评定的鉴定则由监狱医院、公安机关或者人民法院自行按照程序进行。由于程序的限制以及专业技术人员的缺位，导致人民检察院启动同步监督从制度设计上缺少实质监督的条件。因此检察机关因加强对保外就医鉴定的实质审查制度，必要时派专业技术人员参与监督对需要保外就医罪犯的疾病伤残的诊断过程，全程跟踪，并对疾病诊断提出是否符合《范围》中的医学标准作出审查意见，作为保外的前置条件。

3. 转变消极监督为积极主动监督

为切实履行法律监督效能，杜绝违法的保外就医，检察机关应积极参与到保外就医的全过程中，对被决定暂予监外执行的罪犯，检察机关专业技术人员（法医）应协助监所部门在执行期间内进行监督考察，一旦发现罪犯保外就医条件消失，应及时上报并会同有关部门予以收监执行，建立违规办理保外就医的人员追究制度，以堵塞违规保外漏洞，维护法律公平正义。

4. 加强对罪犯收监执行的检察监督

鉴于暂予监外执行的暂时性特点，当保外就医法定情形消失的，应当将刑期未满的和未投监执行的罪犯及时收监，不断加强刑罚暂予监外执行的法律监管。

（1）加强对自伤自残情形的认定。如：某被决定暂予监外执行的罪犯，胃内遗留有一针状异物，有生命危险，究其形成原因，系因畏罪后吞服缝衣针而病发。根据法律规定，自伤自残罪犯不得保外就医。但自伤自残发生的时间、地点、原因等均影响是否保外的认定，检察机关启动监督程序时，应对该犯自伤自残行为应予以全面认定。

（2）加强对罪犯怠于治疗情形的监督。如：上例中的罪犯曾吞服针状异物，会出现大出血及重要脏器损伤，有生命危险，但被保外后该犯拖延不就医，就一直处于暂予监外执行阶段，直至刑满。检察机关在监督管理过程中，应加强对暂予监外执行罪犯的及时就医治疗等方面的监外管理监督，一旦保外就医情形消失或者严重违反暂予监外执行监督管理规定的应及时收监。

（3）加强对临床治疗终结的认定。有些罪犯被决定暂予监外执行后，一直处于就医状态，一方面《范围》中没有严重疾病治疗时限的规定，另一方面，被保外的罪犯依赖于临床治疗的期限无故拖延抵消刑罚执行刑期，出现了一些重复就医、无病就医等情形的发生，容易滋生"以钱代保""以保代放"等严重司法腐败现象，故应加强对临床治疗终结等情形监督认定。如：某高血压病3级的罪犯一直被保外，检察机关介入后，该犯就长期住院，导致无法收监执行。

（4）保外就医医学条件情形消失的认定。对于一些患有无明显治疗效果疾病的罪犯，一直长期住院，检察机关应加强暂予监外执行的法律监督，明确经正规医院按照诊疗常规治疗，被保外就医人员有明显好转并住院治疗终结的，应判定医学条件情形消失，应给予及时收监的监督建议。

【参考文献】

[1] 余建平. 保外就医制度的完善 [D]. 湘潭大学硕士学位论文，2007.10.

[2] 张晶，周芳建. 浅议我国暂予监外执行制度的完善 [J]. 云南大学学报法学版，2011(24).

[3] 沈敏，吴何坚. 试论司法鉴定技术标准体系建设 [J]. 中国司法鉴定，2007(4).

[4] 徐为霞. 司法鉴定标准化问题研究 [D]. 河北大学硕士学位论文，2006.6.

司法鉴定改革立法之比较分析
——以修改后《刑事诉讼法》与《民事诉讼法》为视角

本文就两大诉讼法中对鉴定的不同规定进行探讨，分析比较两者之间的异同，提升司法鉴定人员对我国司法鉴定体制新的认识。

文 | 湖北省武汉市人民检察院 梅增辉 余汉春 马建一

2013年1月1日全国人大修改后的《刑事诉讼法》和《民事诉讼法》正式实施。两大诉讼法的修改均涉及到了有关鉴定内容，包括鉴定结论修改为鉴定意见、鉴定申请权、鉴定人出庭作证、鉴定人保护措施、设立专家辅助人等。由于新《刑事诉讼法》与《民事诉讼法》在案件性质、法律关系、当事人权利选择等方面存在差异，这就决定了立法机关根据两大诉讼法的不同对有关鉴定的内容也作出了不同的规定。这些新规定有助于鉴定制度在两大诉讼法中的良性运行，推动司法鉴定体制改革向前发展，提高政法机关的执法公信力。本文就两大诉讼法中对鉴定的不同规定进行探讨，分析比较两者之间的异同，提升司法鉴定人员对我国司法鉴定体制新的认识。

一、鉴定称谓的变化，从"鉴定结论"到"鉴定意见"

鉴定制度是在实质证据主义时代开始出现的，据统计，90%以上的刑事案件需要进行司法鉴定。现行《刑事诉讼法》第144条规定："为了查明案件，需要解决案件中某些专门性问题的时候，应当指派、聘请有专门知识的人进行鉴定。"修改后的《民事诉讼法》第76条也规定："当事人可以就查明事实的专门性问题向人民法院申请鉴定……当事人未申请鉴定，人民法院对专门性问题认为需要鉴定的，应当委托具备资格的鉴定人鉴定。"这些专门性问题应当是指"众所周知的事实、自然规律及定律、根据日常生活经验法则推定事实以外的运用一般调查、侦查方法难以解决的科学技术方面的问题。"由此可见，鉴定是由负有专业知识的专门人员就案件事实问题的特殊事实进行的个人独立认识和专业判断。既然是基于个人的认识和判断，就存在一定的主观性。在司法实践中，鉴定人员因受其主观态度、知识水平、经验能力、鉴定方法的选择、所用

机制研究 MECHANISM

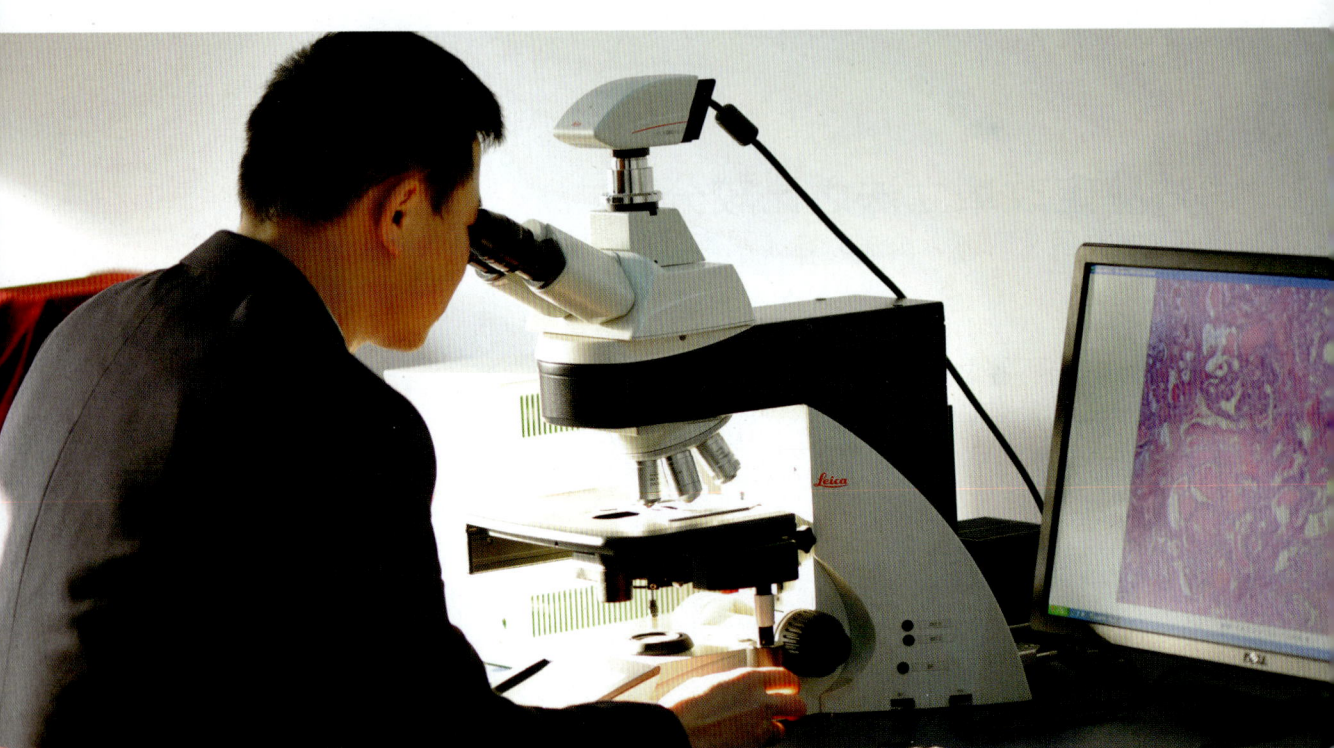

的仪器设备和技术标准、工作责任心等因素的制约,对同一案件事实专门性问题就有可能得出不同的鉴定结果,往往影响鉴定结果的真实性、客观性、科学性。因此,鉴定属于人的证据,只是证据链条中的一个环节,只能证明案件的部分事实,并不一定都是对案件事实的客观反映,它需要接受司法人员的审查。

在司法实践中,无论是侦查人员、公诉人还是法官,对鉴定结论的信任度和依赖性远高于其他证据类型,认为其是专业人员经过专业判断得出的科学鉴定结论,不必经过审查认定就视为定罪结果的依据。鉴定结论的提法反映出传统观念上办案人员对司法鉴定活动的认识的存在一定盲目迷信的错误,法官直接将鉴定结论作为认定案件事实的依据。其后果是显而易见地,鉴定结论无论对错,均成了裁判案件的依据,鉴定人代替法官成为了事实上的认定者。

随着人们对司法鉴定认识的深化,近年来在刑事诉讼中暴露出来的有瑕疵的鉴定造成的冤假错案问题,学界和司法界对司法鉴定的性质有了进一步的认识。对此,2005年全国人大常务委员会出台了《关于司法鉴定管理问题的决定》首次将"司法鉴定"定位为"鉴定意见",2010年6月24日,最高法、最高检、公安部、国家安全部、司法部五部委联合颁布的《关于办理死刑案件审查判断证据若干问题的规定》和《关于办理刑事案件排除非法证据若干问题的规定》亦将鉴定规定为"鉴定意见"。新《刑事诉讼法》和新《民事诉讼法》均将"鉴定结论"

修改为"鉴定意见"。这些变化突出了鉴定的非终局性，具有较强的现实意义，体现了立法者和司法机关对鉴定实质更为深刻的认识。

实践证明，修改后《刑事诉讼法》与《民事诉讼法》将证据条款中的"鉴定结论"更名为"鉴定意见"，不仅仅是协调、统一各法律、法规的需要，也是客观对待鉴定工作结果、遵循鉴定活动客观规律的体现，对正确认识其普通而非特殊证据地位起到了积极作用。

二、鉴定人之出庭质证

无论是《刑事诉讼法》还是《民事诉讼法》，均规定了证据是其核心内容，鉴定意见已经成为整个证据体系中重要的一环。职权主义下的直接言词原则和当事人主义下的对质权设置，均要求证据必须接受质证后方能成为裁判的依据。作为证据的一种形式，鉴定意见的效力也要接受法庭上控辩双方和法官的质询，从而确定证据能力的有无、证明效力的大小或强弱，帮助法官正确判断证据，查明案件事实，以保障诉讼程序公正。因此，鉴定人应当就其鉴定意见出庭质证，以便鉴定意见能够得到法官的采信。

新《刑事诉讼法》第187条、新《民事诉讼法》第78条对鉴定人必须出庭质证的情形进行了统一的规范。前者规定："公诉人、当事人或者辩护人、诉讼代理人对鉴定意见有异议，人民法院认为鉴定人有必要出庭的，鉴定人应当出庭作证。经人民法院通知，鉴定人不出庭作证的，鉴定意见不得作为定案的根据。"后者则明确表明，当事人对鉴定意见有异议或者人民法院认为鉴定人有必要出庭的，鉴定人应当出庭作证。经人民法院通知，鉴定人拒不出庭作证的，鉴定意见不得作为认定事实的根据；支付鉴定费用的当事人可以要求返还鉴定费用。由此可见鉴定人出庭质证的基本条件两者存在一定差异，前者以鉴定意见有异议和法院认为鉴定人有必要出庭为前提，两项缺一不可，后者以鉴定意见有异议或法院认为鉴定人有必要出庭为前提，只要求符合其中一种条件即可。这样规定既赋予了人民法院一定的自由裁量权，由人民法院根据案件实际情况来决定鉴定人出庭与否，也符合兼顾公正与效率的诉讼理念。

新《刑事诉讼法》和新《民事诉讼法》均对我国鉴定人出庭质证率低的现状以及不出庭质证的弊端有着深刻的认识，因此，都确立了强制鉴定人出庭质证制度，即对于需要出庭质证的鉴定人，如果没有按照法庭的规定和要求出庭的，将承担由此带来的不利后果，即应该出庭质证而没有出庭质证的鉴定人的鉴定意见不得作为定案的依据。相较于新《刑事诉讼法》的规定，新《民事诉讼法》就不出庭质证的法律后果做出了格外的规定，即"支付鉴定费用的当事人可以要求返还鉴定费用",这一规定是否科学合理、切实可行值得商榷。"自1843年起,提供专家报告并出席作证活动的专家因此而得到特殊费用作为酬谢一直被认为是其普通法权利。"鉴定专家根据委托合同,依据行业标准实施鉴定活动,出具鉴定报告,就完成了自身的义务,自然就享有鉴定收费权。再者2005年全国人大常务委员会出台了《关于司法鉴定管理问题的决定》和2009年施行的《司法鉴定收费管理办法》也明确了鉴定活动应收取一定的合理鉴定费用。修改后的《民事诉讼法》的这一格外规定和《关于司法鉴定管理问题的决定》、《司法鉴定收费管理办法》规定相抵触,法律的统一性没有得到很好的体现。

三、鉴定人保护制度的确立

鉴定人出庭质证是一种履行法律义务的行为,必然需要一定的权利作为保障。鉴定人以自己的专业所学给出鉴定意见,其出庭质证的目的是为了帮助法官查明案件事实,作出正确的判决,以维护当事人的合法权益和国家法律的公正与权威。因此从权利和义务对等的角度看,司法机关应当保护鉴定人所享有的权利,包括人身权利。新《刑事诉讼法》专门增加了针对证人、鉴定人和被害人作证的特殊保护条款。根据该条款规定,鉴定人若在危害国家安全犯罪、恐怖活动犯罪、黑社会性质的组织犯罪、毒品等重大犯罪案件中诉讼作证,其本人或其近亲属的人身安全面临危险的,人民法院等司法机关应当采取一项或多项措施予以保护,鉴定人也有权向司法机关请求保护。考虑到我国经济社会发展状况,司法资源有限,要求对所有鉴定人出庭案件的鉴定人进行保护是不切实际的,目前仅对在重大案件中予以鉴定人及其近亲属特别的保护是比较符合当前实际情况的。

令人遗憾的是,在新《民事诉讼法》,对于鉴定人的保护却没有相应的规定和举措。新《民事诉讼法》明确规定了鉴定人不出庭的法律后果,即拒绝出庭质证的,该鉴定意见不得作为定案的根据,并且对于支付的鉴定费用,也可以要求返还。权利和义务是对等的,立法机关不能仅要求鉴定人履行义务,而不保障鉴定人权利。因此,对于鉴定人在民事诉讼中的可能面临的人身权、财产权侵害,司法机关应当采取保护性措施。再者,从法律统一性上来看,不同法律之间要相互保持协调一致,避免法律间的矛盾,树立法律权威。从对鉴定人保护方面上讲,刑事案件性质恶劣,社会危害性大,影响范围广,鉴定人出庭质证涉及到犯罪嫌疑人罪与非罪、此罪与彼罪、罪轻与罪重的问题,对鉴定人打击报复的可能性也较大,后果也更严重,有必要对鉴定人予以严格的保护。但是在民事诉讼中,鉴定人出庭也必然会对当事人一方甚至双方的诸如财产、名誉、隐私等诉讼利益产生影响，而当事人可能对鉴定人的人身、财产等权利进行侵害。因此，鉴定人因出庭可能遭受的侵害，并不会因为诉讼性质不同而不存在遭受损害的可能。因此，对于民事诉讼活动中鉴定人的保护制度也应像新《刑事诉讼法》那样予以明确规定。

四、专家辅助人的设立

在司法实践中，控、辩、审三方作为庭审的询问主体，由于缺乏相关的专业知识，通常无法对鉴定意见提出针对性的问题，即使鉴定人出庭作证，也往往由于其他方的非专业性，由于缺乏有专门知识的人对鉴定意见质证的制度设计，通过质证发现有鉴定瑕疵的情况较少，使得鉴定意见的质证存在程序空洞化的现象，质证程序流于形式。在科学证据受到推崇的新形势下，如何防止"伪科学"证据或"冒牌专家"的鉴定意见进入法庭，即如何设定"守门人"的职责，已成为我国司法鉴定法律体制改革的核心问题。

早在2002年《最高人民法院关于民事诉讼证据的若干规定》第六十一条就规定："当事人可以向人民法院申请一至二名具有专门知识的人员出庭就案件专门性问题进行说明。人民法院准许其申请的，有关费用由提出申请的当事人负担。审判人员和当事人可以对出庭的具有专门知识的人员就有关问题进行对质。具有专门知识的人员可以对鉴定人进行询问。"修改后的《刑事诉讼法》、《民事诉讼法》均引入了"专家辅助人"制度。新《刑事诉讼法》第一百九十二条规定："公诉人、当事人和辩护人、诉讼代理人可以申请法庭通知有专门知识的人出庭，就鉴定人作出的鉴定意见提出意见。"新《民事诉讼法》第七十九条也规定："当事人可以申请人民法院通知有专门知识的人出庭，就鉴定人作出的鉴定意见或者专业问题提出意见。"专家辅助人制度的设立，突破了现行诉讼参与人的诉讼范围，完善了法庭控辩审三方质证的实质意义，避免鉴定人出庭质证流于形式。专家证人出庭对鉴定意见或专业性问题进行质证和询问，弥补了控辩双方专业知识范围的限制，增加了庭审的对抗性和辩论色彩，有利于鉴定意见质证程序的实质化，确保了鉴定意见的科学性、客观性、真实性、合法性，从而保证司法审判的公平和正义。专家辅助人参与诉讼程序中来，为法官更好地判断审查鉴定意见证据提供依据，提升法官对鉴定意见的审查能力，在独立的判断和内心确信后对鉴定意见予以认证采信。专家辅助人在法庭上从不同的角度与鉴定人进行专门知识方面的"立体"交流与沟通，共同协助法官审查鉴定意见，以此来保障鉴定意见的可靠性与科学性，从而达到发现事实真相的目的，对于增强诉讼的民主化，保障司法公正具有重要的标志性意义。

尽管修改后的《刑事诉讼法》、《民事诉讼法》对专家辅助人均进行了规定，但细细体会就会发现两者还是存在一定的区别的。首先，申请主体范围不同。新《刑事诉讼法》第192条规定，公诉人、当事人和辩护人、诉讼代理人均可以提出申请，新《民事诉讼法》第79条仅规定当事人可以提出申请。很明显，新《刑事诉讼法》的申请主体更为宽泛。其次，在申请对象方面，新《刑事诉讼法》规定可以向法庭提出，而《民事诉讼法》规定可以向法院提出。两大诉讼法有着这样的细微区别，如何理解这样的区别，有待司法部门出台相应的司法解释。笔者以为，两大诉讼法均应按照严格立法的原则，保障法律的统一稳定性。最后，申请内容范围不同。新《民事诉讼法》和新《刑事诉讼法》相比，将申请内容扩展到"专业问题"。如此规定正是有相应的法理依据。新《民事诉讼法》第76条规定："当事人可以就查明事实的专门性问题向人民法院申请鉴定。"这表明，对于专门性问题当事人"可以"申请鉴定，而非"应当"、"必须"。从另一个角度讲，当事人可以就专门性问题委托专家辅助人在法庭上提出意见，只要这种意见能够使法官形成内心确信，提出的意见被认证采信即可。而新《刑事诉讼法》第144条规定："为了查明案情，需要解决案件中某些专门性问题的时候，应当指派、聘请有专门知识的人进行鉴定。"由此可见，只要是涉及刑事案件需要解决专门性问题的，就应当对专门性问题进行鉴定，而不能就专业问题提出意见或说明情况。这是由于《刑事诉讼法》所规定的证据形式要求和证据的证明标准所决定的。

两大新诉讼法构建的新的司法鉴定制度，确立了鉴定意见的普通证据地位、强调了鉴定人出庭质证的必要性、建立了鉴定人保护制度和专家辅助人制度等，遵循了司法鉴定活动的客观规律，体现了鉴定制度的科学性、合理性，确保了诉讼程序的公正，有利于我国司法鉴定体制改革深入发展。尽管新的鉴定制度仍存在一些争议和不足，但毕竟向前迈入了一大步，这些争议和问题将在以后的司法实践中进一步完善和发展。▲

【参考文献】

[1] 于美丽. 也谈司法鉴定的法律完善 [J]. 中国人民公安大学学报, 2000(5).

[2] 邹明理. 司法鉴定法律精要与依据指引 [M]. 北京: 人民出版社, 2005:12.

[3] Ian Freckelton, Huge Selby. Expert Evidence:Law, Practice, Procedure and Advocacy[M]. Second Edition. Lawbook Co., Sydney, 2002:600.

[4] 常林. 谁是司法鉴定的"守门人"？——《关于司法鉴定管理问题的决定》实施五周年成效评析 [J]. 证据科学, 2010, (5): 618-632.

[5] 彭志刚. 论基层检委会决策机制的完善 [J]. 江西社会科学, 2012(8).

《刑事诉讼法》修改背景下同步录音录像新问题研究

——以同步录音录像资料的证明力为视角

2012年修改后的刑事诉讼法充分肯定了检察机关同步录音录像制度的内容，并以法律的形式予以规定，使同步录音录像制度有了新的发展。但此次《刑事诉讼法》修改并没有对同步录音录像资料的证据属性作出规定，此立法遗憾仍将使同步录音录像资料处于"名不正则言不顺"的尴尬境地，不利于该项制度的改革与推广。

文 | 江苏省宿迁市人民检察院　孙辉　徐超

2005年12月6日，最高人民检察院印发了《人民检察院讯问职务犯罪嫌疑人实行全程同步录音录像的规定（试行）》，要求从2006年3月1日起，在全国检察机关逐步实行讯问职务犯罪嫌疑人同步录音录像制度。作为"分布实施，逐步推进"原则下较早实行同步录音录像制度的地区，截止2013年12月底，江苏省宿迁市两级检察机关共受理同步录音录像544件，录制时间累计超过7000小时，没有发生一起刑讯逼供事件。实现了同步录音录像在职务犯罪侦查活动中有效防止刑讯逼供、切实保障人权、及时固定证据、提高侦查办案效率和水平、增强执法办案的公开性和透明度的独特价值。

2012年修改后的《刑事诉讼法》充分肯定了检察机关同步录音录像制度的内容，并以法律的形式予以规定，使同步录音录像制度有了新的发展。但此次《刑事诉讼法》修改并没有对同步录音录像资料的证据属性作出规定，此立法遗憾仍将使同步录音录像资料处于"名不正则言不顺"的尴尬境地，不利于该项制度的改革与推广。本文在反思检察机关实行同步录音录像制度实践的基础上，从同步录音录像资料的证据属性和证明力方面进行探究，提出粗浅想法，为同步录音录像相关规定的出台抛砖引玉。

一、证据学视野下同步录音录像资料的法律属性辨析

（一）关于同步录音录像资料法律属性的学界争论

虽然法律并没有规定同步录音

录像这种证据形式,但在司法实践中,同步录音录像已作为证据在庭审中被频频使用。这似乎不合逻辑,但正如霍姆斯(Oliver Wendell Holmes, Jr., 美国联邦大法官, 1902-1932任职)在其名著《普通法》一书中所说:"法律的生命从来就不是逻辑,而是经验。"司法实践的经验告诉我们,同步录音录像绝不仅仅是一种将讯(询)问的内容和当时的情景记录在磁带、硬盘、光盘或其他载体上的证据固定方式。其具有承载案件事实的客观性、来源程序的合法性和与所证事实的关联性,相较于传统讯问笔录更能全面、准确的反映讯问内容、讯问方式等客观事实。因此,理论界对同步录音录像资料具有证据的法律属性并无争议,但对其到底归属于何种证据种类却有分歧,主要有两类:

1. 视听资料说。此种观点认为,同步录音录像资料是以录音录像带、光盘或电子计算机等相关设备为存储形式,记录侦查机关讯问犯罪嫌疑人、询问重要证人的音像和活动影像,具有视听资料的所有特征,应该属视听资料。

2. 言词证据说。此种观点认为侦查部门的同步录音录像资料是使用数码方式记录犯罪嫌疑人的供述与辩解或者重要证人的证人证言,都是以人的语言陈述形式表述事实,应该属于言词证据,其证实内容与口供一致。

(二)同步录音录像资料法律属性之具体分析

笔者认为上述两种观点都具有片面性,讨论一项现实证据应该归属于哪个证据类型最重要的不是证据本身而是举示证据时举示人要用其说明的问题。全程同步录音录像到底应该归属于哪种证据类型,也应以其被用来证明何种内容而定。在刑事诉讼中主要有以下几种情况:如果控辩双方对陈述者的内容产生了争议,而播放全程同步录音录像的目的只是再现犯罪嫌疑人在侦查机关所作的供述和陈述,以证明案件事实,则无论犯罪嫌疑人承认或者否认自己的犯罪事实,那么全程同步录音录像都是犯罪嫌疑人的供述和辩解;如果犯罪嫌疑人是作为证人出现,并有检举、揭发他人犯罪事实内容的,那么全程同步录音录像就是证人证言;如果举示方播放全程同步录音录像的目的是为了证明在侦查讯问中是否存在刑讯逼供、引供、诱供等对犯罪嫌疑人诉讼权利侵犯的行为时,那么全程同步录音录像则是视听资料,司法机关通过同步录音录像以查清事情真相。综上所述,笔者认为全程同步录音录像既是侦查机关固定证据的一种方式,也当然具有证据属性,其应归属于哪种证据类型是由其所拟证明的事项所决定的,而不能机械的对其乱下定论。

二、司法实践中同步录音录像资料的证明力大小考量

同步录音录像资料在刑事诉讼中的证明力到底是大是小，笔者认为应分情况而论：

如果是作为独立的视听资料证据，对职务犯罪侦查讯问犯罪嫌疑人过程中是否存在刑讯逼供等违法行为作证时，同步录音录像资料因具有完整性、同步性的特征，就能对讯问过程中是否存在刑讯逼供等违法行为产生很高的证明力，甚至具有不可替代性。

如果作为言词证据，那其证明的内容与讯问笔录大体相同，都是犯罪嫌疑人的供述和辩解，此时同步录音录像资料是对犯罪嫌疑人供述和辩解等主证据的补强，此补强性就要受限于其自身内容，其证明力相对于作为视听资料时就弱了很多。比如2007年上半年某市检察机关侦查终结并移送起诉了被告人李某涉嫌受贿一案。李某系某区拆迁办副主任，利用其职务便利，为被拆迁单位多报拆迁面积，从而收受多家单位贿赂款逾70万元。该案提起公诉后，李某当庭部分翻供，对其收受某个体老板黄某贿赂20万元的事实予以了否认，辩称系"为了争取好的态度"而在检察机关讯问时作了违心的供述。在法庭辩论中，公诉人出示并播放了侦查部门移送的李某在侦查阶段相关供述的全程同步录音录像资料。但是，主审此案的法官最终仍以无其他书证等证据佐证为由，没有采信检察机关提交的全程同步录音录像资料及其相对应的侦查笔录，致使该笔犯罪事实因被告人翻供后只剩行贿人证言这一孤证而最终未获认定。

三、非法证据排除规则下构建同步录音录像资料证明力的路径探究

检察机关同步录音录像资料一般直接来源于讯问现场，未经复制、转述、传抄，客观性强，具有较强的准确性和可靠性。但是同步录音录像资料依靠科学技术制作，也可以借助科学技术伪造、篡改。如录音录像带可以被拼接、剪辑、消磁，光盘可以被重新刻录，图像也可以被伪造、添加、删减、编辑、修改，通过不同的技术处理，视听资料很容易丧失其客观真实性。而前文探讨的有关同步录音录像资料法律属性、证明力等问题都是建立在其合法有效，具有证明力基础上的。职务犯罪由检察机关侦查，对其询问过程的同步录音录像也由检察机关制作，其真实性和唯一性难免会受到部分人的质疑，因此如何完善同步录音录像资料的自身合法性和证明力成为检察机关不得不面对的问题。笔者认为，应当尽早整合公检法有关同步录音录像的内部规定，出台法律位阶更高的司法解释，明确同步录音录像的实体（证据属性）和形式（证据种类）的定位问题。并从以下几方面强化同步录音录像的

证明力:

(一)以程序规范为标尺,强化合法性

证据的合法性要求必须严格按照最高人民检察院《人民检察院讯问职务犯罪嫌疑人实行全程同步录音录像的规定(试行)》、《人民检察院讯问职务犯罪嫌疑人实行全程同步录音录像的技术规范(试行)》和《人民检察院讯问全程同步录音录像技术工作流程(试行)》三个文件的具体程序规定开展同步录音录像工作,特别要做到:

1.主体适格。应执行讯(询)问人与录制人分离的原则,即讯(询)问由检察办案人员负责,录音录像由检察技术人员负责。特殊情况下,经检察长批准,录音录像可以指定其他检察人员负责,但不能由检察辅助人员或其他临时工作人员负责。

2.程序规范。一是对录制人员应该适用刑事诉讼法有关回避的规定;二是讯问未被羁押的犯罪嫌疑人除客观原因外,应当在检察院讯问室进行,讯问被羁押的犯罪嫌疑人除法定情形外,一律在看守所进行;三是同步录音录像的委托、受理法律文书必须齐备,杜绝出现先录像后补委托书的情况;四是讯问过程的画面必须清晰,完整,必须有温度、湿度显示,对讯问过程中使用证据、被讯问人辨认书证、物证、核对笔录、签字和捺印手印的过程应当以主画面反映;五是讯问结束后,录制人员应该立即将录制资料交给讯问人员,并经犯罪嫌疑人和讯问人员确认后,现场封存,正本由检察技术部门保存。

3.内容合法。同步录音录像反映的侦查过程不能存在刑讯逼供、指供诱供等违法行为,讯问中如采取了超越法律规定的限制犯罪嫌疑人人身的措施,或者所采取的法定强制措施在超出犯罪嫌疑人所能承受的范围时不及时中止,那么无论其是否以之作为犯罪嫌疑人交待的条件,都是违规行为,应当适用非法证据排除规则。因此,只有保证了犯罪嫌疑人交代问题的客观性,才能保证同步录音录像资料的合法证明力。

(二)以机制创新为思路,确保真实性

1.建立定期巡查制度。对同步录音录像设备要定期巡查检修,特别是在职务犯罪案件侦查期间,必须每天对同步录音录像设备进行巡查,对便携式同步录音录像设备,要重点巡查备用电池和UPS不间断电源,防止在刻录封盘过程中发生突然断电导致光盘无法刻录且不能恢复的严重后果。

2.建立交叉复审机制。由两名技术人员在录制完成时及时对光盘正副本进行交叉复审。通过现场试播放的形式,检查光盘的刻录时间,刻录质量，确保同步录音录像光盘的质量。

3. 建立光盘双备份机制。建立光盘副本双备份制度，建立两份光盘副本，一份副本随案移送，另一份由检察技术部门负责短期保管至案件终结。这样可以有效避免诉讼过程中因光盘副本出问题而拆封光盘正本的情况发生。

4. 建立光盘移交审查机制。规定光盘副本移送时，接收部门人员应当场播放光盘副本，确认无误后方可签字移交。此举可以避免出现问题后的相互推诿扯皮，能够合力将瑕疵证据排除在检察内部环节，保证整个过程做到"流转有序"，真实性不受质疑。

（三）以存储介质为突破，强化原始性

只有保证录音录像光盘存储数据的原始性和唯一性，才能保证其内容的真实唯一。笔者认为，可采用具有光盘轨迹数字加密功能的同步直接刻录设备与硬盘独立录像同步存储的方式作为同步录音录像设备来保证其原始唯一性。在视听证据同步直刻固定证据的同时，其直接固定设备应采用多层内嵌式数据加密系统，在原始证据光盘的视频轨迹进行多层嵌入式数字加密。在光盘视频流中加载"激光头序列号＋光盘刻录起始位＋激光头已工作时间"，因这些加密随机数据不能人为设定，且需要用特别的设备才可以读出写入，这样就可以确保光盘数据的原始性。

高检院技术要求同步录音录像采用 VOB 视频格式，因此可以将首次刻录生成的 VOB 编码作为原始光盘（"母盘"）的识别信息，原始光盘（"母盘"）可在任何媒体播放器中播放或复制，但复制光盘只具备原始光盘加密认证信息码中的一层即 VOB 编码，没有其他层的加密编码，犯罪嫌疑人根据多层英文数字混合编码对原始光盘记录的音、视频信息进行签字确认。物证鉴定机构可利用光盘测试设备对光盘轨迹内加密认证信息码进行鉴定和认证，这样就可以确保了光盘数据的唯一性。

（四）以内外监督为制约，规范讯问行为

在讯问犯罪嫌疑人时如果出现"先导后演"、"先审后录"、"选择性录像"的情形，不仅不能杜绝刑讯逼供，反而会加剧冤案的形成。因此，加强对同步录音录像工作的内外监督显得非常必要。

1. 由检务督察部门牵头做好内部监督。建议由检务督察部门牵头，成立反贪、反渎、纪检和技术部门组成的联合检查组，不定期的对本级和下级同步录音录像开展情况进行检查。检查内容应该包括：讯问犯罪嫌疑人、询问证人全程同步录音录像，录制次数能否与讯问和询问的次数相对应；是否存在内卷卷宗中讯问笔录、询问笔录的复印件不全，甚至卷宗中没有任何讯问笔录、询问笔录的复印件，致使无法和录音录像光盘进行印证；是否存在连续录像超过 12 个小时问题；是否存在笔录时间与光盘上的录制时间、讯问地点不能对应问题；是否存在技术卷宗工作通知单上的时间与录制时间不一致的情况；是否存在录制的光盘手续文书不全的情况；是否存在一人讯问的情况等，对检查发现的问题要及时通报，限期整改。条件成熟时应将同步录音录像制度的实施情况纳入检察机关的考评体系当中，并制定科学、合理且具有良好导向作用的考评指标。

2.以人民监督员和在场律师为外部制约。将同步录音录像制度纳入人民监督员监督范围。人民监督员制度设计的初衷是为完善侦查案件的外部监督机制而进行的一项改革措施，最高人民检察院《关于人民检察院直接受理侦查案件实行人民监督员制度的规定》所设定的人民监督员监督的"三类案件"和"五种情形"中对犯罪嫌疑人不服逮捕决定案件及检察人员在办案中有徇私舞弊、贪赃枉法、刑讯逼供、暴力取证等违法违纪情况的监督，体现出对犯罪嫌疑人权利的有效保护。从其制度设计来看，人民监督员完全有权力进行监督，且作为特定的第三方，其中立地位也是检察机关内部监督无法达到的，但也要把握好人民监督员的监督尺度。人民监督员应该重点从程序上进行监督，不应涉及职务犯罪侦查阶段的具体案情。

设置讯问犯罪嫌疑人辩护律师可以在场制度，即赋予辩护律师在场权，且辩护律师的在场权不能因调查的需要而受到限制。实行律师在场制度，一是可以为犯罪嫌疑人提供专业帮助，二是可以依靠一个独立于检察机关的外部力量来监督制约职务犯罪侦查活动。设置讯问职务犯罪嫌疑人时律师可以在场制度，虽然会对检察机关查办职务犯罪工作增加难度，但对于保证检察机关公正执法、提高办案质量、完善对讯问职务犯罪嫌疑人实行同步录音录像工作的监督大有好处的。▲

电子数据取证云平台建设及其运行机制研究

随着信息技术与社会发展更加深度融合,以及修改后《刑事诉讼法》的实施,电子数据作为新的证据种类将频繁出现在刑事诉讼活动中,辅助侦查甚至主导侦查的作用将越来越明显。同时,电子数据取证技术也将面临介质繁多、数据海量、关联复杂等制约电子取证效率和质量的难题。而借助网络虚拟化和云计算平台,高效整合全市资源,将是破解这些难题的途径。

文 | 北京市人民检察院　孙玲玲　刘品新　赵宪伟　王跃聪

一、检察信息化背景下电子数据取证工作的发展与制约

2001年前后,全国检察机关信息化建设陆续启动,经过十余年的发展,伴随着司法体制改革和检察改革的时代背景,检察机关的信息化发展从无到有、从弱到强,在基础网络建设、业务应用软件开发、检察业务梳理等方面取得了显著成效。

检察机关电子数据取证工作的发展,与检察机关信息化工作的发展密不可分、相辅相成。2009年,最高人民检察院在加强和完善司法鉴定工作的进程中,正式开展电子证据检验鉴定工作。四年来,在最高人民检察院的推进和示范下,省级院为核心、分州市院为节点的模式逐渐形成,部分省级院在实验室建设、CNAS认可、业务规范化等方面努力跟进,进行了有效的探索和尝试。

笔者所属的团队,是北京市检察机关负责检察案件电子取证的专业团队,从几年工作的实践来看,检察机关在推进电子数据取证工作发展的过程中,既面临平台的制约,又面临机制的制约。

1. 电子数据取证的平台制约

电子数据取证,是信息化时代的必然产物。但在检察机关信息化发展的这十几个年头,电子数据取证并不是核心应用。同时,社会上关于电子数据取证的产品和工具,更多的侧重于单体的分析工作站,如美亚公司推出的取证塔、瑞源公

司推出的 eDEC 工作站等。在软件方面，无论是国外的 Encase、FTK、X-ways，还是国内的取证大师、SafeAnalyizer 等等，都是侧重于独立的分析。因此，利用这些工作站和软件搭建的平台，对单机的性能、稳定性、冗余性要求较高。

但是，在目前的很多案件中，扣押、查封的电子产品越来越多，硬盘、光盘、优盘、手机等几乎涵盖了所有带有存储功能的数码产品。在存储容量方面，往往需要应对 500GB、1000GB 甚至 2000GB 的超大存储介质。遗憾的是，单体分析工作站的处理能力，显然没有介质容量增长的那么快。现有实验室模式的应对能力逐渐显现不足。以 eDEC 工作站搭载 FTK 为例，一台独立的工作站在同一时间只能处理一个案例，若检材容量为 500GB，则一个成熟的电子取证人员完成加载、分析、结案的过程，大约需要 5-7 个工作日。在案件量较大的情况下，即便有多个检验人员，囿于工作站数量及单体性能的制约，往往不能达成人机的最佳配比，造成效率瓶颈。

2．电子数据取证的体制性制约

根据相关法律规定，人民检察院检察技术部门承担对有关案件的现场进行勘验，收集、固定和提取与案件有关的痕迹物证并进行科学鉴定，对有关业务部门办理案件中的涉及技术性问题的证据进行审查或鉴定等工作。因此，检察机关办理各类案件的电子数据取证工作，基本上由各级检察院检察技术部门承担。

但在实践中，检察技术部门承担着远比上述工作更为繁重的其他任务，比如信息化保障、同步录音录像，这两项工作强度较大、频次更高，占用的人员精力也更多。在人员编制上，检察技术部门更是捉襟见肘，按照最高人民检察院关于内设机构人员编制比例的相关规定，检察技术部门应占到人员比例的 4%-5%，但有些地方常年缺编。因此，越到基层，就越显现出"一人多岗"、"一专多能"的无奈局面。

此外，受理案件的检察院一般将电子数据取证的工作交由本院检察技术部门，或者送到上级院检察技术部门。因为案件管辖以及相关考核考评机制的限制，一般不会交由同级别其他检察院技术部门承担，这种情况是非常普遍的。为此，直辖分州市别的检察技术部门应当统筹全市电子数据取证工作，实现案件的统一受理、统一分派、协同办理。这在客观上，为电子数据取证云平台的建设提供了很好的机制基础。

二、北京市检察机关电子数据取证工作情况

1．全市电子数据取证工作机制情况

2009 年 4 月，市院制定下发了

《北京市人民检察院关于加强司法鉴定工作的意见》，确定了以市院为中心，统一受理检验委托，整合全市鉴定资源的内部工作机制。在电子数据取证工作规划中，逐步落实"一个中心、若干区域、多点支撑、全市整合"的总体发展思路，实现全市电子证据鉴定工作的整体推进。2013年又印发了《北京市检察机关电子数据取证工作规定》、《北京市检察机关司法鉴定中心统筹协作办法》等规范性文件，将电子数据鉴定、电子取证协作配合正式纳入业务考核，进一步规范和提升全市检察机关电子数据取证工作。

2. 全市电子数据取证人员培养概况

2008年以来，市院技术处经常性聘请知名学者和专家举办系统内的培训班和专题讲座，及时组织各院参加外部的技术交流活动。多次派员参加公安部、中科院以及社会机构举办的电子证据培训班。同时，先后选派市院、一分院、海淀院、石景山院、昌平院6名同志赴高检院司法鉴定中心交流学习，参与实际案件办理。2011年成功举办"十佳电子证据取证能手"比武活动，涌现出一批取证能手。在实践工作中，他们逐渐成长为电子取证的业务骨干人才。截至目前，全市各级院共培养电子数据司法鉴定人13名，电子数据助理司法鉴定人23名，范围覆盖所有单位，形成了一支素质优良、业务精通、保障有力的电子数据取证人才队伍，受到高检院、市院领导及相关专家的肯定。通过不断加强培训、交流和实践，有效提升了队伍的整体素质和能力。

3. 全市电子数据取证硬件建设情况

为了快速适应侦查、诉讼监督

工作需要，我们按照"一个中心、若干区域、多点支撑"建设思路，形成了以市检察院为核心、以分院、区县院为支撑节点的发展格局。截至目前，全市检察机关20个分院、区县院，全部建设和规划了电子数据取证实验室，采购磁盘复制设备30余套，分析端工作站50余台，上线国内外优秀的综合分析软件10余种、80余套，基本配齐了前端取证设备，可以完成磁盘取证、手机取证、数据勘查、互联网证据固定、密码破解等任务。二分院、房山院等院作为重要的区域中心，实验室建设水平和规范化程度达到CNAS标准。全市检察机关实验室总体建设水平在全国检察机关居于前列。

4．电子数据在办理案件中发挥的作用

电子证据鉴定的生命力在于突破重大疑难案件，提高检察机关执法办案水平。各级院检察技术部门与办案部门密切配合，努力提高办案人员的证据意识，受理检验鉴定案件的数量逐年大幅上升，2009年全市各级院共送检电子证据鉴定案件13件，2010年达到26件，2011年达到41件，2012年达到61件，2012年电子取证协作配合101件，年均增长61.8%。有效发挥了检察技术在服务办案中的重要作用。

如2009年，强奸案犯罪嫌疑人杨某妄图修改出生日期以逃避刑事处罚，市院技术处运用电子证据的手段，成功破解了数据库，并恢复了修改前的出生日期。法院据此判定杨某作案时已年满14周岁，应承担刑事处罚。《检察日报》为此专门作了报道，引起较大反响。

2010年，市院技术处协助高检院司法鉴定中心，在某研究生考试泄题案中，恢复了被删除的试卷扫描图片、网络聊天记录、网上文件传输记录，成为该泄密案件定案的关键证据。2011年在配合西城院侦查某出版集团申某行贿案中，通过电子取证的技术手段，发现了1000余张行贿记录表格，极大的扩展了线索和案源。

在查办商务部郭京毅案、原铁道部张曙光案、央视火灾案、中国移动副总经理张春江案、证监会伍超明内幕信息泄露案等大要案过程中，充分运用电子数据鉴定技术，对突破案件、固定证据、证实犯罪、提高办案效率起到了积极的促进作用。

三、云计算平台核心构成与技术实现

1．云计算的概念及特征

云计算的概念来源于互联网。通常涉及通过互联网来提供动态易扩展且经常是虚拟化的资源。继个人计算机变革、互联网变革之后，云计算被看作第三次IT浪潮。互联网上的云计算服务特征和自然界的云、水循环具有一定的相似性，因此，云是一个相当贴切的比喻。根据美国国家标准和技术研究院的定义，云计算服务应该具备以下几条特征：随需自助服务、随时随地用任何网络设备访问、多人共享资源池、快速重新部署灵活度、可被监控与量测的服务。一般认为还有如下特征：基于虚拟化技术快速部署资源或获得服务、减少用户终端的处理负担、降低了用户对于IT专业知识的依赖。

云计算是分布式计算、并行计算、效用计算、网络存储、虚拟化、负载均衡等传统计算机和网络技术发展融合的产物。

基于检察专网建设云平台，显然不可能与互联网进行连接。实际上，我市计划建设的电子取证云平台，是依托检察专线网，以工作站虚拟化、鉴定人员远程协同、案例资源网络存储为特征的"私有云"，因此在构建过程中，将着重使用网络虚拟化技术、网络存储技术、远程协同技术。

2．电子数据取证云平台的拓扑结构

（1）云平台处理中心的结构

在云平台的处理中心区域，根据全市鉴定人员/助理鉴定人员的数量，可以运用网络主机虚拟化技术，将3-5台高性能的物理主机，配置成为10-15台的虚拟机。这不仅可以有效节约投资，更可以提高设备的利用率。同时，在处理中心区域应当部署调度工作站，用以调度虚拟后的分析工作站。部署较大容量的存储阵列，用来存储检材镜像文件，以及重要的案例资料。

处理中心区域的结构示意图见下图所示。

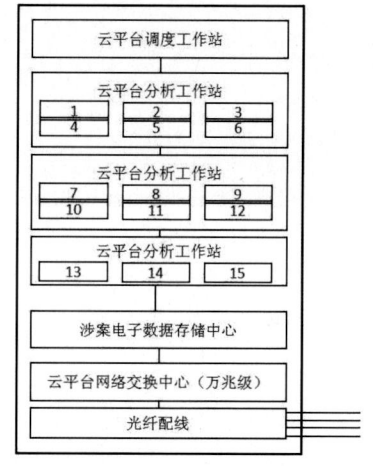

（2）终端云节点的结构

在云平台的终端云节点区域，以单体实验室建设为基础，预留万兆网络接口。所属鉴定人员/助理鉴定人员，远程登录处理中心区域的分析工作站，领取任务、开展检验，并与其他鉴定人员通过网络进行协同工作。

为了未来的扩展需要，终端云节点区域实验室应当建设一定容量的存储阵列。

（3）处理中心与终端云节点区域网络连接的实现

处理中心与终端云节点区域之间，通过检察专线网实现连接。在目前条件下，该专线网带宽为百兆，传输检验软件的指令信息，基本上不会造成网络传输压力。

（4）多处理中心的部署和叠加

根据规划，北京市检察机关的电子数据取证云平台将是一个开放的平台。目前，以市院为核心所构建的网络取证软件系统，在统一调度下，可以满足全市各院的电子数据取证人员，通过远程登录开展取证分析工作，这仅仅是该云平台下最初级的模式，即仅具备一个处理中心。

未来，市院将在有条件的院设立第二个、第三个、第四个处理中心。每一个中心都将建设一个完善的处理平台，在市院的调度下，每一个处理中心都能够为全市的鉴定人员提供远程分析的账户和权限。每一个处理中心将部署不同的网络分析软件，以达到优势互补、差异化发展的格局。

实际上，多个处理中心的部署和叠加，才是云平台整体功能和性能的最大优势。

3．网络与存储问题的解决

在现有检察专网的带宽条件下，实现检材镜像的云存储尚有难度，因为百兆的广域带宽无法支持 TB

级别镜像文件的实时访问。所以在云平台下，分析工作站与涉案电子数据应当位于一个处理中心局域网内。而目前局域网内的带宽速率为1000Mbps，换算为磁盘读写速度约等于125MB/秒，而这个速率已经远远低于当前主流磁盘的读写速度。所以，处理中心内部的网络带宽速率应当达到万兆带宽速率，或者至少2000Mbps以上。

但在未来三年内，应当规划在多处理中心之间实现检材镜像文件的"云存储"，届时，检材存储的物理位置将不再重要。

在解决了网络存储的问题后，取证速率的瓶颈将仅限于磁盘的读写速度。

常见磁盘读写速度，如下表所示（四款1TB硬盘的速率指标）。

速度\磁盘	日立 7K1000.D	西数 WD10EZEX	希捷 ST1000DM00	东芝 DT01ACA100
最大读取速度	188.7	198.1	195.7	197.1
最大写入速度	178.2	185.3	194.2	194.7
持续读取速度	161.2	188.2	193.1	191.7
持续写入速度	143.2	189.1	192.7	160.6
平均读取速度	141.2	146.6	170.2	149.5
平均写入速度	145.3	137.7	157.1	146.9

（单位：MB/秒，测试软件：HD Tune Pro）

4. 云平台下数据安全性的保障

一般来讲，云计算模式与数据的安全性存在天然的冲突，这主要是因为，对于公有云平台而言，正是通过第三方的数据存储降低自有成本。但把自己的信息安全完全托付给一个第三方机构，而没有有效的监控手段，根本没有办法控制将来可能遇到的风险。

对于本文提到的电子数据取证云平台，尤其在初级阶段，更多的是一种工作模式上的"云"，而非完全意义上的"云存储"，可以规避这个风险。

首先，我们构建的云平台是与互联网相互隔离的私有云，可以有效防止数据在互联网范围的泄露。其次，涉案数据存储在专有的磁盘阵列中，物理存储位置与各院计算中心办公办案数据不同。第三，通过防火墙、访问认证、权限控制等措施，涉案数据仅对有权限的鉴定人员开放，确保数据的有限性。第四，磁盘阵列冗余备份功能，确保数据的自身安全。第五，云平台成熟后，将通过制定相关的访问和管理制度，对鉴定人、工作模式、涉案数据等各个环节进行规范和细化。

四、全市检察机关电子取证云平台应用研究

2013年，市院技术处出台了《北京市人民检察院司法鉴定工作统筹协作工作办法（试行）》，该办法的出台为加强鉴定工作的协作配合、统筹管理提供了依据和指导。全市检察机关电子取证云平台建设完成

后，取证人员的工作模式将发生重大变化。市院技术处作为云平台的管理部门和核心节点，将主要负责完成案件的拆分、工作的调度，以及部分必要的镜像制作、磁盘挂载等工作。各级院电子数据鉴定人员通过远程协同的方式开展工作，降低时间成本，将更多的时间用来分析案情、查找证据。

在案件拆分过程中，除了可以兼顾一人多案、多人一案外，还可以对案件的精细化程度进行跟踪掌握。

案件中积累的电子数据，不仅是个案的重要资料，更可以为以后的案件提供挖掘的土壤。以职务犯罪为例，在提取了犯罪嫌疑人或其它相关人的通话记录、邮件记录、即时聊天记录、资金转移记录后，可以描述复杂的社会关系网络，较容易发现关系网络(或者犯罪网络)中的关键节点，为推进侦查工作提供必要的情报支持，更可以在以后的案件办理中，进行信息碰撞，为案件的办理提供更深层次的支持。

电子数据取证云平台建成后，检察技术部门应当更加规范取证工作，与其他办案部门建立有效的协作机制。通过制度化操作，确保工作良性有序发展，更好地发挥检察技术在服务办案中的作用，提高固定证据、证明犯罪的能力，不断提升检察机关办理案件的科技含量。同时，应当注意发挥各节点检验鉴定人员的积极性、主动性，并注意云平台机制下，检察技术工作模式的新老对接。▲

【参考文献】

[1] 张为民，唐剑锋，罗治国等.云计算：深刻改变未来[M].北京：科学出版社，2009.

[2] 虚拟化与云计算.北京：电子工业出版社，2009.

[3] [英]维克托·迈尔舍恩伯格.大数据时代[M].北京：浙江人民出版社，2013.

[4] 商建刚.从诉讼法修改看电子数据鉴定发展[J].上海律师，2012.

[5] [美]尼尔森等著.计算机取证调查指南[M].杜江、白志、刘刚等，译.重庆：重庆大学出版社，2009。

[6] 麦永浩，戴士剑等.计算机取证与司法鉴定[M].北京：清华大学出版社，2009.

数字录音剪辑检验

文 | 最高人民检察院检察技术信息研究中心　王宁敏　李佳
陕西省人民检察院　樊渭钊
天津市人民检察院　李士杭
北京市人民检察院　林飞
云南省昆明市人民检察院　濮大为

数字录音剪辑检验是录音资料真实性检验的重要组成部分，随着数字媒体处理技术的发展和各种数码录音录像设备的普遍使用，人类社会全面进入数字化时代，声像资料证据的数字化已成为现实。就录音证据而言，数字录音证据占到了录音证据的绝大多数，模拟录音证据越来越少。而对数字录音有无剪辑的鉴别是目前声纹鉴定领域的焦点和难点问题。一方面，诉讼法规定录音资料是法定证据之一，但对其真实性通常提出质疑，因此司法实践中录音资料能否作为证据使用多要求对其真实性进行鉴别；另一方面，对数字录音修改容易，鉴别真伪较难。在数字录音的剪辑实验及鉴定实践中发现，使用常见的民用软件如 Adobe Audition、praat 等音频分析处理软件对数字录音增删、编辑、插入粘贴和覆盖等操作进行篡改，如果处理得当，剪辑痕迹很难被发现。

目前，针对数字录音的剪辑检验常规方法有听觉检验、视觉检验、原始性检验和软件识别等。

一、数字录音剪辑在剪辑点处可出现下列现象

1. 听觉检验，即语音语意审听、背景噪音辨听检验。

（1）声音的突变现象，如短暂的异常声响；（2）语意的改变：会出现语气不自然、语意不连贯即前言不搭后语的现象。

2. 视觉检验，即图谱剪辑痕迹

检验。数字录音剪辑痕迹是通过采用删除、插入、复制、覆盖录音的方式,对原始录音进行删减、添加、编辑等处理形成的图谱剪辑点现象。

(1)顶天立地状"冲直条"现象;(2)语音谱突变现象;(3)噪音谱突变现象。

二、数字录音剪辑声痕现象常见类型

1.本底噪声不一致现象。本底噪音不一致现象见于采用不同录音器材录制的录音材料,通过相应的软件编辑、拼接所致,故在同一录音材料中出现不同本底噪音现象时,考虑为剪辑所致。

图 >>1 为两种本底噪音不一致现象的波形、宽带、窄带三种语图比较

图 >>1 中"↗"所指为两种录音器材录制的录音资料本底噪音拼接处。

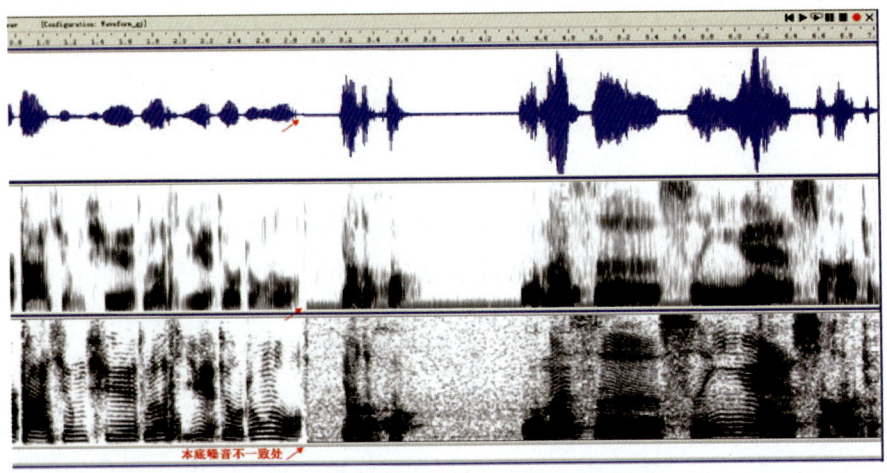

>>1

>>2

2.录音电平的变化现象。录音资料为不同录音电平录制形成,它可以是不同录音电平环境下录制的两个或两个以上音频文件(字、词、句)拼接而成,也可以是录制过程中调节录音电平形成。

图>>2 为两种录音电平录制的录音资料拼接形成的波形、宽带、窄带三种语图比较。

图>>2 中"↗"所指为两种录音电平的录音拼接处。上图可见波形幅度明显差异;中、下图可见两种录音电平的语图灰度不同,后者录音电平明显高于前者。

3.脉冲信号的"冲直条"样现象。数码录音中删除点的"冲直条"与模拟信号剪除形成的冲直条不同,呈"顶天立地"状,数字剪辑窄带语图显示较好,检验时录音资料的采样率尽量选择与现场录制时相同

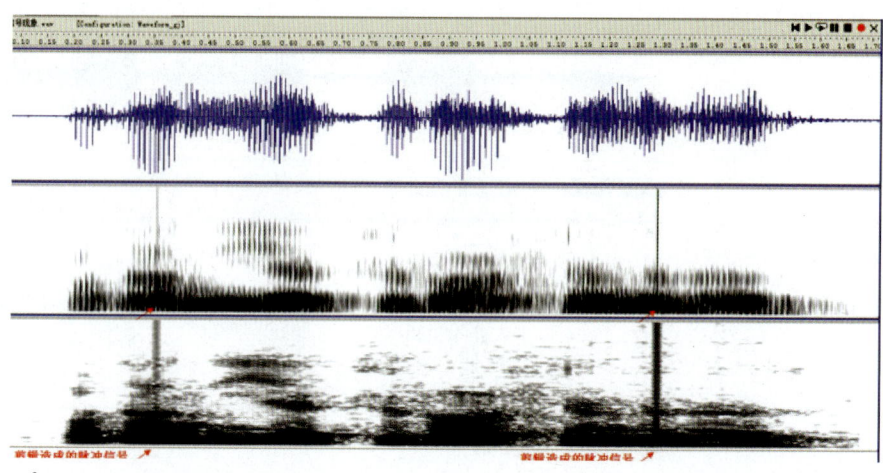

>>3

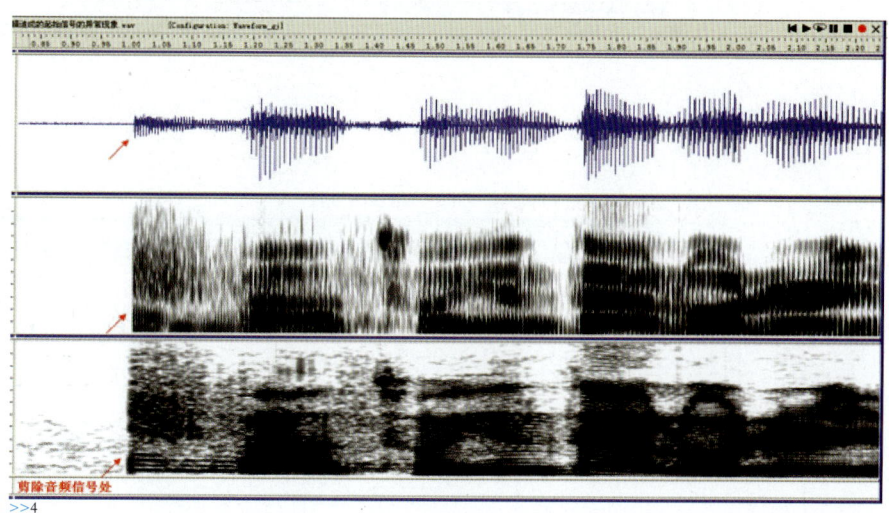

>>4

的采样率,便于观察"冲直条"的形状。听音时,顶天立地状的"冲直条",有时有声音突变,有时没有。数码录音剪辑在无声段处进行删除一般无脉冲信号改变,在有声段处进行删除,波形图上脉冲峰改变不明显,但在三维语图上,通常会出现顶天立地状的"冲直条"。

图>>3为剪辑造成的脉冲信号异常现象的波形、宽带、窄带三种语图比较。

上图删除处在波形图上改变不明显,中、下图"↗"所指处呈顶天立地状的"冲直条",为录音资料脉冲信号删除所致。

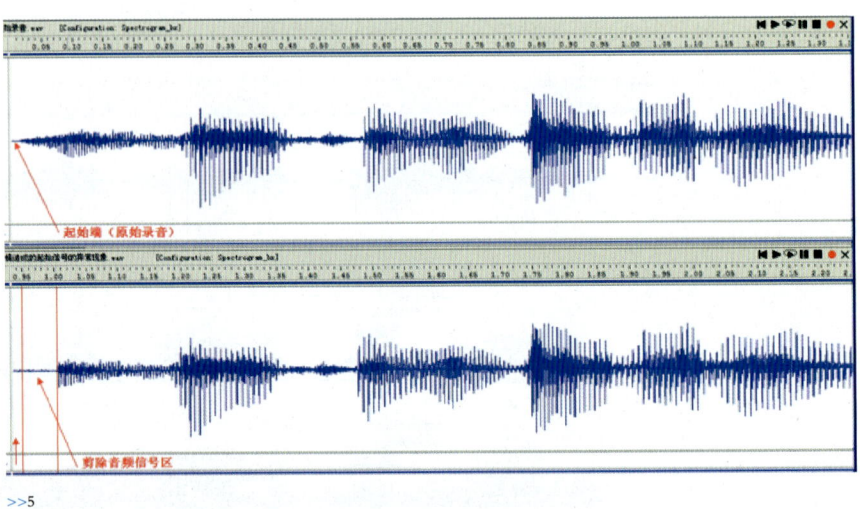

>>5

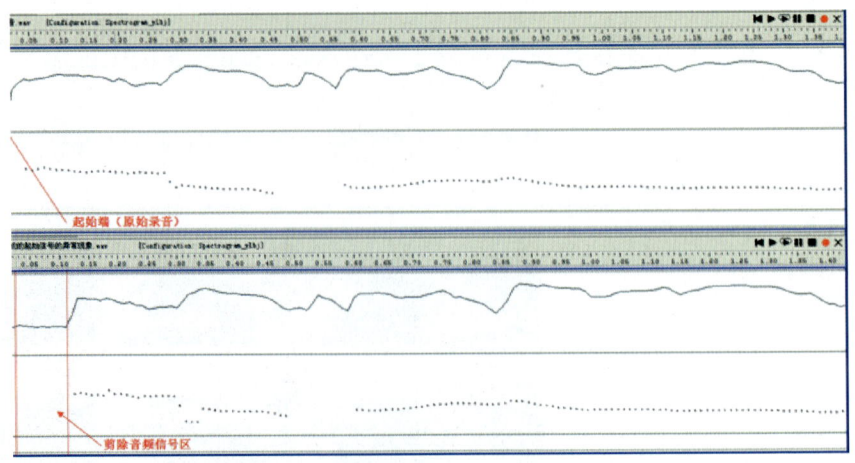

>>6

4.音频信号丢失现象即语音（音节、词语、语句）的不完整现象。在剪辑点可出现顶天立地状"冲直条"，听音可出现异常声响或语音、语意不完整。根据剪辑点位置的不同可有不同的声痕现象：

（1）剪辑造成录音起始信号丢失的异常现象：在波形图、三维语图上均表现为左平齐现象，有的在剪辑点可出现顶天立地状"冲直条"，在韵律特征图上表现为删除信号区的基频缺失和音强曲线改变；听音无明显异常声响。

图>>4为剪辑造成的录音起始信号丢失异常现象的波形、宽带、窄带三种语图比较。

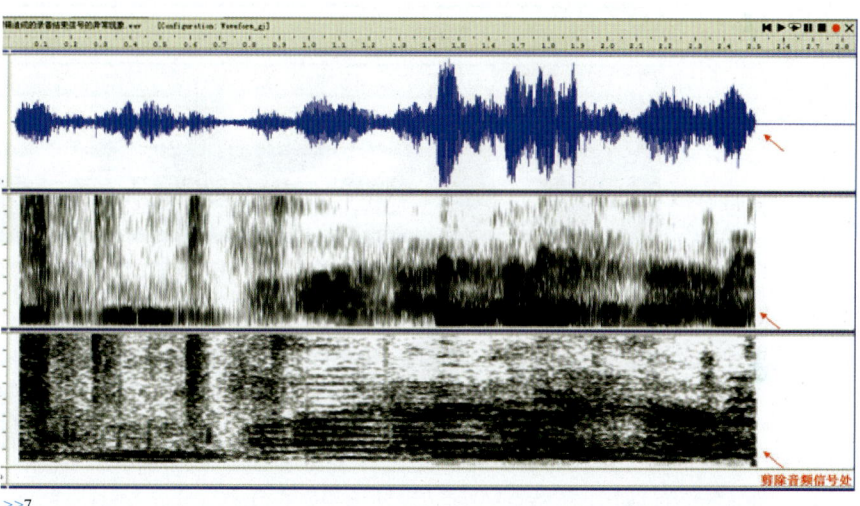
>>7

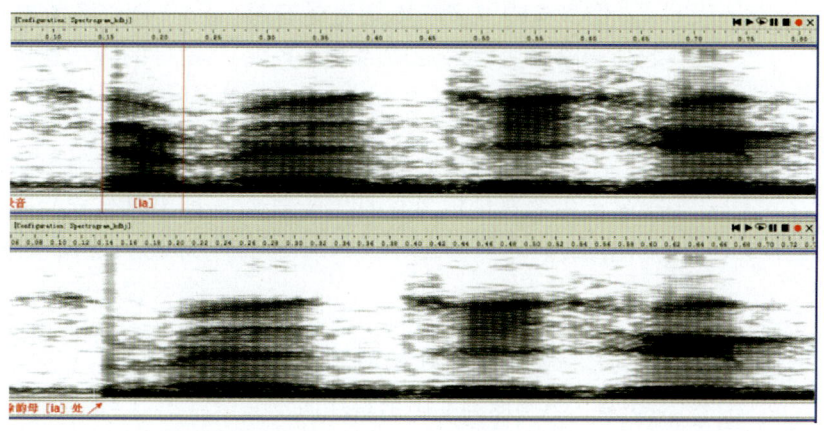
>>8

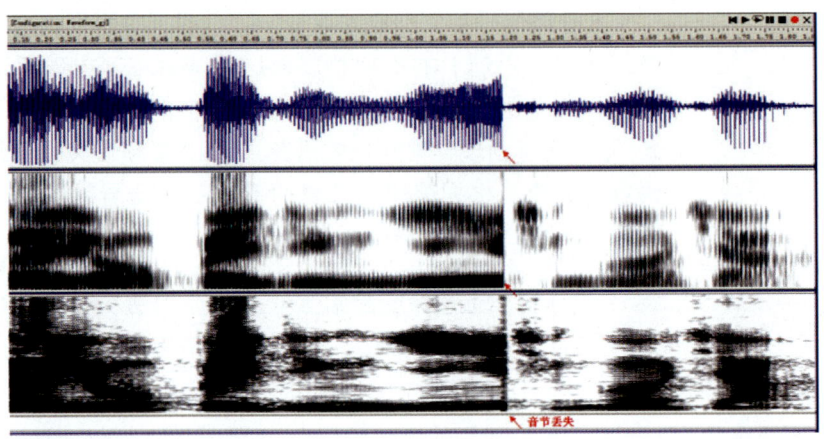

>>9

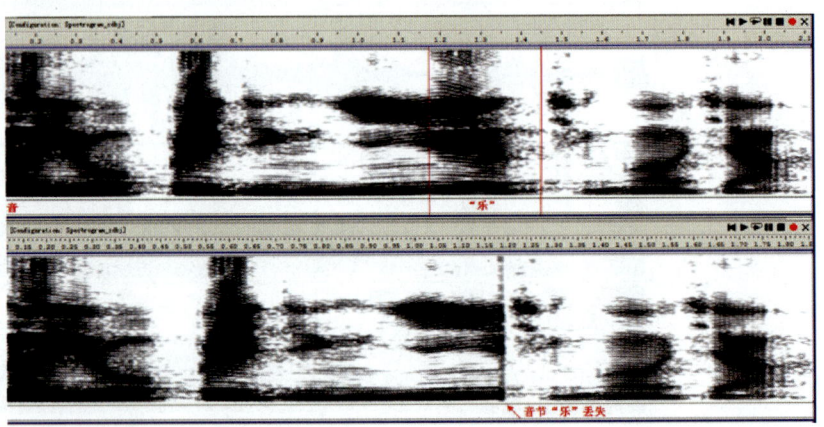

>>10

图>>4中"↗"所指为录音起始处删除音频信号形成的左平齐现象。

图>>5为剪辑造成的录音起始信号丢失的异常现象与原始录音波形图比较。

上图为原始录音,"↖"所指处为该录音笔录音起始时形成的征象(有一空白段后才出现音频信号)。下图"↑"所指处为该录音笔录音起始时的空白段,光标间为删除音频信号区。

图>>6为剪辑造成的录音起始信号的异常现象与原始录音韵律特征语图比较。

上图为原始录音,"↖"所指处为录音起始时形成的征象(音强为0dB)。下图光标间为删除音频信号区(音强不是从0dB开始,而是由约27dB突增至约55dB)。

(2)剪辑造成的录音结束信号丢失的异常现象:在波形图、三维语图上均表现呈右平齐现象,有的可表现为在剪辑点出现顶天立地状

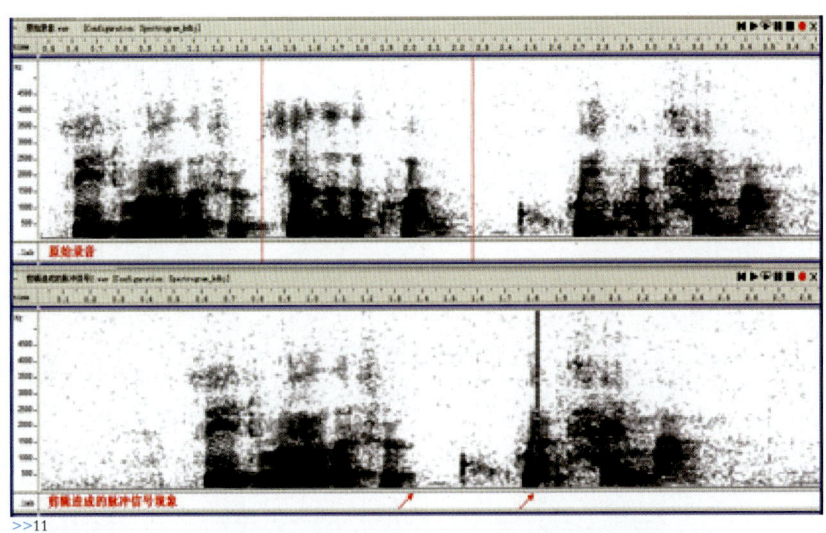
>>11

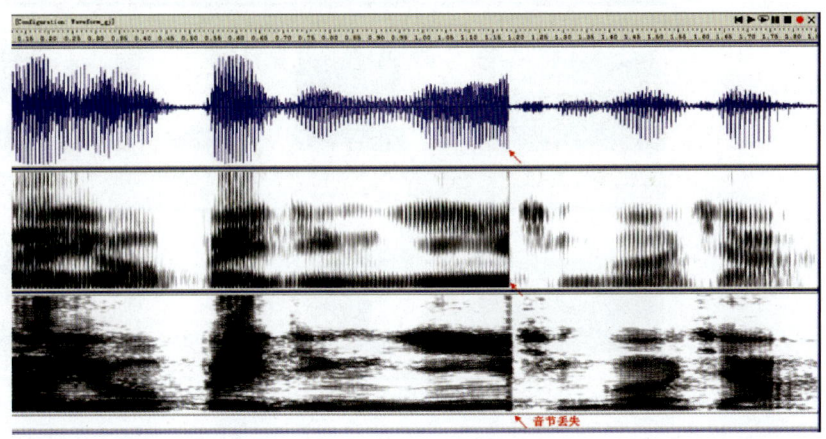
>>12

"冲直条"；在韵律特征图上表现为剪除信号区的基频缺失和音强曲线突变；听音无明显异常声响。

图>>7为剪辑造成的录音结束信号异常现象的波形、宽带、窄带三种语图比较。

上图"↖"所指为录音结束端删除音频信号处，中、下图"↖"所指处为录音起始时删除音频信号形成的右平齐现象。

（3）剪辑造成的录音中间段信号丢失的异常现象：在有声段处进行删除，通常会出现顶天立地状的"冲直条"，在无声段处进行删除一般无脉冲信号改变。

①音节不完整现象

图>>8为删除音频信号形成的音节不完整现象与原始录音窄带语

图比较。

上图为原始录音,下图"↗"所指处呈顶天立地状"冲直条",为音节"夏"删除上图光标内韵母[ia]形成。

②词语不完整现象

图>>9为剪辑造成的音节丢失现象的波形、宽带、窄带三种语图比较。

上图"↖"所指处脉冲峰突变呈右平齐现象;中、下图"↖"所指处是顶天立地状"冲直条",为词语"音乐"中"乐"音节删除处形成的声痕。

图>>10为剪辑造成的音节丢失与原始录音窄带语图比较。

上图为原始录音,下图"↖"所指处是顶天立地状"冲直条",为上图光标内"乐"音节删除处形

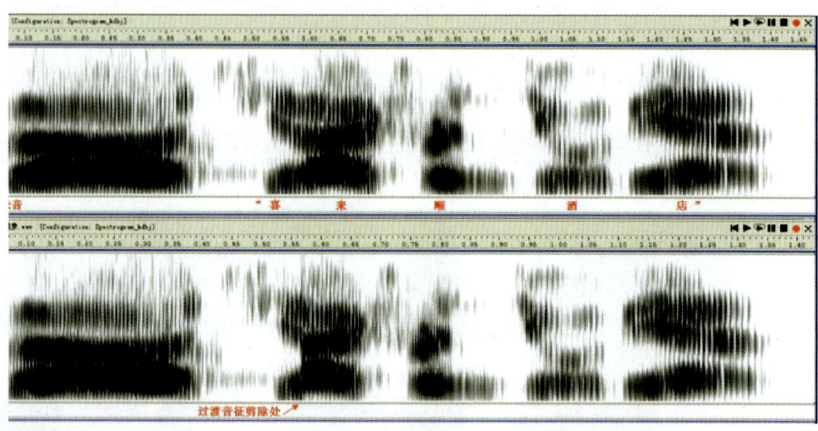

>>13

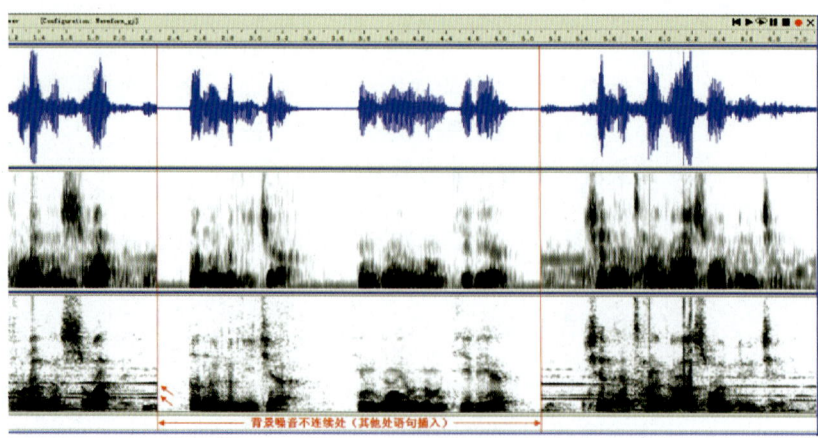

>>14

成的声痕。

③语句不完整现象

图>>11 为剪辑造成的脉冲信号现象与原始录音窄带语图比较。

上图为原始录音，下图第一个"↗"所指处为上图光标间语句删除处（无声段处删除），第二个"↗"所指处是顶天立地状的"冲直条"，为有声段删除所致。

（4）剪辑造成的音节间过渡异常现象：正常音节间有过渡音征，删除音节间过渡后造成过渡音征的破坏，可见共振峰走向错位及脉冲谱平齐现象。

图>>12 为剪除音节间过渡形成的过渡音征异常的波形、韵律特征和宽带语图比较。

上、中、下图中"↗"所指为删除音节间过渡的异常处。

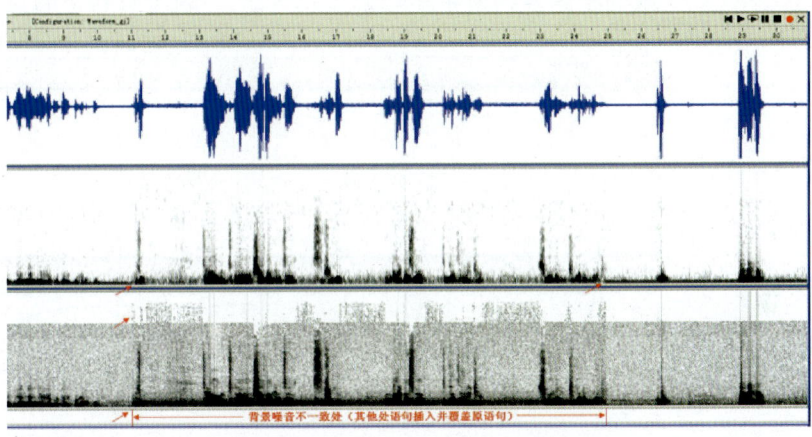

>>15

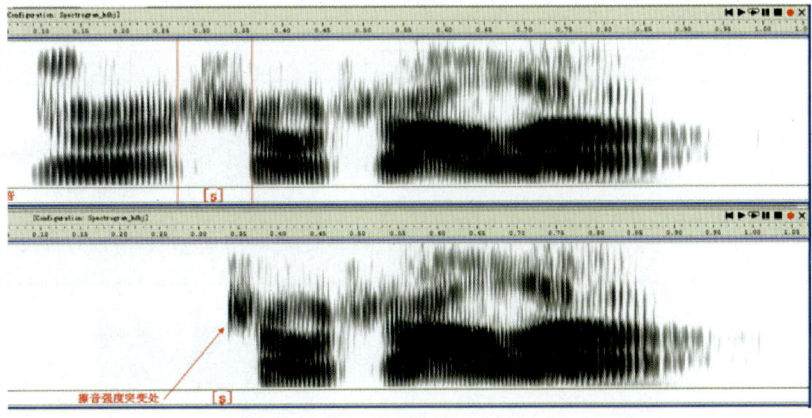

>>16

图>>13为删除音节间过渡形成的过渡音征异常与原始录音宽带语图比较。

上图为原始录音（"喜来顺酒店"），下图"↗"所指为删除"喜、来"两音节间过渡的异常处。

5.背景噪声不连续现象。采用相同录音器材、不同录音环境中录制的录音材料，通过剪切、编辑（插入、复制、粘贴、覆盖）、拼接形成的新录音，剪辑点处也可见背景噪声不连续现象。

图>>14为剪辑造成的背景噪声不连续现象的波形、宽带、窄带三种语图比较。

图中光标间为其他处背景噪声及语句插入原录音的区域，"↖"所指处为原录音背景噪声不连续点。此原录音与插入段录音是在相同录音条件（如录音电平、录音器材等等）、不同录音环境中录制的一个录音材料，通过剪切、编辑、拼接

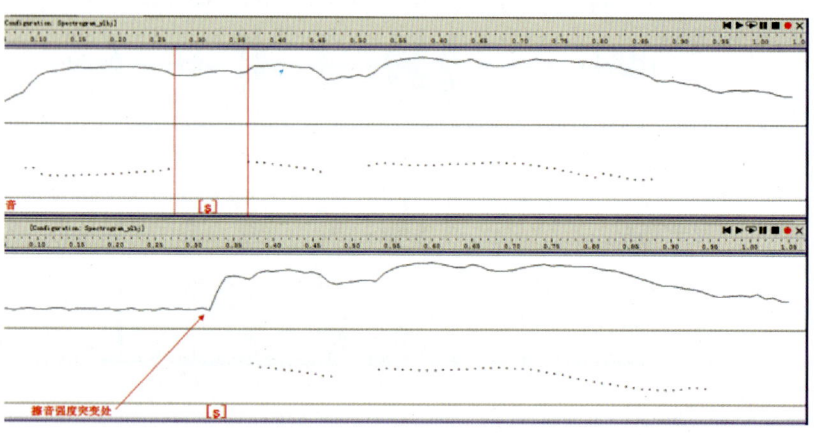

>>17

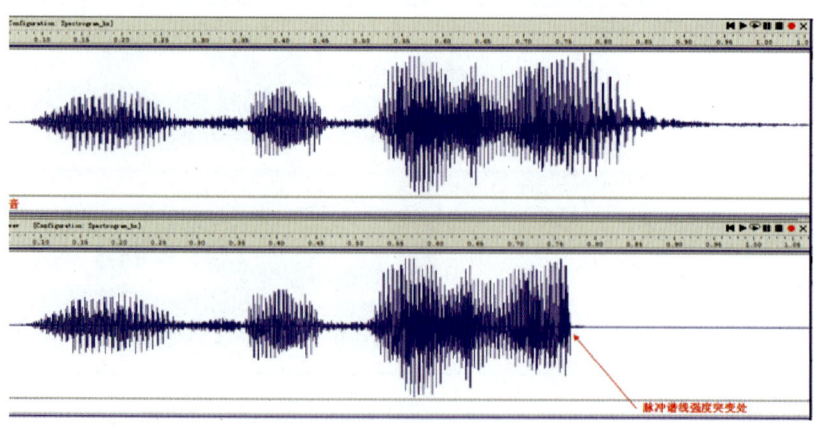

>>18

形成的新录音，剪辑点处可见原录音背景噪声不连续现象。

6.背景噪声不一致现象。分别在不同录音环境、不同录音条件下录制的数个录音材料，通过剪切、编辑（插入、复制、粘贴或覆盖）、拼接在一段录音中，剪辑点处可见本底噪声和背景噪声均不一致的现象。

图 >>15 为剪辑造成的背景噪声不一致现象的波形、宽带、窄带语图比较。

图中光标内为其他处录音内容插入原录音的区域，中、下图"↗"所指处可见插入段背景噪声与原录音背景噪声不一致现象。下图上方"↗"所指处可见插入段语句的采样率与原录音的采样率不同。

7.脉冲谱线强度突变现象。为删除或添加音频信号造成的脉冲强度突变所致。在波形图、三维语图上强度突变处，其脉冲谱呈左或右

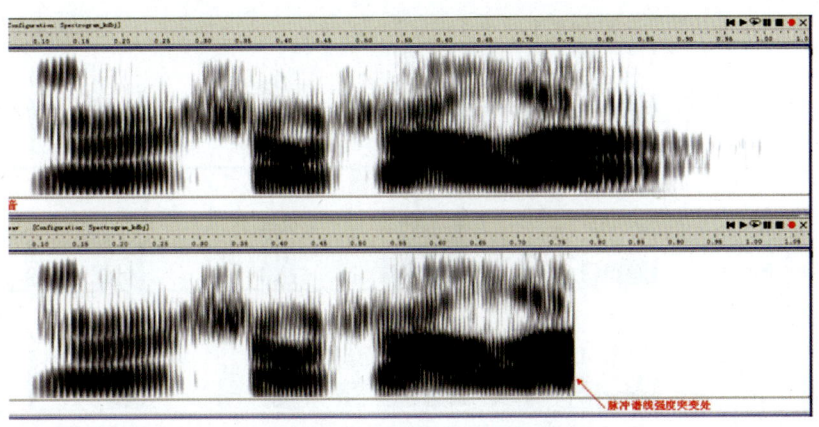

>>19

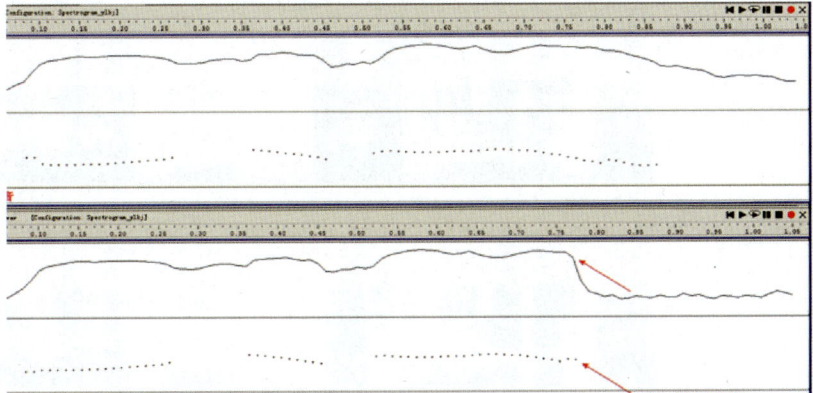

>>20

侧平齐现象,在音强曲线上呈突变现象。

(1)擦音强度突变现象

图>>16为剪除音频信号形成的擦音强度突变与原始录音宽带语图的比较。

上图为原始录音,下图"↗"所指是脉冲信号强度突变处,脉冲谱呈左侧平齐现象,为删除部分擦音[s]所致。

图>>17为剪除音频信号形成的擦音强度突变与原始录音韵律特征语图比较。

上图为原始录音,下图"↗"所指擦音处音强曲线呈强度突变现象,为删除部分擦音[s]形成的擦音强度突变(从20dB突增至58dB)。

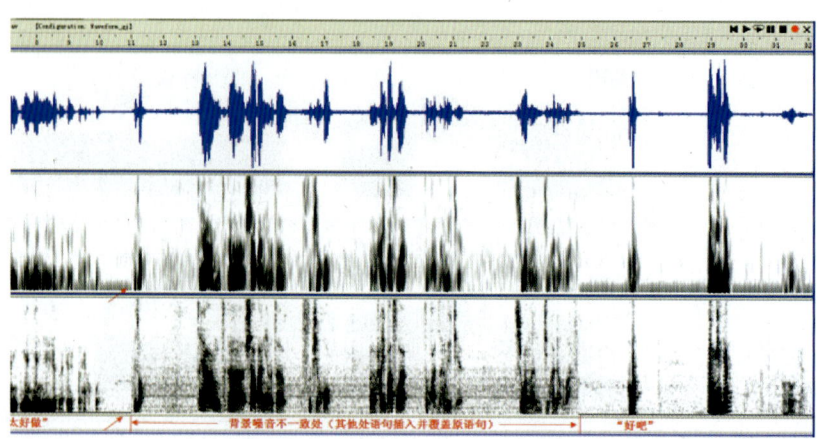

>>21

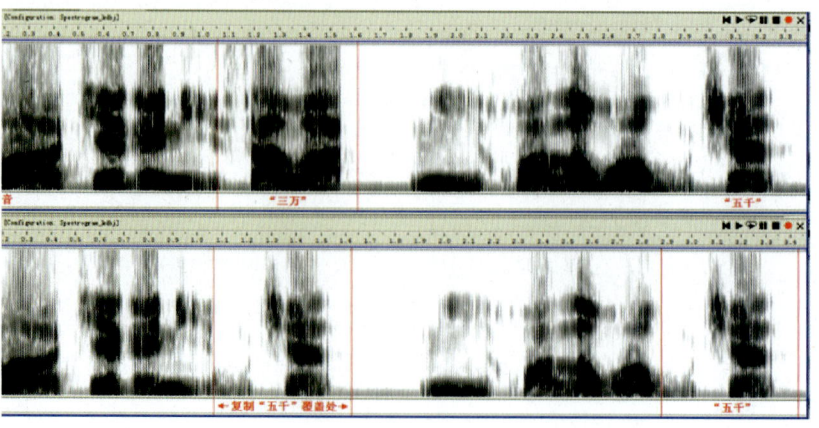

>>22

图>>18为删除音频信号形成的脉冲谱线强度突变与原始录音波形图比较。

上图为原始录音，下图"↖"所指是脉冲谱线强度突变处，脉冲谱呈右侧平齐现象，为删除音频信号造成的脉冲强度突变所致。

图>>19为删除音频信号形成的脉冲谱线强度突变与原始录音宽带语图比较。

上图为原始录音，下图"↖"所指处脉冲谱呈右侧平齐现象，为剪除音频信号形成的脉冲谱线强度突变。

图>>20为剪除音频信号形成的脉冲谱线强度突变与原始录音韵律特征语图比较。

上图为原始录音，下图"↖"所指处音强曲线呈突变现象，为剪除音频信号形成的音强突变（从约

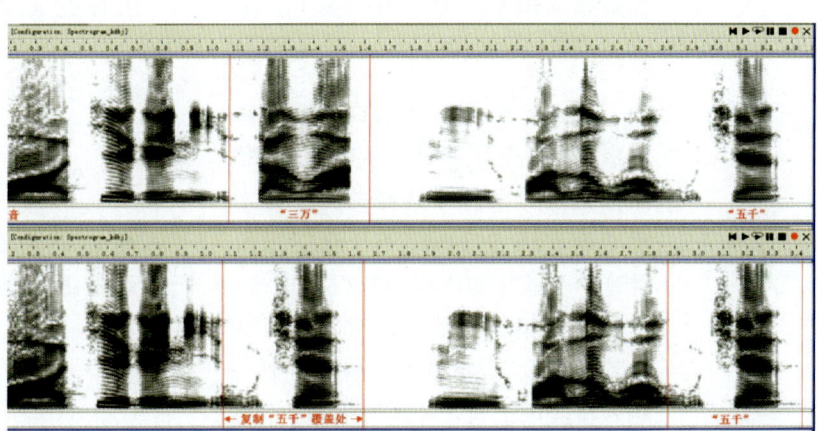

>>23

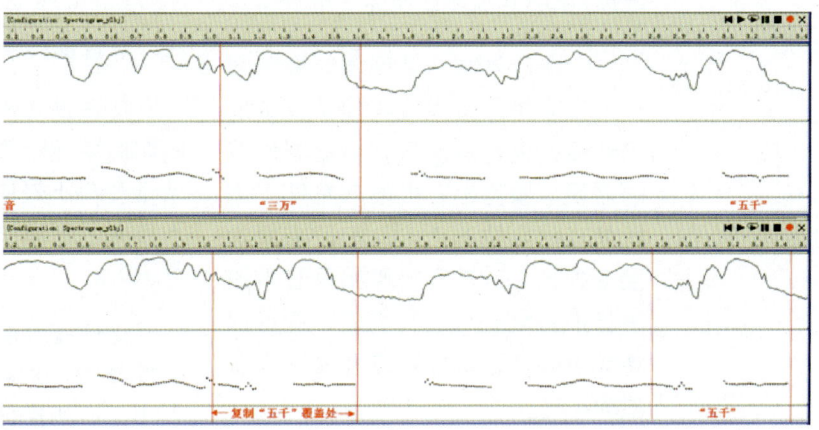

>>24

60dB 突降至 20dB）。

8. 录音剪切粘贴现象。采用同一人在原始录音中或其他录音中的语音频谱进行剪切后，根据制作者的需要，覆盖粘贴或插入粘贴于原始录音相应位置上，从而改变原始录音内容。录音剪切粘贴在剪辑点处可出现背景噪声不一致、不连续或声谱突变现象，有的去除覆盖录音后可呈现语意不连贯现象。

图 >>21 为剪切后覆盖粘贴造成的背景噪声不一致现象的波形、宽带、窄带语图比较。

图中光标内为剪切其他处录音内容覆盖粘贴于原录音的区域，"↗"所指处可见覆盖段录音与原录音本底噪声和环境噪声均不一致。本段录音中覆盖语句内容为"李总,这样,这个下半年的四批货还有八十万这个款子还没结,希望能尽快了啦吧"，删除覆盖段语音,可闻原录音（"不太好做……好吧。"）前后语意不连贯,说明此段语音覆盖了原录音。

9. 录音复制粘贴现象。采用同一人在原始录音中或其他录音中的语音频谱进行复制后,根据制作者的需要,覆盖粘贴或插入粘贴于原始录音相应位置上,从而改变原始录音内容。通常利用原始录音中的语音内容复制后进行剪辑,此可保持环境噪音、本底噪音和说话人音质的不变。

由于同一人在不同时间发同一个音均不能完全一致,所以录音中重复出现语音频谱完全一致的现象,均可认定为剪辑所致。录音复制粘贴在剪辑点处可出现背景噪声不一致、不连续或声谱突变现象,有的去除覆盖录音后可呈现语意不连贯现象。

图 >>22 为复制相同语音频谱进行录音覆盖后与原始录音的宽带语图比较。

上图为原始录音,其内可见"三万"、"五千"词语。下图中光标内"五千"是通过复制原始录音中的"五千"粘贴覆盖于原录音"三万"处形成。

图 >>23 为复制相同语音频谱进行录音覆盖后与原始录音的窄带语图比较。

图 >>24 为复制相同语音频谱进行录音覆盖后与原始录音的韵律特征语图比较。

三、录音资料原始性的检验

录音真实性与原始性、完整性密切相关,但不等于原始性、完整性,录音资料不是原始状态并不说明其不真实,但原始的录音资料一定是真实的。

文件属性的检验。通过记录其文件类型,扩展名（格式）,文件大小,占用空间,创建时间,修改时间。对声称有原始载体的,可用数据恢复工具，恢复载体上删除文件，进行比较，看是否有相近内容的文件。如果其载体被计算机系统直接识别为移动硬盘，可在拷贝文件时，记录以上内容等等检验从而判断其原始性。在文件时间属性变化的一般规律之外，操作系统和文件系统类型、时间和时区设置、文件类型、文件大小等因素都会在不同的方面对文件时间属性的变化产生影响（如在错误的系统时间下进行的操作将产生错误的文件时间属性）。

四、软件分析检验

如通过对手机音频水印的固有时长进行录音剪辑检验；分析含电网干扰的数字录音中的电网频率信号软件，通过提取电网频率信号的时域和频域等特征，并利用这些特征检测数字录音是否经过裁剪、插入、替换等操作，进而检测数字录音的完整性分析；智能语音工作站的设备本底噪声和背景环境噪声分析软件等等进行综合检验。▲

办公一体化系统框架研究*

随着计算机技术和办公自动化的发展，面对当前办公系统应用中存在的业务流程不清、管理混乱等问题，通过对综合办公的业务进行模型化分析，在办公一体化建设中推进基础设施框架研究，从数据、应用、管理规范和服务模式等方面提出了办公一体化的建设框架，为办公自动化建设提供新的思路及方案。

文 | 最高人民检察院技术信息研究中心　张建聪
　　甘肃省张掖市甘州区人民检察院　马振清
　　东软集团股份有限公司　艾岩

一、办公自动化的发展及现状

办公自动化目前应用较为普遍，一般来说，在办公中采用各种新技术、新机器、新设备辅助办公业务，并提升办公业务的效率和质量，都属于办公自动化的领域。传统的定义是，办公自动化即将计算机技术、通信技术、系统科学及行为科学应用于传统的数据处理难以处理的数量庞大且结构不明确的包括非数值型信息的办公事务处理的一项综合技术。

办公自动化系统自诞生以来，分为不同的阶段，各阶段专注的功能层次也有所不同。早期，办公自动化系统刚刚脱离邮件系统，主要根据客户的需求进行开发，关注于办公事务的电子化。之后的办公自动化系统是建立在工作流技术的基础上的。通过高级数据库、网络协同工作和工作流技术的应用，将人、办公事务、数据结合在一起，实现了网络层面的协同工作。当前办公自动化系统的显著特征是通过将各种应用集成为一个统一的办公门户，提供一种可定制工作流的决策支持型系统。它可以挖掘办公人员的创造性和主动性，辅助办公人员完成智能性劳动，提供包括多媒体在内的多重表现形式，为管理者提供面向事务的追踪和督查功能。

第三代办公自动化系统带来的并不仅仅是技术的革新，对电子政务的工作机制革新同样影响深远。

---

*国家科技支撑计划项目科技强检电子信息系统研发与示范
　科技强检电子信息系统开发（2011BAK11B02）

它可以嵌入多种外部应用，使整个办公信息化集成到同一界面下，形成多种工作流的无缝连接，丰富了办公人员的沟通、交流、协作、共享的方式手段。

二、办公一体化的业务模型

最初的办公系统都是单业务系统，即单纯针对用户的业务需求建立信息化解决方案，并不对用户需求和数据资源进行深层次分析和挖掘。在办公自动化的初期，公文流转系统、个人办公辅助系统等系统都非常见。随着个人办公业务需求的不断研究和挖掘，众多的办公软件的应用，人们对办公系统的要求逐渐从单业务系统走向多业务系统。办公一体化的建设过程中，从单业务系统走向数据集成是一大飞跃。从单纯的办公系统到多个应用系统协同办公，相应就产生了办公一体化业务需求。

在随着公文体系的信息化逐步深入，机关办事流程的需求日益清晰，顺应其发展，逐步建立办文系统和办事系统相结合的综合办公系统是大势所趋。一体化的办公系统实现了数据资源的整合，建立了一个复杂而有序的数据资源内容管理体系。在统一的数据资源平台之上，业务逻辑和应用的建立实现了办公一体化的业务模型需求。同时，办公系统可以实现与其他应用系统，诸如邮件系统、档案系统和门户网站系统相结合，实现信息的自由流动，避免数据孤岛的产生。除了本级机关的办公一体化外，通过四级专线网，可以实现全国范围的数据流通和业务联动，建立面向整个检察系统的办公一体化应用。

三、办公一体化的基础框架

（一）数据标准化

目前的应用系统中，经常出现由于应用系统间数据共享和兼容问题，导致用户在需要把业务从此系统转移到彼系统时，无法达到自由迁移，大多数时候需要人工进行各个格式的数据文件的转换，这一点在办公系统中表现得尤为突出。这当中固然有应用接口不完善的原因，但更深层次的问题在于数据资源的整合不利，导致数据不一致性问题的出现，从而造成数据孤岛现象的产生。

通过对办公自动化系统的数据与其他相关应用系统的数据进行统一规划、统一设计、统一建设，对数据资源进行整体规范，按照国家及部门标准，建立数据资源的各种相关标准，推动数据标准化建设，达到整合业务数据资源的目的，建立统一的标准化的数据资源库。通过办公业务数据与邮箱数据、档案系统数据以及办公应用软件数据的整合，实现了整个办公环境内的数据自由流动，防止出现数据孤岛的现象。

通过建立标准化的数据资源，实现数据资源的集中统一存储和规划，让数据在各个应用系统中进行调用和标记，保证数据资源的一致性，加快数据的自由流动，保证各个应用系统之间的数据交互，实现数据资源的一体化是办公一体化的基础。

（二）管理规范化

管理规范化包括三个方面的含义，第一是根据办公一体化的业务规划，调整技术管理目标与办公业务目标的一致，保证技术管理信息的共享，对技术环境和运维状况进行记录和跟踪，针对办公自动化系统建立技术管理规范，实现环境管理的规范化。

第二是通过建立人员运维管理体系，围绕把握目标、灵活配置、集中管理的管理思路，充分考虑业务管理的整体化、规范化、科学化，数据处理的集中化，使业务管理水平得到提高，实现人员管理的规范化。

第三是实现在线业务和线下业务的无缝连接和融合。通过制定线上业务管理规范，对电子化办公环境和工作流程建立标准，提供线上业务与线下业务的对接接口。针对线下业务，根据自身线下业务的管理规范，以及办公一体化平台的应用特点，对相应文档和记录进行管理，实现数据管理的规范化。

（三）资源共享化

为了建立开放的资源共享体系，需要应用开放的技术标准体系。J2EE为办公一体化平台提供了灵活的配置、跨平台的架构、良好的伸缩性、并支持异构环境下的高效开发。通过在J2EE平台上的建设，促进办公系统与邮件系统、档案系统的开放和交互，在应用层搭建了办公一体化的联动环境，实现办公系统中各个业务，以及办公系统与其他系统间的连接。

以归档为接口，实现办公系统中发文、收文等公文流转与档案系统的结合；以消息推送为接口，实现邮件系统、即时通讯系统与公文办理的结合；建立发文流程与门户网站（专线网网站）的接口，实现发文和网站信息发布的无缝连接等。通过以上功能模块，实现办公一体化系统中的资源共享的目标，将一个组织内的所有的信息资源整合集成到一起，使其可以分别以各自应用界面面向用户，而保证各个系统内的信息资源可以在后台自由流动，不受不同应用系统之间差别的影响。

（四）服务新型化

"以人为本"，是目前机关信息化建设中的重要关注点，根据工作的特点，面向用户的信息服务显得尤为重要。从用户立场出发，提高办公一体化系统的服务多元化程度，不断创新服务模式，除了传统的技术运维外，根据用户操作习惯进行个性化定制和推送，也是办公一体化系统的特点。

除了传统的信息服务外，借鉴外界流行的"知识服务"概念，建立办公一体化系统的知识服务模块。各种显性和隐性知识资源中按照人们的需要有针对性地提炼知识，并用来解决用户问题的高级阶段的信息服务过程。这种服务其特点就在于，它是一种面向知识内容和解决方案的服务。知识服务是以内容管理和数字资源管理为基础，通过数据挖掘和行为分析等多种手段，为用户提供有用的信息和知识。在办公一体化平台中的日常数据中，隐含着各种显性和隐性知识资源，发现和利用这些资源能够为用户带来效率的提高，从而使得办公一体化系统更为高效。准确的来说，传统的信息服务是站在管理者的角度，为受众提供信息，以吸引用户和便利用户为目的；而知识服务则是首先对用户的信息需求和行为习惯进行分析，通过信息采集，信息过滤，信息分类等多种手段，以用户目标为驱动的信息服务类型。在办公一体化系统中，通过内容管理等模块，对数据资源进行分析和重组，按照逻辑分析的各个要素的要求，完成面向用户的信息解决方案的建立。

通过前台和后台人员的配合，建立包含现场和远程的双轨服务支持体系，满足办公一体化系统的技术支持需求。通过深入的数据挖掘服务，创新常用群组和意见的功能模式，有效地提高用户的应用效率，提高系统的亲切度。这些服务模式的建立还只是新型服务的雏形。随着办公一体化系统的深入推广，随着数据挖掘和行为分析的逐步发展，越来越多的个性化功能会在办公一体化系统中大放异彩。

（五）应用移动化

随着移动时代的到来，利用移动通信技术延伸和扩展办公系统的应用途径，更好地推进协同应用和信息交流。移动办公并不是办公系统的功能性的扩展，而是打破了传统办公模式在地理和时间上的限制，极大地拓展了人们的工作自由度。目前针对移动办公的建设，已经有相关的国家部委建立了参考标准，为移动办公的建设提供政策支持。

四、总体方案

办公系统一体化的整体目标的实现，关键在于需要通过一体化系统的建立，使得用户能够以最大的效率完成线上办公，以最快捷的方式得到技术支持，以最高速的手段获取信息并应用信息。降低工作办理、文档、信息、资料的管理、传递、使用的成本，提升工作效率，提高经营管理业绩,确保系统的安全性、稳定性、开放性、易用性，提供坚实的技术基础。

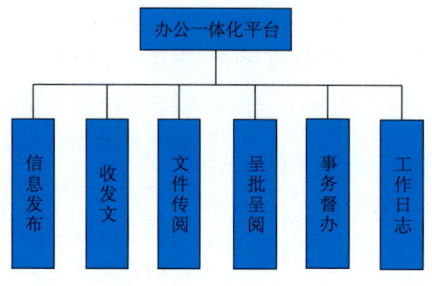

>>1 办公业务流程一体化

同时，以办公系统为中心，建立办公一体化的运维体系，建立现场和远程相结合的运维服务体系，可以更好地推进人力资源的利用，提高机关办公系统的运行效率，促进信息化发展。▲

技术体系上，系统应采用先进而成熟的 J2EE 技术架构，实现无缝的数据集成和应用集成，灵活的组件化设计方法，以及工作流服务管理体系。建立完善的用户管理和安全的权限管理，安全的用户验证技术，统一的文档管理等模块，保证系统的安全性、开放性、灵活性、可扩展性。在办公系统中的业务流程体系中，将发文流程、收文流程、呈批呈阅流程、事务督办功能都整合在一起，实现办公一体化的业务流程一体化，如 >>1 所示。

五、总结与展望

综上所述，随着各种 IT 应用越来越深入人们的工作和生活，随着海量的电子格式文件的产生，以及在用户中间计算机技能的普及，办公一体化系统是大势所趋。办公一体化不仅可以做到内部建立各个流程间的融会贯通，还可以实现办公系统与其他应用系统之间的数据交互和流动，甚至实现应用软件系统和办公设备之间的联动，使得办公对象可以在各个设备和系统间跳转。

【参考文献】

[1]张育.社会保障一体化核心业务平台的研究和实现[D].上海：上海交通大学，2010.

[2]王珊珊.基于 WEB 技术的中国国电集团办公自动化系统设计与实现[D].北京：中国科学院研究生院，2012.

[3]Matthew Spaulding.A Dynamic Hierarchical Web-Based Portal[D].University of SouthFlorida,2011.

[4]殷康琳.网上办税一体化服务系统的设计与实现[D].厦门：厦门大学，2012.

[5]王淞.长安工业集团协同办公系统的设计与实现[D].重庆：重庆大学，2012.

[6]张新泳.基于内容管理的电子公文一体化系统设计和实现 J].北京大学，2004.

[7]曹宇,张亚峰,薛丽丽.榆林市环境信息综合办公一体化的设想[J].环境科学与管理，2012,(010):19-23.

[8]陈静.电子政务应用之一体化协同办公 OA 系统架构初探[J].内蒙古科技与经济，2011,(012):48-49.

[9]胡新义,周岩.煤矿安全监察及监测监控自动化系统设计[C].2011 中国矿业科技大会,2011:366-36.

[10]张君.清河企业网建设之信息办公一体化[J].江汉石油职工大学学报，2013,(003):30-32.

论基于 GPON 技术的检察涉密网络构建

检察机关专线网络作为涉密网络，在综合布线、设施布局等方面有明确的要求，而很多检察机关目前的内部专线网络并不符合要求，需要进行改造。嘉兴市人民检察院从实际现状出发，利用 GPON 技术建成了一张既安全、高速，又低成本、低难度的涉密内部网，并通过了浙江省保密科技测评分中心的分级保护现场测评，提供了一个可借鉴的成功改造案例。

文｜浙江省嘉兴市人民检察院　孟伟江
　　浙江省海宁市人民检察院　傅晓峰

根据最高人民检察院及浙江省人民检察院有关检察机关信息系统分级保护建设的工作要求，检察机关专线网络是涉密网络。而涉密网络在综合布线、网络设施布局等方面有明确的规定，很多检察机关的现有内部专线网络并不符合分级保护要求，均面临着如何改造的难题。嘉兴市人民检察院面对上级要求，从实际现状出发，在权衡了原有线路附加设施或重新布线等传统方案后，提出了用当前最新的接入网技术——GPON 来重建检察涉密网的方案并付诸了实施，通过了浙江省保密科技测评分中心的分级保护现场测评，提供了一个可借鉴的成功改造案例，最终建成了一个既安全、高速，又低成本、低难度的涉密网改造成功案例。

一、建设要求与单位现状

按照检察机关涉密信息系统分级保护建设的相关要求，嘉兴市院的涉密专线网络必须符合相应的国家分级保护标准，其中包含"应做好信息传输的电磁泄漏发射防护措施"等一票否决项。

具体标准：除必须与其他网络实现物理隔离外，在网络安全建设方面，网络设备应与其他系统保持安全间隔距离；在综合布线上，需实现对传输线路的电磁泄漏发射防护，如重新布线的，应采用光缆或者采用良好接地的屏蔽电缆（与其它并行电缆保持安全隔离距离），如对不具备重新布线条件或者线路间隔距离不满足要求的，可以通过对现有布线加装线路干扰器。

我院现有专线网络不符合涉密网防电磁泄漏的要求，主要情况是：综合布线为从中心机房光纤到楼层设备间再非屏蔽电缆到用户端，设备间到用户端的电缆与其他网络线路放置于同一桥架内，且设备间较小，涉密网的网络设备与其他网络设备无法分开放置于普通机柜，并保持安全距离。

二、备选改造方案的分析

嘉兴市院的涉密网改造涉及4个设备间及92个用户点，面对上述现状和涉密网对防电磁辐射的要求，我院对几种备选改造方案进行了对比分析：

第一种方案就是在不改变原有网络结构的基础上，添置防屏蔽机柜、线路干扰器，调整设备间布线，分离涉密网与非涉密网的网络设备。方案需配置屏蔽机柜4台，部署各设备间；线路传输干扰器92个，分别部署在各楼层设备间。

主要设备成本如下（单位：元）：

设备名称	单价	个数	总价	合计
屏蔽机柜	23000	4	92000	257600
线路传输干扰器	1800	92	165600	

存在问题：（1）屏蔽机柜用于放置涉密网的网络设备。但屏蔽机柜单价较高，且由于其严格的物理密封性，散热差，内部网络设备长期运行，稳定性受影响。（2）线路传输干扰器用于对原有线路进行信号干扰。虽单价不高，但由于每一条到终端的线路都要安装一个干扰器，92个终端总价不菲。（3）调整设备间布线为将原与其他网络设备在一个机柜内的涉密网设备调整到屏蔽机柜。但原有线路预留长度、设备间空间大小等有要求，原有设备间在放置不同机柜后，基本没有操作空间。

第二种方案就是重新进行专线网综合布线，分开网络设备。这里有个问题：重新布线选择屏蔽双绞线还是光纤。选择屏蔽双绞线则设备间至用户端的所有布线要与原线路走不同桥架，且保持安全距离，设备间同样面临方案一中的问题，两者区别仅在新线路铺设与线路干扰器的成本比较，总体来说费用相差不大；选择全光纤则不用考虑与原有线路的安全距离，设备间无网络设备，可以集中布线，但原有网络设备和网络终端（如计算机）一般都不支持光纤传输，需要增加光电转换模块（光模块、光网卡等），转换模块数量大、单价高，总改造成本也不菲。

光纤布线主要设备成本大约如下（单位：元）：

设备名称	单价	个数	总价	合计
48口光纤交换机	8000	2	16000	154000
光模块	1200	92	110400	
光网卡	300	92	27600	

对于现状，我院综合分析上述两种方案后，认为存在的主要问题是：1.设备间过小导致无法在分开放置普通机柜情况下又保持安全距

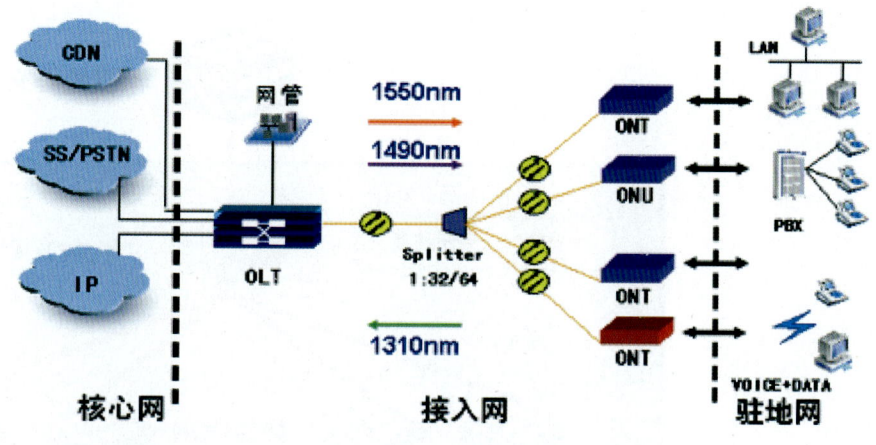

>>1 GPON 网络示意图

离；2.关键部件数量大且单价贵，导致整体改造成本大。那有没有更好的方案呢？我院转变思路，在新技术上找方法，最后认为利用 GPON 技术组网是检察机关内部网络涉密改造的好方法。

三、GPON 技术

GPON（Gigabit-Capable Passive Optical Network），译为千兆无源光网络，是一种基于 ITU-TG.984.x 标准的新一代宽带无源光综合接入标准，在一定意义上可以取代传统的 ADSL 和宽带接入。

1.GPON 组成

一个千兆无源光网络结构主要由 OLT（光线路终端）、ODN（光配线网络）、ONU（光网络单元）和 ONT（光网络设备）等组成：

（1）OLT：为接入网提供网络侧与核心网之间的接口，是光网络中的核心功能设备，具有集中带宽分配、控制各 ONU、实时监控、运行维护管理系统的功能。

（2）ODN：一般由光纤和无源分光器组成，为 OLT 和 ONU 间提供光传输手段，完成光信号的分配，支持的分配比为 1：16/32/64。

（3）ONU：光网络中的用户端设备，为接入网提供用户侧的接口，向相连的用户提供各种宽带服务，受 OLT 集中控制。

（4）ONT：也是光网络中的用户端设备，严格来说属于 ONU 的一部分，两者区别在于 ONT 直接位于用户端，而 ONU 到用户中间还可能有其他网，如以太网，如图 >>1。

2.GPON 技术具有以下优势：

（1）带宽速率高：下行速率

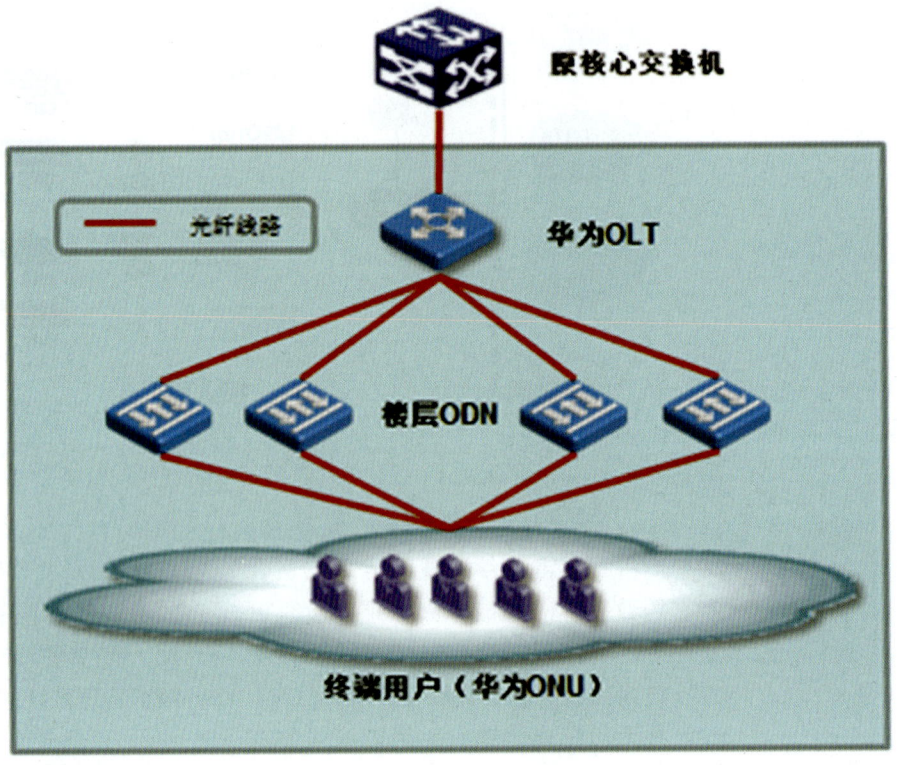

>>2

高达 2.488Gbps，上行速率则为 1.244Gbps，能满足检察涉密网络较长时间内的业务需求。

（2）覆盖距离远：支持最大物理距离为 20 千米。

（3）支持多业务及 QoS：能够同时承载 ATM 信元和（或）GEM 帧，支持 QoS 保证线路接入稳定。

（4）保密性能好：光纤传输无电磁泄漏，难以被窃听和截获，同时抗干扰能力强。

（5）单纤接入：使用单根光纤就能满足用户端的接入需求，建设成本低。

（6）无源接入：ODN 所需设备均为光无源器件，无需独立设备间和电源，节能。

四、基于 GPON 技术的改造方案

基于 GPON 的上述特点和优势，我院认为利用 GPON 技术进行涉密网改造是完全可行的，且对比备选方案具有网络速度高、设备投入费用低、布线简洁、管理方便、系统运行节能等综合优势，尤其是用户点位更多的情况下，这种优势将更明显。

主要设备成本大约如下（单位：元）：

设备名称	单价	个数	总价	合计
OLT	1	1	25000	66000
光模块	1200	4	4800	
64路分光器	1000	4	4000	
ONU	350	92	32200	

本次改造后的网络拓扑图如图>>2。

如图>>2所示，核心交换机及以上为原有设备，架构保持不变，其下联网络变成新的GPON网络。其物理组成为：1个OLT（华为某型，带1块8口PON板，每口可支持一个64路分光器，最大支持256路）用于上联原核心交换机，下联一根12芯光纤到到同在中心机房的4个64路分光器（楼层ODN，可最大扩容至256个用户点），后每个分光器各引4芯光纤到各涉密终端所在办公室的ONU（华为某型）。中心机房独立机柜放置OLT、分光器，并与其他的网络设备保持安全距离，集中布线与管理。

五、改造经验总结

当然，作为一种新的网络构建技术，除运营商外，一般单位内部部署GPON网络的还不多，因此，面临着设备的可选性少、运维的经验不足及ONU外放不够美观等问题。但通过本次改造建设，我们认为，我院基于GPON技术的涉密网络改造方案，能以较低的建设成本，既满足检察机关分级保护建设中的电磁泄漏发射防护措施要求，又满足检察机关当前和今后一段时间各信息系统对网络速度的要求，可以说是给其他需要改造或新建涉密网络的兄弟院提供了一个不错的成功案例和选择。▲

笔迹的心理分析

文 | 最高人民检察院技术信息研究中心　周颂东

笔迹的心理分析是应用心理学的一种，它是通过对书写字迹的全面观察和深入研究，做出书写者智力、情感、道德、社会能力等心理特征分析的一项专门技术。在欧美国家和以色列，研究笔迹分析的专门学问——笔迹学，已被看作心理学的一个合法分支而被普遍传授于各高等院校。在纽约的公共图书馆内，有关笔迹学方面的著作已达四百多种。目前，美国大约有3000家公司将笔迹分析用于各种事务上，联邦德国80%的商行、瑞士和以色列50%的公司都是通过笔迹分析来选择雇员。一些国家的情报部门和警察机关更有专门的笔迹分析处，用来解决各种特工事务和打击犯罪。

笔迹为什么有这样广泛的应用价值？为何通过笔迹能探测到人内心的秘密？

一、心手相通，笔迹就是脑迹

清代医家陈修圆认为，人体五脏六腑，由其心和大脑与手相应。所以人的心理活动、内脏的盛衰，都可由手表现出来，也就是心手相通。现代的科学观点认为，人类的大脑与双手息息相关，手部活动是人体最复杂的活动，脑部活动大部分为手而设，手能通过许多方式反映人内心世界的活动状况。书写便是手、脑联合的产物。从这一角度学者们普遍认为，笔迹就是脑迹，字迹是大脑的书写。书写运动的自动化是人无意识思想的一种外在表现。人在书写时，与其说手在写，不如说是大脑在写。指尖的各种形式只不过是人内心世界在无意识下的一种不加修饰的流露，是被传递到手指上的无意识思想。就像指纹能够证明一个人的个体特征一样，写字时的每一笔每一画都能反映出这个书写人独特的个性。学者们确信，在地球上不可能存在书写特征完全一致的两个人。书写运动像人体语言一样，是一个人个性、气质和内心世界的自然流露。所以说，通过笔迹可以挖掘一个人的内心世界。

笔迹分析目前在欧美国家非常盛行，它的理论体系已日臻成熟。当然这种成熟有着它坚实的根基和悠久的历史渊源。

二、笔迹分析的渊源

笔迹分析是一门古老的学问，在我国西汉末期，文学家、易理学家杨雄就指出："书，心画也，心画形而人之邪正分焉。"即通过一个人的笔迹，可以知道他品德的优劣和心地的善恶。唐朝著名书法家孙过庭认为书法可以"达其性情，形其哀乐"。清代文学家刘熙载在《艺概》中说得更具体："书，如也，如其学、如其志、如其才，总之曰，如其人而已"，即"字如其人"，这是非常精辟的见解。相传有这样一个故事，一次，唐太宗临写书法大家虞世南的字，写"戬"字时，正好看见世南走来，便只写了"晋"，让世南补上"戈"字旁。第二天，太宗把字拿给魏徵看，想听听他的意见。魏徵看后说：圣上之作，惟"戈"法似世南，太宗听了，自叹与世南差的很远。其实，唐太宗根本不必为此叹息，因为每个人的笔迹都反映着自己的精神世界，一味去模仿他人，是很难学得像的。原因就在于别人的性格、气质怎么可能都学得来呢？"梅花易"的创始人、宋朝的大哲学家邵雍，可以说是我国古代的一位笔迹学家。他留下了一些笔迹方面的著作，对笔迹学有较大的贡献。他认为："字，心画也，笔划一成，分八卦之体围，定五行之贵贱，决平生之祸福，知目前之吉凶。"这一说法，虽有夸大其词的地方，但有一定的道理。

明末清初的著名医学家、书法大家傅山，在明朝灭亡后，一直隐居不出，以医术治病。据清代名人笔记记载："傅先生精通医学、博学多识，尤其擅长书法"。他大儿子也很擅长书法，并一直学习傅山的字体，达到了乱真的地步。一天，他的大儿子故意将自己所写的一幅字放在桌上，看其父能否辨识。傅山看到后，误认为是自己所写，暗暗吃惊道，笔力沮丧，中气已绝，莫非大去之日不远？心中非常不安。过了不久他的大儿子突然死了。悲伤之余，他又拿起那幅字仔细分析，才知道是自己的儿子所写，便叹息说，到底应在儿子身上了。他又拿了几篇儿子死前一两月所写的字，看后再次感叹道，神衰渐露，我老了，竟然大意，未细察之。这段记录虽然有些神秘，但仔细分析，一个医生兼书法家，根据医治病人的丰富经验，从一个人书写动作流畅、严谨、准确等程度的突然下降，判断出书写人身体机能发生了障碍，准确地预测了死亡，这是有一定科学道理的。

从以上，我们可以看出，中国古代的先哲们早已对笔迹有了较深的认识。遗憾的是，它没有能在近代进一步发展成为一门系统的学问。

在欧洲，西方学者们认为，公元四世纪阿力斯多德已开始考虑笔迹与性格的问题。第一位提出笔迹学的学者是意大利人巴尔蒂，他于1622年发表了《根据书写字迹判断人的性格》一文，但没有继续深入研究。直到19世纪，法国神父霍卡尔对笔迹的研究，引起了他的好友弗朗德然（神学院教师）的兴趣。在同一学院任教的米雄受弗朗德然的影响，对笔迹发生了极大的兴趣，开始研究笔迹。西方学者们认为，米雄是笔迹学的最主要创始人，是笔迹分析的奠基人。他经过多年研究，将书写中的各种现象做出了归纳，于1872年在巴黎正式出版了他的专著《笔迹学的体系》。

雅曼（法国人，1850-1940），被称为笔迹分析的第一位大师。他发展了米雄的理论，并使这种理论更规范和科学。他将笔迹分成7大类、175个小类。目前西方学者多采用这种分类进行笔迹分析。

普尔凡（瑞士人，1889-1958），人们称他为现代笔迹学的天才。他最大的贡献就是把弗洛伊德的精神分析理论采用空间的象征形式运用到了笔迹分析中。他把一个人书写的字母、单词划分成上、中、下、左、右五个区。他认为，字母、单词各区的大小比例、压力的变化、书写的方向、书写形式、速度等，反映了书写人的不同心里侧面。上区反映了人有意识的部分，象征理想、抱负；中区代表了自我在现实中的观念；下区反映着人无意识的部分，象征了人的本能；左区代表过去（象征母亲）；右区代表未来（象征父亲）。

还有一位比较典型的大师叫艾卡尔（德国人，？-1959），他的特点是只抓住"笔划"本身进行分析，而不考虑结构、布局等。他认为，书写的承受物（比如纸张）相对于书写人是外部世界，书写时书写者受此外界的影响，书写者自己是内部世界。书写时书写者施加对"外界"的影响。据此，他将笔划分成四种八类。（1）压力。把纸张看作是一个物质的障碍，书写的压力则代表面对这一障碍的态度。重压力笔划表明书写者与现实斗争，并影响外部世界；轻压力笔划反映了书写者尽量避免与现实接触，较脆弱，易受别人的影响。（2）光毛。把纸张看作是一个平面，笔划的光滑与粗糙代表面对这一平面的态度是接触感受还是不接触。光边笔划（6倍观察）表示书写者比较刻板、独立性强、原则性强；毛边笔划（6倍观察）反映书写者能积极与外界接触，属开放性格。（3）直曲。把纸张看作是一个地图，笔划的直曲表示书写者面对它，是看作直的还是弯曲的路。直笔划者反映了面对现实好斗，想直接达到目的，实现目标的特点；弯曲笔划则是在没有路的地方找自己的路，想象力发达、情感强烈，是理想主义者的反映。（4）快慢。把纸张看作是一个活动的空间，笔划的快慢则是面对这一空间反应、行动的快慢。快笔划是果断、有活力、理解力强的反映；慢笔划则表示书写者谨慎、犹豫、节制、内心冲突强烈。

以上几位大师，是欧洲笔迹学的开拓者。由于他们打下的坚实根基，才使今天欧美国家的笔迹学发展成一门较系统的学问。

三、笔迹特征的分类

在雅曼分类的基础上，目前欧美学者最常用的是将笔迹分成八大类特征，每大类中又有 20 左右个小类，下面只阐述每大类中有代表性的几种。

（一）压力。书写的压力反映了人精神和肉体的能量。

1. 重压力型，表明书写者生命力强、非常自信、内心紧张、专横、顽固。

2. 轻压力型，指所有的笔划压力都较轻。表明书写者敏感、神经质、主动性差、缺少勇气、缺乏抵抗力。

3. 痉挛型，指书写中压力突然发生变化。说明书写者有潜在的冲动性、性情急躁、易突然发怒。

4. 大头棒型，指收笔处压力变重，显得收笔笔划粗壮。反映书写者急躁、冲动、自信、有勇气，易把自己的意志强加于别人。

（二）形式。是指笔划之间的结构方式，它反映了书写者面对外部世界的态度。

1. 标准型，指书写认真，接近学生体。表明书写者办事认真、通情达理、纪律性强、比较现实、刻板。

2. 膨张型，指笔划、线条有过分的夸张和伸展。反映了书写人爱虚荣、虚张声势、干什么都想引起别人注意的心里特点。

另外还有简略型、获得型、清晰型、复杂型、花环型等。

（三）大小。书写的大小能反映自我意识的几个侧面。

1. 大字型，表示书写者情感强烈，善于表现自己、个性突出、自负、自我为中心、看问题不够客观。

2. 小字型，说明书写者精力集中、细致、谦虚、焦虑、自我压抑、内心孤独。

另外还有逐渐缩小型、节制型、上部延长型等。

（四）运动。指书写中速度和

压力的变化特点。

1.节奏型,指书写中轻重疾徐感很强。说明书写人办事有效率,有想象力和创造力,性格平衡。

2.静止型,指书写中基本没有快慢轻重的变化。这反映了书写者缺乏生机、重复性强、有惰性、缺乏创造力,但办事有条理、有规则。

另外,还有控制型、活力型、浮动型等。

(五)连续性。指书写中连笔的情况,他能反映思维与行为的协调性。

1.连笔型。笔划基本上是连笔书写,停笔少。表明书写人判断推理能力强、概括性好、有恒心。

2.并列型。笔划分开写,很少有连笔出现。反映书写人敏感、有分析能力、有创造能力、比较节制、独立性强。

另外,还有相撞型、分解型、分组连写型等。

(六)方向。书写的方向反映了书写者与社会的关系和本身的自主性,包括字母、单词、字行的倾斜方向三个方面。

1.左倾斜型,指字母、单词向左倾斜。表示书写者固执、不信任人、与人交往能力不强。

2.字行上倾型,是热情、有勇气、有抱负的体现。

3.字行下倾型,反映书写者悲观、失望、泄气、情绪低沉的心里特点。

(七)速度。书写的速度与书写人的理解力快慢有关。

1.缓慢型(很慢),反映书写者小心谨慎、遵章守纪、思维速度慢。

2.快速型,说明书写者观察能力、抽象概括能力强,反应快、善于行动,但没有恒心。

(八)布局。文字的布局反映了书写者面对外部世界的态度和占有方式,包括笔划、字词间距、行距、页边空白等几个方面。

在页边空白中,如果左边空白留的少,右边空白留的多(整篇字向左边靠),反映出书写者留恋过去、无冒险精神和追求安全感及对未来勇气不足的心里特征。

如果左边空白留的多、右边空白留的少(整篇字向右边靠),表明书写者对过去不留恋,向往未来,并有勇气面对未来。

第二次世界大战期间,一位犹太人学者在集中营里发现,越来越多书写人的整篇笔迹都逐渐向左边靠,左边的空白越来越少,右边的空白越留越大。这是被关在集中营里的犹太人在无意识中逐渐形成的。这一现象很明确地反映了他们的精神心理状态。他们对未来已逐渐不抱任何幻想，因为面对的未来是死亡，所以不敢去想，他们的思想中只有过去，在回忆美好的过去中延续着生命。

除以上八大类特征外，还有标点、自由符号和签名特点可运用到分析中去。另外，西方学者还把一些心理学大师的理论运用到了笔迹分析学中。运用弗洛伊德本我、自我、超我的理论，就有本我在书写中的表现、自我在书写中的表现和超我在书写中的表现，共三大类十多个小类特征。运用荣格的性格心理学说理论，将内向和外向性格的笔迹特点分别归类，也可以运用到分析中去。

笔迹学家依据以上类别对一个人的笔迹进行全面分析，分析时先找出书写者最明显的一些特征，并分别加以归纳。如将反映情感的特征归纳在一起，将反映能力的特征归纳在一起……然后，把各类书写特征反映的心理现象罗列出来，并将相互矛盾的心理现象依据书写特征的强弱程度加以削弱。经过综合分析后描述出书写者的心理肖像。

笔迹分析体系的日臻成熟和理论的日益完善，已使笔迹分析的触角伸向了现实生活的各个领域，它的实用价值得到了很多国家社会各界的普遍承认。

四、笔迹分析的现状

目前，欧洲一些国家已相继在一些大学设立了笔迹学专业，甚至成立了专门的院校。像法国的马塞第二大学、德国的波恩大学、瑞士苏黎世大学、英国笔迹学研究学院、比利时的心里笔迹学学院、笔迹学教育学院、意大利的莫海蒂笔迹学院、乌尔比诺大学高等笔迹研究学院等等。

在这些国家，获得中学文凭的毕业生可进入大学学习三年笔迹学，毕业后，需再深造两年，才可得到官方正式承认，才有资格从事笔迹分析这项专门工作。他们可进入专门的职业性笔迹学研究所工作，或为大公司效力，或成为自由职业者，开设专门的笔迹分析诊所。在这些国家还有专门的笔迹学团体组织，像国际笔迹学会、欧洲笔迹学会。比利时、法国、英国、荷兰、意大利、美国等国家都有一些全国性的学术组织，像美国的国家笔迹学会、美国笔迹分析基金会等等。1990年元月，在比利时首都布鲁塞尔成立了世界第一家"国际汉字笔迹学科学研究所"。该所创始人梅娜斯夫人对汉字的独特表意结构和风姿多彩的汉字书法产生了极大兴趣，她的目标是挖掘汉字笔迹学的历史，将欧美成果移入汉字。西方学者已把目标对准汉字书写的心理研究。

在现实生活中，笔迹学家通过

笔迹主要可以分析出一个人的才智、情感、道德、能力等方面的情况，通过笔迹可分析出人的理解、表达、观察、分析归纳能力，交往、控制、适应、组织能力，一个人的意志、自尊心、勇气、活力、情绪的稳定性、个性的发展情况等许多方面。因此，笔迹分析作为一门应用学科，在就业指导、人事选拔、心理咨询等方面能够发挥它巨大的社会功用。

像一个面临职业选择的年轻人，对自己并不一定有非常清醒的认识，不是对自己估计过高，就是对自己的潜力认识不足，或是对自己的真正特长并不了解。笔迹学家通过分析他的笔迹，对他的性格、才干等做出客观分析，指出他今后从事什么工作最合适他的性格和能力，最有发展前途，这就是就业指导。而人事选拔，是指一些公司企业在招聘雇员时，首先通过笔迹分析做"诚实扫描"，以免"不诚实者"和"有潜在偷窃行为"的人进入公司；其次是通过分析，尽量让雇员的个性、才能与工作环境相匹配，从而充分发挥雇员的才干，提高了工作效率，同时又减少了雇员的"跳槽"率，也可能防止了意外事件的发生。如企业主利维森（以色列）非常信奉笔迹分析，求职的人都要接受笔迹分析。有一次，经朋友介绍他雇佣了一名私人司机，但他并不放心，请笔迹学家对司机作了笔迹分析，结论说这是一个粗枝大叶的鲁莽驾驶者，被解雇后不到一个月，这个司机就在一次交通事故中丧生。

笔迹分析不仅在就业指导和人事选拔方面有其应用价值。在打击犯罪和情报特工事务中也能发挥它的巨大作用。1990年，伊拉克在科威特边境陈兵10万，西方国家和科威特首脑都认为不可能动真格的。而以色列情报机关通过对伊拉克首脑萨达姆笔迹的分析，认为从行文布局、书写速度、压力的大小、运笔的走向等特点看，萨达姆性格古怪、心狠手辣，言必信、行必果，敢于草率做出任何重大决定。所以他们认为，萨达姆会发动向科威特的进攻。以色列报刊公布了这一分析结论，果不其然，不久伊拉克的军队就发起了向科威特的进攻，占领了科威特。

同样，在侦查破案中，能通过对犯罪人物证笔迹的分析，画出其心里肖像，对缩小嫌疑范围、确定侦查方向和重点嫌疑人有十分重要的价值。在审讯和预审前，如能通过笔迹分析先掌握被审人的个性心里及其特点，这对有效地揭露犯罪会起重要作用。▲

信息共享在监所检察中的应用*

信息共享机制改变了原有的人工数据选取、筛查模式,把检察干警从繁复的体力劳动中解放出来,将更多的精力放在对获取数据的分析、判断上,使监所检察工作从传统的监督模式向信息化管理的模式转变,变事后监督为事前监督。

文 | 天津市人民检察院 赵诗航
最高人民检察院技术信息研究中心 黄华
湖北省武汉市人民检察院 陈默

检察机关监所检察部门承担对刑罚执行和监管活动实行法律监督的重要职责。加强监所检察信息化建设,应用信息化手段强化业务管理,对于提高监所检察工作的效率,保证执法监督和办案工作的质量,更好地发挥监所检察维护监管秩序、维护刑罚执行公正、维护在押人员合法权益的职能作用具有重要的意义。

一、监所检察信息共享的意义

(一)监所检察信息共享可以有效提高监所检察工作效率

全国各地的监狱、看守所等监管场所,95%以上监管场所派有检察室,平均每个监管场所有2名检察官,在押人数较多的监狱、看守所平均有3-5名检察官。从现有的人员数量上来看,要完成四个办法中规定的工作难度很大。每天的检察日志、工作台账、常规检查、被监管人员的思想动态、监所内秩序、生活保障以及减刑、假释、监外执行是否合法、接受申诉控告并转交相关部门、对监外交付执行活动进行监督、社区矫正监督、创建规范检察室等,人力不够的现状和监督

---

* 国家科技支撑计划项目科技强检电子信息系统研发与示范
科技强检电子信息系统开发(2011BAK11B02)

工作的要求这对矛盾制约着派驻检察室工作的开展。由于监所检察部门的很多工作都需要与公安、司法、法院等机关按相关程序配合进行，因此传统手工的工作方法已经很难使监所部门有效发挥监督职能。实现与相关监管部门的信息共享，则可以大大提高工作效率，使监所监察部门的干警更好的开展工作，从而适应新时期的工作要求。

（二）监所检察信息共享可以为监督机关提供实时准确的监管人员信息

目前全国监管系统基本上实现数字化、网络化管理，全国很多地方的派驻检察室也已经和监管场所联网，并建立了相关监管人员的信息管理系统，用以提高工作效率加强监管。但仅仅联网，获取的信息是一个个点，不能实现分析和再利用，如果能将相关信息集中处理，将能发挥更大效能。监所部门的信息可以通过信息共享实时获得监管场所相关数据，在此基础上建立智能化的覆盖驻监所检察管理领域和动态采集、分析监督信息的监所检察监督平台。通过这个平台，将获取的信息进行采集、分类、分析、提示，真正成为驻所检察官的工作助手，相关数据还同步到本单位、上级单位和相关主管业务部门，供领导及时、准确地进行决策。

（三）监所检察信息共享可以有效加强对监管场所监督力度

由于以往对监管场所的监督手段比较有限，无法全面及时了解整体情况，不论是对在押人员的活动情况还是对监管干警的执法情况的检察，都存在不及时、不全面、不准确的问题。再加上监所人员不足，传统手工获取信息方式从根本上无法满足日常的场所监督需要，监所检察职能无法得到有效履行。而通过共享监管场所信息可以对于监管人员的情况进行有效监督。

（四）监所检察的信息共享可以实现监管信息的在线信息研判

在对信息资源全面采集的基础上，为使所采集的信息得到充分利用，使其发挥应有的监督功能，就必须对采集的信息进行研判，实现信息综合运用。将共享信息与检察业务系统相关数据上进行比对，设置监督的预告标识，并提示监所相关人员执行相应策略，实现对监管场所的实时监督，保障流程的动态监督。

二、监所检察信息共享应实现的功能

监所检察信息共享需要实现的功能，应以监所的信息化建设目标为基础，以监所职责作为依据。通过公安机关、司法部门等相关部门提供的共享数据，实现数据的进一步统计、分析，为检察监督工作提供依据。

（一）监所检察部门信息化工作的目标

首先，实现监所检察"四个办法"运行流程的规范。这是监所检察业务的基础所在。可以实现被监管人员信息的自动获取，法律文书表格的自动生成，对相关信息实现查询统计；

其次，实现上下级院间的数据传输。随着派驻检察室网络的开通，逐步实现各级单位间的数据共享，实现上下级院监所检察部门的备案督办信息的及时传递，上级院监所检察部门对下级院监所检察工作的实时监督和指导，减少重复录入；

再次，实现检察机关与执行机关和监管场所的数据交换。根据监所检察职责，监所部门应能实时获取被监管人员信息及其相关活动信息；

最后，实现刑罚执行和监管活动及监督工作信息的深层次利用。这是监所检察信息化建设的发展方向。如上级院对超期羁押和重大事故检察的实时监督和指导等。通过对大量的刑罚执行和监管活动及监督工作信息的综合分析，从中获取可以辅助领导决策和具体业务指导的信息，有利于提高工作效率，为上级领导提供决策支持。

（二）监所检察信息共享需要获取的信息

按照监所检察监督的分类，这种信息采集可分为驻所检察信息采集和监外执行检察信息采集。驻场所的检察部门主要包括监狱、看守所、未成年管教所等，监外执行检察主要包括监外执行、社区矫正等。其中监狱、社区矫正等的相关信息主要来源于司法部门，看守所、未成年管教所等相关信息主要来源于公安机关。

1. 驻所检察应获取的信息

监管场所主要包括监狱和看守所等羁押场所。其主要职责是对监狱、看守所（包括未成年犯管教所）执行刑罚活动是否合法实行监督。对监狱、看守所执行刑罚活动是否合法实行监督；对人民法院裁定减刑、假释活动是否合法实行监督；对监狱、看守所管理机关批准暂予监外执行活动是否合法实行监督；对刑罚执行和监管活动中发生的职务犯罪案件进行侦查，开展职务犯罪预防工作；对监狱侦查、看守所的罪犯又犯罪案件审查逮捕、审查起诉和出庭支持公诉，对监狱、看守所的立案、侦查活动和人民法院的审判活动是否合法实行监督；受理罪犯及其法定代理人、近亲属的控告、举报和申诉等。另外看守所还应对在押犯罪嫌疑人、被告人羁押期限是否合法实行监督；对被羁押人员留所服刑情况实行监督。

驻所检察信息采集是监所检察的基础。它的导向性直接涉及在押人员合法权益的维护，刑事诉讼活动的顺利进行，监管场所的稳定及职务犯罪预防。为此采集信息应当不留死角，为确保监所检察工作的正常开展，监所部门需要从监狱、看守所等监管场所获得如下信息：

（1）监所部门应当通过信息共享平台获得监狱、看守所的新羁押人员包括判决情况、罪名等的基本信息，收监入所（出监出所）的时间及收监入所（出监出所）检查情况、教育活动、收监入所（出监出所）材料等相关数据。基于以上共享信息自动生成《罪犯基本情况登记表》、《检察日志》的对应信息。对于出监出所人员自动生成《罪犯出监告知表》。

（2）对于在押人员应能及时获得其日常考核、奖惩、遵守制度等情况包括减刑假释的相关材料及时反馈给监所部门。驻监狱检察室收到监狱提请减刑、假释的材料后应当审查，并将审查情况填入（或导入）系统。系统自动生成《提请减刑（假释）审批表》和《提请减刑、假释不当情况审批表》。《减刑（假释）检察意见书》也可根据需要送达人民法院。收到监狱反馈意见后，将反馈意见填入系统，系统自动生成《提请假释情况登记表》、《提请减刑不当情况登记表》，系统自动送达受理案件人民法院的同级人民检察院监所检察部门的减刑假释检察模块，并提示送达情况。

（3）实时获取被监管人员的禁闭、戒具、教育活动的情况，并基于此共享信息生成《检察日志》。对于在监管活动中发现的问题和纠正违法，应通过信息共享平台及时反馈监管部门。

（4）驻看守所检察室及时从公安看守所信息系统导入在押人员留所服刑信息，并自动填入相应在押人员的《在押人员情况检察台账》。

2．监外执行检察应获取的相关信息

监外执行检察，是指人民检察院对公安机关对被管制、剥夺政治权利、缓刑、假释和暂予监外执行的判决、裁定和决定的执行活动是否合法，依法实行监督，也包括对人民法院、监狱、看守所的法律文书送达和罪犯交付执行是否合法，依法进行的监督。监外执行检察的职责是：对人民法院、监狱、看守所交付执行活动是否合法实行监督；对公安机关监督管理监外执行罪犯活动是否合法实行监督；对司法行政机关教育校正监外执行罪犯的活动进行监督；对公安机关、人民法院、监狱、看守所变更执行活动是否合法实行监督；对监外执行活动中发生的职务犯罪案件进行侦查，开展职务犯罪预防工作等监督职责。

（1）共享信息平台应能接收公诉部门传来被判处管制、缓刑、单处剥夺政治权利、法院决定暂予监外执行罪犯的信息，或自动接收派驻检察机构对出监、出所需要监外执行罪犯《监外执行罪犯出监（所）告知表》的信息，并自动生成《罪犯监外执行情况检察台账》。

（2）监外执行检察信息采集是监所检察向外延伸监督的重要内容，直接涉及监外执行罪犯的社区矫正、监外执行罪犯再犯罪以及指定居所监视居住的犯罪嫌疑人。为此采集信息应当包括监外执行罪犯的基本情况；罪犯及法律文书的交付；帮教组织的建立、帮教措施的落实，监管考察次数、脱管、漏控的时间、原因、收监执行条件、期限届满的处理等。其中社区矫正还包括对矫正人员的交付接收、监督管理、收监、解除矫正等执法环节的信息进行采集，通过信息共享可以直接实现网上监督。

（3）监所部门通过信息共享可以获取刑满释放人员社会适应性评估和罪犯刑满释放后重新犯罪危险性评估的信息，为社区防控对策的制定提供科学依据；还可以获取刑满释放人员的立体信息，为给被矫正人员量身定制针对性矫正措施提供信息支持。

三、监所检察信息共享中应遵循的原则

监所检察信息采集应本着全面、客观、真实、规范的原则，科目设置应当条目清晰，先简后繁，依照时间顺序先后排列，本着容易对比、网络查询方便的网络操作原则，以网络在线监督为目标，利用与公安联网的平台，实现信息关联，为实时报警，在线研判，实现基础管控的实时化、动态化和智能化打下基础。此外在与公安机关看守所、司法局等部门进行数据共享平台时，还应遵循一些基本原则：

（一）数据明确原则。看守所、监狱等监管场所基于保密、安全及不愿被监督等因素考虑，必然最大程度的减少能够共享的数据，因此在与相关部门协调初期，监所部门要对自己需要的数据进行需求分析、合理论证，保证向监管场所索取的数据是必要的，监所部门与其他单位间的信息共享应具有明确、合理的目的，不扩大收集和使用范围，不改变目的处理信息。这就要求在初期对需求进行合理的论证，明确哪些数据能够开放，哪些信息只有基于此原则才能保障各部门业务的正常开展，在实现信息共享的前提下，做到权责分明。

（二）数据安全原则。要采取必要的管理措施和技术手段，保障共享信息的安全。首先对共享数据应分清角色和权限，从而保证对相关数据的访问控制，加强数据安全管理。其次要保障工作需要的相关数据只能在最小范围内查询使用，防止信息越权滥用及外泄。

（三）合理加工原则。采集的数据还要继续分类、分析，但是对

于信息和数据的加工处理，应基于本单位新建数据源的基础上，也即只能通过本单位的系统对原始数据进行分析，而不应该对原有数据进行加工处理，从而保障原始数据的可追溯和可还原，保证原始数据的真实性和准确性。

（四）制度保障原则。对于共享的信息数据的提供部门和数据的采集部门都应有相关政策和制度的规定作为信息共享的依据。也即监所检察部门和看守所、监狱等监管场所均应制定数据信息共享的相关规定，来确保信息提供和信息采集的连续性、准确性和真实性。

（五）责任落实原则。明确共享信息处理过程中各个环节的责任，采取必要的措施和制度落实相关责任。对于共享信息的数据源应保障数据的及时准确。只有分清职责才能立足检察职能，强化监督配合，实现到位而不越位。

监管场所是社会管理的重要领域，监管活动是一种特殊的社会管理形式，监管质量的好坏、监管水平的高低直接影响着监管安全稳定。而信息共享机制的建立，使网络在线信息的警示监督作用得到最大限度的发挥，使监所检察监督的信息得到及时反馈，可使用在线联接等达到信息资源共享，使信息更快更直接的发挥效能。在拥有网络在线大容量、高质量基础源头信息的同时，及时正确的对各类信息进行研判，及时地掌握社会服刑人员监管情况，加强动态监督，推动社区矫正法律制度得到全面执行，促进社区矫正工作步入法制化、规范化管理轨道。同时建立常态的监督机制，实现定期通报，更好的发挥信息共享平台的作用。▲

【参考文献】

[1] 侯卫真. 政府信息共享机制. 中国电子政务发展报告（2010）[R]. 北京：社会文献出版社，2010.

[2] 田甜. 电子政务信息资源建设与共享中的隐私权保护研究 [J]. 郑州大学，2007.

[3] 孙树峰. 基于网络信息共享的案件处置与执法监督系统设计与应用 [J]. 武汉公安干部学院学报，2010.

[4] 白泉民. 监所检察四个办法 [M]. 北京：中国检察出版社，2008.

[5] 毛小莉. 网络化管理是实现监所检察动态监督的有效途径 [J]，山西省政法管理干部学院学报，2003(9).

[6] 徐海法. 监所检察网络化管理与动态监督 [J]. 人民检察，2002(6).

天津市东丽区人民检察院
创新技术 4S 理念，为案管工作提供坚强保障

天津市东丽区人民检察院技术科以案管中心建设为契机，以科技强检为目标，立足本岗、勇于创新，积极探索建立 service(服务)+ software(软件) + security（安全)+speed(速度) 的信息化建设理念，为执法办案工作提供坚强的技术保障，使检察科技充分运用到检察办公、办案工作中，节省工作时间，提高办案效率，取得良好效果，受到好评。

文 | 天津市东丽区人民检察院

一、Service，即以服务为先导，为案管工作提供全力支持

天津市东丽区院技术工作以服务一线、服务执法办案为中心，为一线排忧解难。特别是成立案件管理办公室以来，技术工作更是体现三个注重：一是注重前期调研。案管办作为检察对公工作的重要窗口，具有监督、管理、服务、参谋

等多项职能。故此，技术部门将服务好案件管理工作作为今年工作的重要内容。在案管办成立之初，便积极为其配备了台式计算机5台、笔记本1部、照相机1台、录音电话机1部等设备，进行安装调试，为案管工作的顺利开展奠定基础。二是注重同步服务。由于案件管理工作开展后，将法律文书管理、统计、律师阅卷等进行了规范管理，技术部门又主动进行跟踪服务，提供技术参数、确定供应商，为其配备购买了具有打印、复印、扫描功能的中彩一体机设备（ApeosPort-IV C5575）、碎纸机1台，安装统计软件，确保工作良性运转。三是注重发展谋划。全国检察机关统一业务应用系统于2013年底在全国检察系统中正式应用，为确保系统应用顺利，技术部门会同案管部门对于系统在全院各部门征求意见，并且提出电子印章管理归口等建议4条。同时更新办案部门台式电脑30台，笔记本10部，全面检修网络线路，为高检院软件运转提供良好运行环境。

二、Software，即以软件为支撑，为案管工作搭建科技平台

近年来，天津市东丽区院技术部门高度重视软件研发工作，向软件要质量、要效果，向科技要警力、要战斗力。在对于案件管理工作环节进行大量调研的基础上，为解决业务部门盖章工作量大、操作流程繁琐、用印不规范等问题，技术部门组织力量合作研发了一套完善的《电子签章应用系统》，系统设备具有三个特点。一是操作简洁。该系统界面友好，功能简洁，具有盖章、电子签名和防篡改验证等功能，只要控制签章服务器（装载软件的计算机）有权部门就可以对文件签章进行套印输出。二是质量效果好。中彩一体机输出稳定，节能环保，打印精度高，与普通印章相比，电子印章经打印输出具有清晰工整、规范、不溶于水、不易褪色等优点。三是配备刷卡打印系统。为达到安全高效管理，技术部门在打印机终端安装bear刷卡器，支持EM，HID，MIFARE格式，用户权限明晰，具有安全打印和后台日志管理功能，进行点对点使用，可以实现黑白彩色权限管控、双面打印管控和漫游打印，实现打印资源集约高效。

三、Security，即以安全为保障，为案管工作设立保险防线

为保障案管部门法律文书的安全性，天津市东丽区院采取"四保险"，即专机、密钥、密码、授权刷卡打印领取，加强对法律文书管理。"四保险"相互印证，构筑了法律文书管理安全体系。一是硬件配备"设隔离"。进行法律文书打印，需配备安装《签章系统》的专用计算机和签章密钥，其他安装《签章系统》的计算机因缺少签章密钥无法签章打印，做到了物理隔离。

二是前台使用"加密码"。专人使用的计算机设有六位的管理员密码，签章密钥也设有六位的使用密码，确保印章打印管理者的专门唯一。对于已加盖公章的文件，如再进行修改，印章将自动增加两道黑线而作废。打印时实施点对点打印，打印前系统记录用印人卡号，为使用的安全性又布置了一道防线。三是后台管理"有记录"。打印计算机具有安全打印和后台日志管理功能，管理员点击打印后，业务部门只有持认证卡刷卡并经与打印前系统记录的使用人卡号比对一致后才可提取打印其发送的法律文书，同时系统会在后台自动生成使用电子印章的法律文书名称、打印时间、提取人姓名等信息，以便对法律文书领取情况进行实时查询和有效监督。一旦出现问题，可以在第一时间确定责任人。

四、Speed，即以速度为检验，促进案管工作取得实效

技术部门与案管部门多次沟通，系统设计反复修改，目前由《签章系统》、高速打印设备、网络流转、安全"四保险"构成了案管工作管理高速通道。通过加强法律文书管理，为业务部门节省了办案时间，提高了工作效率。一是统一管理"减环节"。该设备与电子印章对法律文书从制作、输出、打印、签章形成了流水线型模式。案管工作人员对符合要求的法律文书统一编号并使用密钥加盖电子印章，进行打印后由办案人刷卡提取，减少了办案人到盖章部门审批登记和手动盖章的环节，节省了时间。二是网络流转"省时间"。所有文书全部实行网上审批、流转、打印，实现了网上办案，不需要办案人逐一找科长、主管领导，到案管部门审批，提高了办案效率。三是设备先进"效率高"。该系统设备应用智电技术，响应快速，能进行双面打印，打印机的首页输出为3.7秒，输出速度为50张/分钟。从打开密钥、加盖电子印章到打印仅用30秒，以前至少要在10分钟以上，仅公诉部门给起诉书盖章打印这一项就省去了内勤近50%的工作量。今年7月份应用以来，已打印文书123份，2310页，受到业务部门的一致好评。▲

工作视点 VISION

一体化：四川省检察机关司法会计工作的探索与实践

回顾检察机关司法会计工作几十年的发展历程，司法会计的发展始终与检察业务特别是各项办案工作紧密结合在一起，形成了彼此之间强烈的相互依存关系。

文 | 四川省人民检察院　廖学东

自上世纪80年代中期，最高人民检察院从适应当时反腐败斗争的实际需要出发，率先在全国各级政法部门设立司法会计专业门类以来，检察机关的司法会计工作，通过辅助侦查、文证审查、检验鉴定以及提供技术协助等方式，在各类检察业务案件的办理，特别是在大要案件、复杂疑难案件的办理，以及各项诉讼监督工作中发挥了不可替代的作用，作出了不可磨灭的贡献。经过几十年的实践和发展，检察机关司法会计的地位和作用不断加强，作为检察机关独具特色的技术门类，在国内司法鉴定领域已经成为一道亮丽的风景线。

回顾检察机关司法会计工作几十年的发展历程，司法会计的发展始终与检察业务特别是各项办案工作紧密结合在一起，形成了彼此之间强烈的相互依存关系。一方面，司法会计工作对于各项检察业务办案工作的指引作用越发突出，几乎涵盖主要检察业务的各个方面，在反贪、反渎、侦查监督、公诉、监所、控告申诉各条战线，无处不见司法会计人员辗转奔波的身影。另一方面，随着"两法"和新的刑事诉讼规则的实施，检察执法办案需求不断提高，同时也向司法会计工作提出了新的挑战和要求，这种挑战也正在演变成为一种危机。一定程度上来说，这种来自实践需要和业务需求根源上的危机，已经触及到司法会计的地位和未来的发展。我们能否通过必要的调整和改革创新，从专业理论上、工作思路上、运行机制上、保障措施上来进一步加强和改进司法会计工作，建立起符合检察业务工作发展需求、符合司法会计工作内在规律特点和发展方向的管理体制和运行机制，已然成为迫在眉睫的课题。

2003年8月以来，四川省检察机关为了有效整合司法会计资源，最大限度发挥司法会计职能作用，对司法会计工作一体化运作模式和管理机制进行了大胆探索改革。经过十余年的实践，基本形成了纵向指挥有力、横向协作紧密的以省院为龙头、分州市院为重心、基层院为基础的司法会计一体化工作格局。这种一体化格局的形成，有力地促进了全省司法会计工作的发展。

一、统筹规划，合理配置，调整部署司法会计工作总体布局

四川共有22个市（分、州）院、193个县级院。曾经一个时期，随着检察技术工作的推进，全省的司法会计工作也面临着许多困难和问题。特别是运行机制不通畅、工作模式老化、工作资源分散、整体效能不高的问题非常突出，不能及时、有效地为检察业务提供有力的技术支持和保障，在一定程度上影响了执法办案工作的及时性、准确性、合法性和公正性。

为了切实解决这些问题，省院党组决定在全国检察机关率先推行检察技术工作运行机制改革，出台了五项措施：

1. 统一鉴定权管理。司法会计鉴定权上提一级，由分州市院技术部门统一行使，在保留基层院司法会计人员鉴定权的同时，取消基层院技术机构鉴定权，但基层院已有技术机构一律予以保留、不得撤销。

2. 整合人力资源。分散于各个县级院的司法会计，除了择优充实到分州市院技术部门外，其余继续留在基层院的司法会计，明确其主要职责为负责案件文证审查、送检案件的初检和辅助办案工作，并接受分州市院技术部门的统一指挥、调控、管理和监督。

3. 优选专业人才。在检察技术工作布局和专业技术人员调整过程中，由分州市院根据需要统一确定和调配市、县检察院技术人员的编制数量，报省院审查并商省编办同意后执行。分州市院择优选配具有会计、审计专业学历的技术人员，以及长期从事司法会计工作、具有较高专业技术水平和办案经验的人员到分州市院技术部门工作。

4. 加强门类建设。规定分州市院技术部门必须设立和开展司法会计门类，并且至少要配备两名本科以上学历的司法会计，同时，要求县级院司法会计力量只能加强，不能削弱。

5. 完善硬件设施。规定基层与分州市两级院司法会计技术装备应保证司法会计基本手段的应用，达

到高检院和省院设备配置的标准和要求。

实践证明，四川省检察机关推进的"一体化"改革同中央、高检院关于司法鉴定体制改革的总体目标和要求是完全相适应的，同《全国人大常委会关于司法鉴定管理问题的决定》的精神也是完全一致的，为全省检察机关贯彻落实高检院"两个办法"、"一个规则"打下了良好的基础。

二、纵向整合，上下联动，倾力打造良性运转、收放自如的一体化办案工作模式

随着司法会计工作整体布局的确立，如何改变传统办案模式，最大限度地发挥司法会计服务法律监督的职能效用的问题，也就成为一个必须着力加以解决的问题。在深入分析全省司法会计工作现状和未来发展方向的基础上，省院确立了"立足省市院，辐射全地域，办案、指导、管理三者并重"的工作思路，以构建良性运转、收放自如的一体化办案工作机制为目标，着力改革自成一体、各自为战的陈旧办案模式。

首先，在办案程序管理上，继在省院及各分州市院成立以司法会计技术骨干为主体的专业指导组的基础上，我们通过建立以上为主、上下一体联动办案的一体化办案工作模式，不断强化省市两级院对所属地区司法会计工作的统一指挥、调控、管理、指导和监督职能，实行"一个为主、三个集中"。即：办理检验鉴定案件以省、市院为主体，按照层级受理的要求，由省院或分州市院集中统一受理、集中统一组织鉴定和集中统一出具鉴定意见，履行相应职责，承担相应责任。

其次，在鉴定力量组成上，采取"以上为主、上下结合、左右联动"的方式。即检验鉴定案件主要由省、市院鉴定人员承担，但委托院有鉴定权的司法会计必须进行初检并参与鉴定。必要时，由省、分州市院抽调所辖下级院司法会计组成办案组办理，重大疑难案件、会检案件、跨区域案件由省院提办或参办，或由省院协调组织相邻地区技术力量联合办理。省院和各分州市院在办案中，特别是在大要案件和重大疑难案件的检验鉴定中，充分发挥"上下一体、左右互助"联动办案的机制效能，成功办理了一大批在全国全省有影响、有震动的案件。如四川省遂宁市院在开展引导公安机关侦查取证的国内首例"以'空壳'公司兼并国有控股上市公司"的特大经济合同诈骗案件——深圳市明伦集团及公司董事长周益明等人诈骗上市公司"明星电力"资金4.8亿元人民币和1000万美元一案的过程中，为查清资金流向及过程，采取以省院组织、分州市院为主、市县两级院跨区域联动办案方式，抽调六名司法会计组成鉴定组，全

程介入侦查、公诉、审判各环节。通过鉴定，共出具24份760页的司法会计鉴定书，经庭审质证，鉴定意见作为主要证据全部为法庭采信，人民法院以合同诈骗罪终审判处深圳市明伦集团公司罚金5000万元，判处周益明无期徒刑、并处没收个人全部财产，其他几名涉案人员也被判处3-5年有期徒刑并各处罚金15-20万元。鉴定组被省院党组荣记集体三等功。中央电视台《新闻调查》栏目对此案进行了全面报道。

第三，在经费保障上，明文规定办理案件所需经费全部列入办案经费开支，确保司法会计办案经费。在经费使用上，对于联动办案中涉及的办案开支，如交通费、食宿费、通讯费等具体问题，一般采取"谁受益谁承担"原则，重大疑难案件、会检案件、跨区域案件由省院或分州市院提办，所需经费由省院或分州市院承担；经济条件较差的地区，实行"分州市院为主、合理分担"的原则解决，即抽调人员办案期间食宿、通讯等费用由分州市院统一解决，差旅费由所在院报销等办法予以解决。这些措施的推行，解决了长期困扰技术部门的"老大难"问题，确保了以上为主、上下一体联动办案工作机制的有效、良性运行。

三、横向整合，左右互动，全面构建检察技术部门与各检察业务部门之间协作配合长效机制

"一体化"改革之前，我省很多地区的司法会计工作与其他检察业务部门之间联系松散、协作不力，不能有效形成法律监督合力的问题比较突出。技术部门普遍存在"案源匮乏"、"等案上门，坐堂办案"等现象，对检察业务办案的支持和保障作用发挥不好；办案部门由于缺乏刚性要求，该送检（审）的不送检（审），以致直接影响到一些案件的质量和效果。如何有效发挥司法会计对检察业务办案的技术支持和智力支撑作用，实现部门之间的良性互动，成为改革必须着力解决的问题。为此，省院把理顺横向关系，建立司法会计与各个检察业务部门之间的协作配合长效机制作为"一体化"改革的重点，下大力加以推进。

一是准确定位，明确司法会计工作的指导思想。明确提出：司法会计工作是法律监督工作的重要组成部分，加强司法会计工作，是落实高检院检察工作主题和总体要求，提升检察工作科技含量的重要手段。明确要求全省检察技术部门必须牢固树立全局意识、主题意识、监督意识和服务意识，坚持"面向检察业务主战场、面向办案第一线、面向基层办案"的工作指导思想，下大力抓好司法会计工作，紧贴法律监督办案的需要，为加强和改进法律监督提供智力支持；切实加强与侦查监督、公诉、反贪、反渎、控申、监所、民行等部门的联系，凡是业务部门办案中涉及司法会计检验鉴定和文证审查的案件，都要经过检

察技术部门的审查和办理；认真研究证据规则，保证检验鉴定和文证审查的质量，努力提高证据的证明力。

二是建章立制，建立健全部门之间协作配合长效机制。我省在推进改革的过程中，从加强司法会计与其他检察业务部门的横向联系与协调出发，积极探索相互协作配合的长效机制，建立和完善了加强配合的有关制度。省院制定下发了《四川省检察机关检察技术部门与检察业务部门建立协作配合长效机制的暂行规定》、《四川省检察机关审查起诉刑事犯罪案件对技术性证据材料进行文证审查的规定（试行）》等许多有关的指导性文件。在此基础上，全省范围内掀起了探索协调配合新方式新途径的热潮，各地涌现出许多好的做法。如成都市院制定了《成都市人民检察院技术处联络员制度（试行）》，采取横向联系、双向交流的形式，增强技术部门与各检察业务部门的协调配合力度。泸州市院实行重点业务部门派驻联系制度，选派技术人员驻守办案第一线，为反贪侦查和诉讼监督提供面对面的技术支持，非常受业务部门的欢迎。

三是突出办案，着力凸现加强司法会计工作的实效。改革达成的一个基本共识是，任何时候，加强办案始终是司法会计工作的核心，也是一个好的机制发挥效能的载体。为此，全省检察技术部门采取多种方式，全方位、多层次拓展检察机关办理案件中司法会计手段的运用领域，始终把办案第一线作为工作的重点，采取提前介入、辅助侦查、参与审查等各种方式，力争多办案、办好案，特别是集中精力办理有影响有震动的案件，着力强化诉讼各环节的技术服务与监督，增强了司法会计工作的权威性和公信力。一是突出办理检察业务案件。检察业务办案数占办案总数的比重逐年增加，2002年为60%，2003年为82%，2004年为98%，2005年至今均达99%。二是注重办案的过程与效率。2005年至今，全省案件办结率均达100%，实现了办案零超期，杜绝了因司法会计鉴定久拖不决导致其他检察业务办案超期的问题发生。三是大力加强司法会计文证审查工作。坚持加强检验鉴定与文证审查并重，从司法会计角度有效地预防和杜绝了错案发生。

四、强化管理，落实责任，建立健全以鉴定人办案责任制为核心的案件质量保障体系

案件质量是司法会计工作的根本所在，也是司法会计工作一体化改革的重要目标。司法会计鉴定人作出独立、科学、客观、公正的鉴定意见，需要相应的机制制度安排和质量控制体系作保障，为此，必须着力构建司法会计案件质量保障体系。

一是围绕保证和提高司法会计检验鉴定案件质量、效率与效果这个目标，明确规定鉴定人权利、义务和责任，充分保障鉴定人的合法权利，不断强化鉴定人责任意识和质量意识。

二是严格落实检验鉴定案件"两人署名"和"检案复核"制度，进一步明确办案组内各鉴定人责任以及检案流程各环节相关人员责任，全面实施司法会计检验鉴定工作流程化管理。

三是着力健全案件质量检查评估体系，在省市两级院建立案件质量检查、备案审查、案件管理人、检验鉴定案件片区管理、检验鉴定意见受理回执和检验鉴定台账等制度，不断强化各项制度的保障与预警作用。

四是按照职能职责、人员素质、机构建设"三位一体"的要求，积极探索对办案程序、办案质量、办案效果进行追踪评估的途径、标准和方法，把技术人员办理检验鉴定案件的质量、效率和效果与年度考核、职务职级晋升和技术职称评聘等挂钩，建立起以绩效管理为核心的管理机制，促进队伍素质和管理水平的全面提高。十年来，四川省检察机关通过从5个分州市院逐步扩大到全省的鉴定人办案责任制试点工作实践，建立起协调一体、相互促进的以办案流程管理、案件质量评查、备案审查、错案责任追究等制度为保障的鉴定人办案责任制，形成了业务流程规范、监督制约严密的案件质量保障体系，实现了运行机制、办案模式和鉴定质量三者之间的有机统一，有效地推动了全省司法会计工作健康向前发展。▲

附：
四川省检察机关检察技术部门与检察部门建立协作配合长效机制的暂行规定

第一条 为进一步强化法律监督，充分发挥检察技术工作辅助侦查、配合审查、检验鉴定和技术支持的职能作用，确保案件质量，根据《中华人民共和国刑事诉讼法》、《中华人民共和国民事诉讼法》、《中华人民共和国行政诉讼法》、《人民检察院刑事诉讼规则》以及高检院、省院的有关规定，结合四川检察工作实际，制定本规定。

第二条 检察技术工作是运用现代科技手段收集、审查、鉴别证据，为检察执法办案提供智力支持和科学保障的一项专门性业务工作。各级检察机关检察技术部门与反贪污贿赂、反渎职侵权、侦查监督、公诉、控告检察、刑事申诉检察、监所检察、民事行政检察部门（以下统称检察业务部门）应当分工合作、相互协调，建立经常性的协作配合机制，切实保证检察技术工作进入办案业务流程。

第三条 检察工作中涉及的检验鉴定和对外委托鉴定事项，一律归口检察技术部门统一管理。

对于本院检察技术部门尚未开展的技术鉴定项目，由本院检察技术部门统一办理对外委托鉴定事宜；对于没有技术机构的检察院，应由案件承办部门逐级向上级院检察技术部门委托。

第四条 检察业务部门在办案中，对于涉及需要现场勘查、检验鉴定、文证审查的案件，应当及时委托检察技术部门办理。对应当进行勘验检查、检验鉴定、文证审查而未进行的案件，不得提交检察委员会讨论。

各级检察院检察长或检察委员会在研究和审批案件时，对应当进行勘验检查、检验鉴定、文证审查的案件，应责成案件承办部门委托检察技术部门办理。

第五条 检察技术部门要强化服务意识，检察业务部门要树立技术意识，相互之间应当建立案件情况通报制度、联席会议制度、联络员制度。

对可能涉及技术支持的案件，检察业务部门应当提前告知，以便检察技术部门及时派员介入。

联席会议原则上每年召开一次，也可不定期召开。日常工作联系由检察业务部门分别确定联络员具体负责。

第六条 检察业务部门遇有下列情形之一的，应当经分管副检察长批准后，及时通知检察技术部门派员参加或委托检察技术部门进行：

（一）在对案件的初查、侦查、申诉复查中，需要依靠检察技术手段发现案件线索，提供侦查方向，收集、固定或完善证据的；

（二）对已立案侦查的国家工作人员利用职务实施犯罪的案件和检察机关受理的其它案件中，涉及与案件有关的人身、尸体、物证、书证、财务会计资料和视听资料等专门性技术问题需要解决的；

（三）在审查民事行政申诉案件过程中，根据办案工作需要或者发现有国家工作人员职务犯罪线索时，为查明情况，需要进行技术鉴定的；

（四）各业务部门对收集的痕迹、物品、文件、财务会计资料等需要进行检验鉴定的；

（五）发生人身伤亡案件需要进行活体、尸体检验或剖验的，或者发生渎职侵权、贪污贿赂案件需要进行现场勘验的；

（六）需要参与公安机关重、特大案件现场勘验的；

（七）对公安机关出具的重、特大案件的现场勘验、检验鉴定结果必须进行重新勘验、检验鉴定或补充勘验、检验鉴定的；

（八）对公安机关出具一般案件的现场勘验、检验鉴定结果持有异议需要进行重新勘验、检验鉴定或补充勘验、检验鉴定的；

（九）进入人民监督员监督程序的案件，涉及专门性技术问题需要解决的；

（十）其它需要勘验、检验、鉴定或需要提供技术协助的。

第七条 检察业务部门遇有下列情形之一的，应当经分管副检察长批准后，送检察技术部门进行文证审查：

（一）审查批捕、起诉案件中存在疑问的技术性证据材料；

（二）审查起诉公安机关、国家安全机关以及检察机关直接受理侦查的案件，犯罪嫌疑人可能判处十年有期徒刑以上刑罚的严重刑事犯罪案件，对拟作为证据的检验鉴定文书及其他技术性证据材料；

（三）对刑事抗诉案件或死刑二审案件出庭前存在疑问的技术性证据材料；

（四）对于退回公安机关补充侦查或由人民检察院补充侦查的案件，其补充侦查中所收集的技术性证据材料；

（五）案件中仅一个专门性问题而有两个或两个以上技术性鉴定结论且相互之间存在矛盾难以认定的；

（六）仅依据单个技术性鉴定材料作为主要证据定案的；

（七）对控告、申诉案件中存在疑问的技术性证据材料；

（八）对监管场所保外就医或所外就医的审查中所涉及的医疗检验鉴定结论等技术性材料；

（九）人民代表大会及其常务委员会、上级检察机关或检察长交办的涉及技术性证据材料的案件；

（十）当事人及其法定代理人、近亲属或律师对技术性证据材料持有异议提出合理申请的；

（十一）其它进入检察机关办案程序的案件中存在疑问的技术性证据材料。

第八条 检察业务部门遇有下列情形之一的，可以将技术性证据材料送交检察技术部门进行文证审查或者商请检察技术部门派员参加：

（一）检察业务部门在办理案件中，对所涉及的技术性证据材料认为需要进行文证审查的；

（二）有关检察业务部门审查第二审人民法院决定开庭审理的公诉案件或者抗诉案件时，对案件中新涉及的或未作过文证审查的技术性证据材料认为需要作文证审查的；

（三）有关检察业务部门审查案件时，对于公安机关进行的勘验、检查需派员参加或自行重新勘验、检查的，可以商请检察技术部门派员参加；

（四）有关检察业务部门办理案件时，对视听资料或勘验、检查笔录存有疑问，而向有关人员询问该勘验、检查笔录或视听资料制作、获取情况时，可以商请检察技术部门派员参加，必要时可以委托检察技术部门对视听资料进行技术鉴定。

第九条 人民检察院在对监狱和其他执行机关执行刑罚活动是否合法实行监督中，遇有下列情形，应当分别处理：

（一）对于监所检察管辖的刑事案件的审查逮捕、审查起诉、抗诉所涉及的技术性证据材料的审查，参照本《规定》有关条款办理；

（二）监所检察部门在审查批准或决定暂予监外执行时，应当将有关医院出具的关于罪犯保外就医病情或者怀孕的化验单、检验报告、诊断书等证明文件，送检察技术部门审查；

（三）监所检察部门在办理监狱、看守所等监管场所内被监管人因病死亡案件中，对所涉及的有关死者的医疗诊断、病历、死亡证明等医疗文件有疑义的，应当提请检察技术部门进行审查，决定是否重新对死亡原因进行鉴定；

（四）对于监狱、看守所等监管场所内发生的被监管人非正常人身伤亡案件，监所检察部门受理后，应当依照《四川省人民检察院关于监管场所被监管人非正常死亡事故处理办法（试行）》的有关规定，及时通知检察技术部门。检察技术部门接到通知后，应当及时派员参与对人身或尸体进行检验或解剖，其后出具检验报告或鉴定结论；

（五）对罪犯保外就医病情的复查或对被监管人关押期间伤亡原因的检验鉴定，若担负该罪犯或被监管人所在监狱、看守所检察任务的人民检察院缺乏技术能力，可提请上一级院检察技术部门或委托具有鉴定权的医学机构或聘请具有鉴定资格的专门人员进行复查或检验鉴定。

第十条 监所检察部门在开展对劳教人员在劳教期间死亡、所外就医的法律监督中，对所涉及的技术性证据材料的审查，可参照本《规定》第九条第（二）、（三）、（四）、（五）项的规定办理。

第十一条 在办理审查逮捕案件时，犯罪嫌疑人已被拘留的，侦查监督部门在接到提请批准逮捕书、逮捕犯罪嫌疑人意见书或报请逮捕书后三日以内，可将认为需要作文证审查的技术性证据材料送交检察技术部门进行审查。

犯罪嫌疑人未被拘留的，侦查监督部门在接到提请批准逮捕书、逮捕犯罪嫌疑人意见书或报请逮捕书后七日以内，可将认为需要作文证审查的技术性证据材料送交检察技术部门进行审查。

检察技术部门一般应当自接到《委托文证审查书》后三日以内，出具审查意见。

第十二条 若审查逮捕案件情况紧急,且有其它证据证明有犯罪事实的,可将文证审查工作留在审查起诉阶段进行。但须在案卷中注明。

第十三条 办理移送审查起诉的案件,公诉部门在向人民法院提起公诉前,应当依照《四川省检察机关审查起诉刑事犯罪案件对技术性证据材料进行文证审查的规定(试行)》,将认为需要作文证审查的技术性证据材料送交检察技术部门进行审查。

检察技术部门一般应自接到《委托文证审查书》后七日以内,出具审查意见。

第十四条 对第二审人民法院决定开庭审理的刑事上诉案件或者提出抗诉的案件,在接到案卷材料起至出庭前,案件承办部门应当将认为需要作文证审查的技术性证据材料送交检察技术部门进行审查。

检察技术部门一般应在接到《委托文证审查书》后七日以内,出具审查意见。

第十五条 对依照审判监督程序提出抗诉的案件,办理抗诉的检察业务部门在提出抗诉前,应当将认为需要作文证审查的技术性证据材料送交检察技术部门进行审查。

检察技术部门一般应在接到《委托文证审查书》后七日以内,出具审查意见。

第十六条 文证审查原则上实行本级审查责任制。但确因技术能力或者设备条件限制不能出具审查意见的,应当经分管副检察长批准后报请上一级院检察技术部门办理。

下级院检察技术部门向上一级院检察技术部门报送文证审查案件,应当填写《委托文证审查书》,会同案件承办部门共同移送。

第十七条 公诉部门在审查本院侦查部门移送审查起诉的案件时,对案卷中由本院或上级院检察技术部门出具的技术性证据材料存在疑问的,可以要求本院或上级院检察技术部门进行复核、补充鉴定或重新鉴定。

第十八条 对于案件中所涉及的技术性证据材料,有关检察业务部门在必要时,可按委托检验鉴定程序,送检察技术部门进行重新鉴定或补充鉴定;检察技术部门应当受理,如不受理应当说明理由。

第十九条 检察业务部门委托检察技术部门进行勘验检查、检验鉴定、文证审查等,应当填写委托书连同相关材料移送检察技术部门。

第二十条 检察技术部门受理委托后,应当严格依照《四川省检察机关检察技术办案工作规程(试行)》规定的程序、时限进行,并出具相应的勘验报告、检验报告、鉴定书、文证审查意见书或分析意见书,连同送检、送审材料等一并发还委托部门。

委托部门应当将依据勘验检查、检验鉴定、文证审查结果对案件做出的处理决定,抄送检察技术部门存入工作卷。

第二十一条 检察技术鉴定权原则上由市以上检察院检察技术部门统一行使,县级院检察技术专业人员可从现场勘查、文证审查、送检案件的初检和辅助办案的角度为检察业务办案提供技术支持。

第二十二条 检察技术部门和检察业务部门在办案中未执行本规定,导致案件处理错误的,应当根据相关规定追究具体责任人的纪律或法律责任。

第二十三条 本规定有关用语的解释:

(一)"技术性证据材料"是指诉讼中为解决案件某些专门性技术问题,由专门鉴定机构内具有鉴定资格的人员或者受指派、聘请的有专门知识的人员,利用科学技术知识,对与案件有关的场所、物品、人身、尸体、文书、痕迹、物质及其它有关证据材料,进行勘验检查、文证审查或者检验鉴定所形成的记载其实施情况和结论的书面材料。

(二)"视听资料"是指以录音、录相、摄影、摄像或电子计算机以及其它科技设备与手段所反映的,记录或存储于磁性介质、感光材料等媒体上的声音、语言、图像、图片或电子数据资料等可视可闻性信息。载有视听资料的媒体一般有录音带、录相带、普通摄影感光片(纸)、特殊摄影感光片(纸)、磁盘、光盘等。

(三)"鉴定结论"是指受指派或聘请的具有鉴定资格的人员对案件中的专门性技术问题,进行鉴别判定后所作出的书面意见。

(四)"勘验检查笔录"特指在司法或侦查人员主持下,由具有专门知识的人对与案件有关的场所、物品、人身、尸体等进行勘验、检查时所作的文字、符号或图形记录的总称。

第二十四条 本规定自印发之日起施行,由省检察院负责解释。

第二十五条 本规定与以前省检察院下发的相关规定内容不一致的,以本规定为准。今后,高检院下发新的规定,内容不一致的,按高检院的规定执行。

电子数据证据审查

侦查机关通过挖掘电子数据信息,寻觅犯罪踪迹侦破案件,已逐渐成为办案常态,并成为当前公安机关追踪线索、突破案件的主要法宝之一。

文 | 上海市人民检察院 高峰

信息技术的飞速发展使人类社会离不开数字和网络,特别是数字化生活方式的实现,云计算、物联网等服务的广泛应用,逐渐形成了一个以计算机为枢纽、网络为平台、能够汇聚、分析和处理各类海量信息的数字空间领域,并影响着金融、科技、医疗、商业、军事、教育和行政管理等人类社会的方方面面。与此同时,刑事犯罪也毫不意外地渗入这个领域或在这个领域中不可避免地留下犯罪的数字痕迹。因此,侦查机关通过挖掘电子数据信息,寻觅犯罪踪迹侦破案件,已逐渐成为办案常态,并成为当前公安机关追踪线索、突破案件的主要法宝之一。据统计,2011年上海检察机关刑检部门共委托技术部门检验电子数据案件40件,2012年为86件,2013年为153件,同比分别增长1.15倍和77.9%。而电子数据所具有的诸多特性,给检察机关审查这一新类型证据带来了巨大的挑战。本文试着围绕公安机关电子数据取证的要求和原则,结合相关电子数据取证规范,就检察机关如何审查电子数据证据进行初步探讨,以供参考。

一、电子数据的证据形态和证据形式

2012年,电子数据写入了新《刑事诉讼法》,正式成为法定证据种类之一,而在办案实践中,这一虚拟证据以何种形态或方式加以固定、移送、使用或展现,是这一新类型证据运用的基础。

1.电子数据证据的定义。电子数据证据是可以用于证明案件事实的数据。因此,《人民检察院电子证据鉴定程序规则(试行)》将电子证据定义为:"电子证据是指由电子信息技术应用而出现的各种能够证明案件真实情况的材料及其派生物"。而《公安机关电子数据鉴定规则》则详细说明了"电子数据是指以数字化形式存储、处理、传输的数据"。

2.电子数据的证据形态。电子数据证据的核心是数据,需要借助于一定的载体(或设备)来存储、处理和传输。因此,办案实践中我们得到的往往是这些数据的直接存储介质或设备,即原始存储介质或设备。因技术或其他原因无法提取原始存储介质或设备的,侦查机关会利用专用软件或设备,通过安全的技术手段全面复制或部分复制所需的数据并固定存储于其他存储介质或设备之中,我们称之为备份存储介质或复制件。对于即难以提取又无法复制的电子数据,侦查部门会通过打印、照相、摄像等方式对数据所反映的内容进行固定,并以打印件、照片或录像等形式加以运用。所以电子数据证据的形态主要以实物为主,因此也有部门将其命名为"电子物证"。

3.电子数据的证据形式。新《刑事诉讼法》虽然明确了电子数据的这一证据形式,但电子数据所具有的无形性、隐蔽性、多样性和易篡改性等特点,需要借助一定的技术手段,如数据恢复、搜索定位或密码破解等方式获取并展现所需数据内容,而这一过程往往需要通过检验鉴定或勘验检查加以实现,且严格规范的勘查检验过程,是确保证据原始性、真实性和完整性以及取证过程科学性和规范性的有效保障。因此，电子数据鉴定意见和勘查笔录是主要的电子数据证据形式。

二、公安机关电子数据取证规范、方式和原则要求

公安机关收集电子数据的方法和要求，是证明电子数据证据真实性和完整性的重要保障，也是检察机关审查电子数据证据的重要依据。

1.公安机关电子数据取证规范。公安机关电子数据取证规范主要以网络安全保卫局（原公共信息网络安全监察局）于2005年制定的《计算机犯罪现场勘验与电子证据检查规则》和《公安机关电子数据鉴定规则》为主。新《刑事诉讼法》颁布施行后，各地公安机关如上海市公安局在上述规定的基础上统一制定并全局施行的《上海公安机关刑事案件电子数据取证工作暂行规定》，进一步强调了取证的规范性、明确了各部门的职责分工和细化了相关文书的制作要求，以提高电子数据的取证能力和取证质量。

2.公安机关电子数据取证方式。根据上述规定，公安机关电子数据取证方式主要有"检验鉴定"和"勘验检查"两大类，其中勘验检查分为"现场勘验检查"、"远程勘验"和"电子数据检查"。现场勘验检查是指在犯罪现场实施勘验，以提取、固定现场存留的与犯罪有关电子证据和其它相关证据。远程勘验是指通过网络对远程目标系统实施勘验，以提取、固定远程目标系统的状态和存留的电子数据。而电子证据检查是指检查已扣押、封存、固定的电子证据，以发现和提取与案件相关的线索和证据。因此，除鉴定文书外，公安机关移送的电子数据证据种类还包括现场勘验检查笔录、远程勘验笔录或电子数据检查笔录。

3.公安机关电子数据取证原则。为确保电子数据证据的原始性、真实性和完整性，公安机关电子数据取证规范始终贯穿着以下三条主要原则。一是保护原件原则。为尽可能减少和避免对电子数据原始存储介质或设备的操作，侦查人员根据规范应当首先制作复制件（或镜像），即使用专用设备或软件的只读接口读取原始存储介质或设备的全部数据，并复制于其他存储介质或设备中，随后的检验分析均在复制件（或镜像）上操作进行。二是固定封存原则。为确保电子数据不被篡改或灭失，公安部门制定了备份、封存和完整性校验三种固定电子数据的方式，并详细规定了固定、封存的要求和标准。三是记录监督原则。为确保取证过程的安全规范，所有固定、封存过程都需填写《固定电子证据清单》或《封存电子证据清单》，操作原始存储介质或设备需填写《原始证据使用记录》，提取电子数据需填写《提取电子数据清单》，操作的具体步骤和结果，使

用设备和软件的名称和型号及操作人员的姓名等都要详细记录，且重要的取证过程、关键操作步骤和取证结果需进行拍照或录像并编号封存，上述材料作为鉴定意见、勘验检查笔录的重要附件，是实现电子数据证据溯源的重要依据。

三、电子数据证据审查的要点

与传统证据审查相比，电子数据证据的客观性、关联性和合法性审查重点还在于取证过程是否规范性、取证方法是否科学性和取证内容是否全面，因此我们在审查电子数据证据时必须更为审慎。

1.电子数据证据的客观性审查。电子证据的客观性、真实性取决于两方面因素，一是电子设备或存储介质因计算误差、设备故障等原因使产生或保存的数据不能充分、准确反映有关事实情况。二是因人为等外来因素造成的数据破坏和丢失。因此，电子证据客观性审查的重点一是确认电子设备或存储介质的故障或误差对电子数据造成的影响，二是辨别和排除电子数据是否被篡改或删除的情况。对于侦查机关移送的电子数据证据，我们主要分为两个阶段审查，第一阶段为书面性审查，检察人员必须审查电子证据文书材料记录是否齐备，使用的操作检验方法是否科学，是否采用了相关技术标准（如国家标准、行业标准或实验室标准等），文书内容是否存在矛盾和不一致，运用的方法能否得出相应的结论或意见等。第二阶段为实质性审查，检察机关对于案件定性或量刑起关键作用的电子数据证据、承办人、犯罪嫌疑人或法定代理人等诉讼参与人提出异议的电子数据证据、与其他证据存在矛盾，或能够与其他证据相印证而有利于补强证据的电子数据证据，在客观条件允许的前提下，应当对电子数据证据进行实质性审查，即对证据实物进行检验，通过科学的方法，判断数据是否真实，有无剪裁、拼凑、伪造、篡改等，以确保证据的真实性和可靠性。

2.电子数据证据的关联性审查。审查电子数据证据的关联性，必须从以下几个方面入手：一是明确电子数据证据状态，提出的证据欲证明什么犯罪事实和情况，这是审查证据相关性的前提和基础；二是该事实是否为认定构成犯罪的实质性问题；三是所提出的证据对解决案件中的争议问题有无实质性的意义；四是证据所反映的事实，同有关书证、物证、证人证言等是否互相吻合，是否有矛盾。只有当对上述四个问题的回答都是肯定时，该电子数据证据才具备了关联性。对于电子数据证据相关性的审查，关键在于把握电子数据证据与事实的"连结点"，这就需要侦查人员全面收集与案件相关的电子数据。深入挖掘每份电子数据内含的证明信息。例如一个数码照片文件，除内含的图像信息外，还包括拍摄这张照片的相机品牌、型号、拍摄日期、光圈值、甚至拍摄地点的经纬度等附属信息，以及数码照片的存储地址等相关信息。这些信息很可能就是电子数据证据与代证事实的"连结点"，通过检查这些信息，不但能进一步了解客观事实，而且通过比对，能够判断证据的真伪，从而提高证据效力。

3.电子数据证据的合法性审查。程序审查是实体审查的前提和基础，而主体资格的审查又是程序审查的首要步骤。根据规定只有法定的专业人员才能进行电子数据的勘验和鉴定，且制作电子证据文书的主体也是特定的，因此检察人员应当首先审查文件制作的机关、机构或个人主体是否具备相应的资格。在取证程序上，检察人员应当根据《计算机犯罪现场勘验与电子证据检查规则》、《电子数据鉴定规则》等相关规定审查电子数据证据的收集、提取、固定、储存、传递等程序和环节是否合法、过程是否规范、是否遵循相应的原则，能够证明电子证据来源的《提取电子证据清单》、《固定电子证据清单》、《原始证据封存、使用记录》和相关操作记录等材料是否齐全、有无瑕疵，取证人、制作人、持有人、见证人等是否签名或者盖章确认等。

四、电子数据证据审查发现的问题

近年来，上海检察技术部门积极协助刑检部门开展电子数据证据的审查，取得了明显的成效。但同时也暴露出公安机关在取证工作中存在的一些问题和不足。

1.收集过程不规范导致证据的真实性受到质疑。根据公安机关《计算机犯罪现场勘验与电子证据检查规则》，电子数据证据的采集应当严格按规范进行，但部分办案人员未按相关规定取证，至使证据的真实性和完整性难以得到保证。例如在审理彭某某诈骗案中，公安机关移送的一份被告人与被害人之间的QQ聊天记录，是证实被告人虚构事实实施诈骗的关键证据，检察人员在审查被害人电脑时发现，由QQ通讯软件自动生成的QQ聊天记录文件早已灭失且无法恢复，而公安机关移送的聊天记录系被害人自行整理并打印提供，致使这份证据可信度受到极大地削弱。

2.电子证据取证不及时导致重要数据灭失。储存的电子数据具有易修改的特点，一旦案发，犯罪分子会通过各种方法迅速删除、破坏相关数据。因此，公安机关应当及时采取有效的措施，提取、固定电子数据证据。但审查中发现，部分侦查人员忽视了电子数据取证的及时性要求，造成电子数据证据被删除破坏。如在审查办理张某某等人开设网络赌场一案中，由于主要疑犯拒不供认，致使相关证据无法印证，因此，我们拟对疑犯使用的电脑进行审查，寻找能够证明疑犯赌博金额、利益分配情况的账号信息。但审查发现由于侦查人员未立即采取扣押封存的措施，致使涉案的8名疑犯所使用的13台电脑均被做过数据删除处理，虽然通过数据恢复找到部分含有账号信息的碎片，但大量涉案金额无法印证，对此案的定案案值和最终量刑产生了重大的影响。

3. 取证不全面导致影响证据的完整性。电子数据的取证要求是证据能够全面、客观地反映案件的实际情况，从而形成有效的证据锁链，重现或重构犯罪过程。但我们在审查中发现，由于一些侦查人员取证能力较弱，导致一些案件的电子数据证据的收集不全面。如我们办理的李某某盗窃一案中，侦查部门出具的电子数据《检查意见书》仅证实疑犯电脑含有"灰鸽子"病毒和记录有被害人网络银行账号和密码的文本文件，但这些证据无法证明整个犯罪过程，后由检察技术部门通过补充鉴定取得了其他关键证据，再现了犯罪全过程。

4. 固定保全措施不到位导致证据的证明力被削弱。我们在审查中发现，公安机关移送的电子数据存储介质或设备中，多未采取固定封存措施，且能够证明证据来源、形成时间、地点、制作人、制作过程及使用保管情况的《固定电子证据清单》、《提取电子证据清单》、《原始证据封存、使用记录》等记录材料基本没有或不全，从而无法形成有效的电子数据证据提取、固定、使用、保管和移送监督链，致使证据的真实性、原始性和完整性将受到质疑。

此外，我们在审查中发现部分侦查人员获取电子数据证据的意识不强。在办案工作中往往忽视了手机等通讯设备，一些重要信息没有得到应有的利用。如公诉部门在审理黄某某贩卖毒品案时，公安机关虽然从其身边查获了毒品，但黄的翻供及有罪供述同步录音录像资料的缺失，使黄的贩毒行为难以证实，幸好公诉人员及时发现并送检了黄被扣押的手机，通过技术鉴定恢复出多条涉毒交易短信，印证了黄以往的供述，后经法庭审理，黄某某被一审判处死刑，立即执行。

由于当前检察机关刑检部门对公安移送的电子数据证据基本以自行审查为主，委托技术部门审查的案件较少，但从技术人员审查实际情况来看，一些电子数据证据存在诸多问题和瑕疵，需要及时纠正和补充，而这些暴露出的问题可能仅仅是冰山的一角，因此，全面加强电子数据证据的审查显得尤为迫切和重要。▲

一起摹仿笔迹的鉴定

文 | 山东省青岛市人民检察院 苏茂生 徐博

2012年9月份，我处接到某检察院反渎局委托，鉴定一起摹仿笔迹案件。房管中心职员庄某，内外勾结，摹仿被害人签名，以民间借贷的名义，将一处房产同时抵押给多人，先后诈骗30余人，资金过亿，被害人集体上访，造成严重的社会影响，技术处接受委托，对有关文件上签名进行鉴定。

由于案件影响较大，使得鉴定比较谨慎，加上作案人书写水平比较高，在初检过程中，部分签名中未发现明显的摹仿迹象。在进一步检验过程中，发现其中部分签名有摹仿笔迹的特征，从而为整个鉴定打开了突破口。

一、停笔顿笔特征

作案人一边克服着自身书写习惯的影响，一边摹仿被害人签名，考虑如何行笔，这就造成了油墨的局部堆积，从整个字上看，局部笔画颜色粗重，这就留下了停顿的特征。

>>1 局部停顿，颜色加深

二、另起笔特征

由于作案人在摹仿时，单纯追求外形的相似，而忽略了笔画间的内在关联，这反映在笔画上，就表现为个别与周围笔画缺少照应关系，单独起笔，快写笔画周围出现慢写特征，表现突兀。

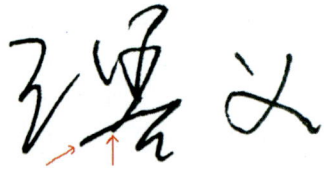

>>2 停笔之后另起笔

>>3 重新起笔，形快实慢

三、抖动弯曲，形快实慢特征

由于作案人在文件上签名，只有一次机会，心理上难免有波动，加上摹仿别人字迹时，一边书写，一边摹仿被害人行笔，注意力不能完全集中，反映在笔迹上，笔画边缘有锯齿状痕迹，不敢行笔，但出现快写的形态。

>>4 周忠瑞检材明显的断断续续，形快实慢特征

四、所摹仿的样本局限性

由于作案人不能广泛接触被害人的签名，只能按照一个时期，或者一个文件上的某一个签名进行摹仿，加上作案人追求形似的作案心理，这就使得摹仿出来的笔迹前后一致，类似于盗刻印章中，以某一时期印章为样本，把原本变化的特征固定了下来。

>>5 两个检材前后签名形态一致

这起案件中的摹仿签名，分别由数人完成，作案人书写水平有高低，但从心理方面考虑，行为人在作案时，难免不被法律震慑而有所顾虑，况且只有一次摹仿机会，同时又想达到作案目的，反映在笔迹上就会出现行笔不流畅，瞻前顾后，拖泥带水；从书写习惯方面考虑，克服着自身的书写习惯，摹仿别人签名，追求形似，注意力不能集中，这样形成的笔迹，缺少笔画间照应关系，不连贯，停笔顿笔，抖动弯曲，表现在字迹上，缺少整体感，局部笔画与周围笔画不协调。

在鉴定摹仿笔迹时，摹仿笔迹与真实笔迹"大同小异"，即在外形上并无大的区别，而仔细研究个别笔画，就会发现嫌疑人作案时因为心理起伏留下的蛛丝马迹，如果能抓住细节，仔细推敲这些细微差异形成的原因，就能以点带面，最终将难题迎刃而解。▲

攻坚克难
司法会计为诉讼监督提供技术支持

文 | 北京市人民检察院 朱红 王秋平

一、案情简介

被告人林某，在担任北京市湿雨建筑工程有限公司（以下简称湿雨公司）原法定代表人、董事长期间，利用职务便利，于2005年2月至4月，在其他股东不知情的情况下，个人决定向银行提供虚假工程合同、支付工程款申请等手续骗取银行同意，将湿雨公司贷款专用账户中3000多万元先后划入与该公司没有业务关系的五家公司，后陆续将其中的2000万元通过上述公司转入其本人任法定代表人或者控股、参股的三家公司（以下简称其个人公司）账户内，用于支付该三家公司的工程项目款及归还其个人欠款。

2005年1月，被告人林某利用职务便利、个人决定将湿雨公司基本账户内的资金500万元，通过银行转账方式，转入其个人证券账户，用于个人购买股票，从事营利活动。

二、受案原由

被告人林某涉嫌犯挪用资金罪于2006年9月4日被北京市公安局公共交通安全保卫分局立案侦查。2007年8月22日，密云县人民检察院经依法审查，以被告人林某挪用公司资金2500万元，数额巨大，其行为已构成挪用资金罪，向密云县人民法院提起公诉。2008年4月16日，密云县人民法院以证据不足、指控的犯罪不能成立，判决被告人林某无罪。

2008年4月22日，密云县人民检察院以一审判决确有错误，向北京市第二中级人民法院提出抗诉。北京市人民检察院第二分院支持抗诉。

二审庭审过程中，辩护人当庭

提供了湿雨公司收取旭日资金管理部（林某个人公司）款项的收据25张及收取林某现金的收据16张，涉及资金1.1亿多元，证明湿雨公司与林某个人及其个人公司在2003年和2004年期间存在债权债务往来关系，否定公诉人关于挪用资金罪名的指控。二分院办案人员委托我们查明湿雨公司是否欠林某及其个人公司借款1亿多元。

三、技术审查

（一）对送检案卷中财务会计资料的完整性充分性进行文证审查

经审查发现湿雨公司相关财务会计资料中只有零星不全的财务会计凭证，卷中记账凭证反映湿雨公司曾经收到和支付过其个人公司的款项，但是没有相关科目明细账。

（二）对送检案卷中某会计师事务所出具的湿雨公司2003年度、2004年度审计报告进行检验

经检验发现年度审计报告后附公司年度会计报表附注中反映：

1、2003年度湿雨公司股东为：林某持股80%，林某之妻肖某持股20%，实收资本合计5000万元，2004年度股东变更为：郭某持股40%，林某持股40%，肖某持股20%。

2、2003年湿雨公司与林某、肖某及林某个人公司之间有关联资金往来，分别在其他应收款、其他应付款项目计列。2004年湿雨公司其他应付款科目余额中含公司欠林某、肖某的借款。

（三）对送检案卷中湿雨公司收取旭日资金管理部款项的收据25张及收取林某现金的收据16张进行审查检验

经审查发现：第一，部分收据没有湿雨公司盖章，部分收据盖"转账付讫"、"现金付讫"章；第二，大部分收据有林某签字批准；第三，反映收旭日资金管理部款项的25张收据日期均为2004年度，涉及资金金额1亿余元，反映收林某款项的16张收据涉及金额1800多万元，其中2003年550万元，2004年1300多万元。

（四）通过技术审查我们明确该案现有财务会计资料存的情况：

1.上述检材能一定程度说明2003年和2004年湿雨公司与林某个人及其个人公司之间资金往来关系，但是辩护人提供的收据存在明显瑕疵，也缺乏相应的科目明细账、记账凭证进一步证实，因此对于辩护人根据上述收据做出的辩解无法进行确认或否决。

2.案卷中财务会计资料无法证实辩护人提供收据反映的资金往来情况是否属实，以及这些资金对于湿雨公司资金变动影响情况。

四、主要做法

通过对送检案卷的检验审查，我们明确了此案的财务会计问题关键节点在于：查明湿雨公司与林某及其个人控股参股公司公司之间债权债务情况。为此我们采取了如下做法：

（一）充分沟通，了解与委托事项相关的案情

在案件受理初期，我们与委托方（北京市人民检察院第二分院二审监督处办案人员）进行了充分的沟通。此案是二审抗诉案件，一审判决林某无罪，原公诉机关密云县人民检察院提出抗诉，北京市人民检察院第二分院经审查认为原审判决在认定事实、证据和适用法律上确有错误，支持抗诉。而案件关键事实部分涉及大量财务会计资料的查证补证，这既是一审判决无罪的原因，也是二审抗诉的关键。被告人被指控罪名为挪用资金罪，因此我们确定了开展司法会计工作的方向：一是涉及挪用资金罪的定性、挪用过程和资金去向，协助办案人员补充调取财务会计资料证据；二是在对财务会计资料查验中发现的问题及时反馈给办案人员；三是查找能够反映辩护人提出的反证证据41张收据的真实性的财务会计资料。

（二）初步审查，协助确定补充侦查的方向

经过技术审查我们协助办案人员确定了需要补充调取的财务会计资料证据的范围：

1. 补充调取相关银行对账单及相关原始交易单据。任何财务关系的确认都离不开资金变动情况的财务资料，原送检案卷中未将湿雨公司所有账户银行对账单及相关原始交易单据调取齐备，不利于对于其资金变动及持有情况的确认。因此要求委托方补充调取相关账户的银行对账单。

2. 补充调取现有卷宗中缺少的湿雨公司2003年、2004年所有明细账、现金、银行日记账及涉及林某、肖某及其个人公司与湿雨公司之间资金往来的记账凭证。

3. 补充调取现有案卷中缺少的林某个人公司相关财务会计资料。

（三）攻坚克难，及时调整司法会计技术协助对策

经过办案人员补充侦查，只调取了湿雨公司银行对账单，相关原始交易单据未能全部调取，并且湿雨公司及林某个人公司的相关财务会计资料已经无法找到，原侦查机关也没有再移送相关财务会计资料证据。如果缺乏这些财务会计资料证据，二审抗诉将面临和一审同样尴尬的局面：证据不足，疑罪从无，指控罪名无法成立。办案人员一筹莫展，求助于我们。

面对困境，我们没有放弃。我

们对现有案卷和补充调取的财务会计资料反复查验，经过反复分析、思谋，果断决定从案卷中2003年和2004年的审计报告的来源入手，要求办案人员补充调取会计师事务所审计工作底稿，从中查找相关财务会计资料证据。

（四）紧密配合，协助办案人员调取财务会计资料证据

由于办案人员对于审计工作不了解，对于会计专业知识缺乏，并且担心调取证据时有所遗漏，因此办案人员请求我们协助他们共同前往会计师事务所调取审计工作底稿及相关资料。在会计师事务所，我们协助办案人员调取了2003年和2004年度审计报告的全部工作档案，现场还协助办案人员对相关大额资金流动情况询问了事务所该项目审计人员。

（五）缜密排查，全面综合分析相关财务会计信息

我们对调取的所有财务会计资料进行了细致的审查、检验、分析：

1. 对比调取的审计报告的工作底稿与41张收据信息。

2003年和2004年度审计报告工作底稿中对于湿雨公司其他应付款、其他应收款科目的相关记账凭证进行了详细的记录，根据这些记录我们与辩护人提供的收据金额进行了核对，发现会计师事务所提供的工作记录中反映湿雨公司2003年2004年均有收取林某、肖某现金的记录，但是与林某提供的收据的金额对不上，而且工作底稿上没有记录收据日期。

2004年工作底稿中：其他应付款明细科目余额中反映公司欠林某、肖某资金合计600多万元，与林某提供收据金额1800多万元不一致；未发现与旭日资金管理部收据一一对应的信息，也未发现旭日资金管理部类似字样的二级科目。

2. 综合分析湿雨公司财务会计报表和审计报告的工作底稿信息。

（1）2003、2004年审计报告的工作底稿反映：①会计事务所对于其他应付款、其他应收款相关往来客户进行了函证，并附有函证结果书证。②所有负债科目明细中均未反映旭日资金管理部与湿雨公司存在未结款项。

（2）2004年湿雨公司现金流量表中反映借款收到现金9000多万元不足1亿元，且审计工作底稿、2004年会计报表附注反映负债类科目中期末余额最大（7000多万元）的客户（已经过函证）不是旭日资金管理部。

（六）科学客观，出具文证审查意见文书

经过对大量财务会计资料和书证的审查，前述41张收据的真实性

问题有了判断的基础。但是我们认为检材不够完善，毕竟原始的记账凭证，交易单据、明细账没有能够补充调取。因此我们没有出具检验鉴定意见，而是出具了文证审查意见文书。虽然这份文书不能起到直接证据的作用，但是由于其建立在经第三方会计师事务所审计的财务会计报表和工作底稿审查的基础上，因此只有推翻这些材料的客观性或对此作出合理合法的解释，辩护方的观点才可能确认。

（七）强化服务，为公诉人员出庭抗诉提供技术咨询

应办案人员要求，我们针对案卷中和后期补充调取的全部财务会计材料之间的关联性、财务会计信息的意义为其提供了专业技术咨询。庭审中办案人员运用我们提供的这份文证审查意见文书用于推翻被告人及辩护人提出的归还借款的辩解，被法院采纳，北京市第二中级法院终审判决"原审被告人林某犯挪用资金罪，判处有期徒刑七年"。

五、办案效果

从无罪判决到7年有罪判决，该案作为二审抗诉成功的典型案例入选北京市检察机关第三届诉讼监督"十大精品"案件。在该案抗诉过程中，司法会计技术支持为公诉人员的抗诉成功提供了关键性技术支持，强化了检察机关对侦查活动、审判活动的监督效果，实现了法律、经济、社会效果的有机统一，为首都的经济发展和社会和谐稳定作出了积极的贡献。承办人员在法院宣判后，特意打电话向我们表示感谢：你们的专业技术支持，保障了案件的顺利审判。

六、经验总结

通过此案的办理我们总结如下：

（一）司法会计人员与委托方应进行充分及时的双向沟通

此案成功办理得益于我们与委托方充分的沟通，委托方及时将调取证据的情况及时反馈给我们，以便我们针对检材情况调整司法会计对策。在我们协助办案人员调取审计工作底稿的过程中，我们及时将相关信息反馈给他们，以便他们现场有效地开展相关侦查活动。

（二）司法会计人员应具有攻坚克难的精神，敢于突破常规思路

曹建明检察长在有关讲话中指出"检察人员的职业素养和专业水平，直接关系到执法质量和公信力"。这也是要求我们检察机关的司法会计人员要不断提高自身技术能力，要在检察机关履行法律监督职能办理重大疑难案件时拿出过硬的技术服务办案。此案办理中我们在运用常规方法无法解决案件中技术问题时，克服困难，运用专业技术攻克难关，为案件抗诉提供了有力的技术支持。

（三）必须严格遵守两个证据《规定》的要求，保证司法会计工作的客观公正性

在开展司法会计工作的过程中，司法会计工作人员必须严格遵守两个证据《规定》的要求，注意检验过程的合法性、客观性。在此案的办理中，对于调取的所有检材我们严格审查其形式合法性、客观性，在检验过程中我们严格遵守人民检察院鉴定规则的相关规定，保证了司法会计工作开展的客观性、公正性。

（四）必须准确定位司法鉴定在案件办理中的位置，不要以鉴代侦、以鉴代审

司法会计开展检验鉴定工作出具检验鉴定意见只是案件办理证据链中的一环，不可能解决案件中全部问题，司法会计人员在开展工作中要保持客观态度，在检材不能满足鉴定要求时不要勉强出具鉴定意见。同时在解决专业问题时应根据检材情况灵活应对，可以根据实际情况部分地解决委托要求中提出的技术问题。此案的办理中我们没有按照办案人员的思路而刻意地证明林某有罪，而是从检材的实际情况出发出具了文证审查意见书，保证了司法会计技术支持的科学性、客观性。▲

96例重新鉴定后变更原鉴定意见案件的法医学分析

分析在法医学鉴定过程中出现错误的原因，并探讨与之相应的解决办法。

文 | 甘肃省人民检察院 刘嘉 张恒 毛蔚伟

在法医学司法鉴定工作中，经重新鉴定后变更原鉴定意见的案件时有出现，这不仅造成了鉴定资源的浪费，同时也不利于司法诉讼活动的公平进行。本文共收集甘肃省内96例经重新鉴定后变更原鉴定结论的案件，通过对其进行统计学分析以期寻找鉴定错误发生的原因及规律，为减少鉴定错误的发生提供一定的帮助。

一、材料与方法

（一）资料来源

全部资料均来自甘肃省内各级公安机关出具的法医学鉴定资料，共96例。送审的资料还包括有案情材料、病历资料、照片等。

（二）方法

将全部96例变更原鉴定意见的案件资料按照性别、年龄、损伤部位、致伤因素、鉴定错误原因进行分类，其中鉴定错误原因分为损伤疾病共存、条款引用不当、检验损伤不全和鉴定时间过早四项。用Excel建立数据库，采用SPSS16.0统计分析软件处理、分析数据。

二、结果

（一）一般资料统计

被鉴定人中男性77人，女性19人，男性人数与女性人数之比为4∶1。年龄跨度从7岁至63岁，平均年龄33.3岁。

组别	损伤疾病共存	条款引用不当	检验损伤不全	鉴定时间过早	合计	百分比（%）
钝器伤	31	18	20	12	81	84.4%
锐器伤	0	8	13	3	12	12.5%
化学性损伤	0	1	1	1	3	3.1%
合计	31	27	22	16	96	100%

表1 致伤因素与鉴定错误原因关系表

组别	颅脑	胸腹部	四肢或脊柱	脊髓或周围神经	面部	合计	百分比（%）
损伤疾病共存	12	11	4	3	1	31	32.3%
条款引用不当	10	3	2	4	8	27	28.1%
检验损伤不全	5	3	1	1	12	22	22.9%
鉴定时间过早	6	2	1	3	4	16	16.7%
合计	33	19	8	11	25	96	100%

表2 损伤部位与鉴定错误原因关系表

（二）致伤因素的统计

物理性损伤93例，化学性损伤3例，两者之比为31：1，其中物理性损伤中钝器伤81例，锐器伤12例，两者之比为6.8：1。

（三）伤者损伤部位

按损伤部位划分为颅脑、胸腹部、四肢或脊柱、脊髓或周围神经损伤及面部，其中颅脑损伤和面部损伤所占比例最高，分别为34.4%和26.0%。四肢或脊柱损伤所占的比例最低，为8.3%。

三、讨论

从统计结果可以看出，最易造成鉴定意见错误的是损伤和疾病共存的鉴定案件。本文中共有31例，占总数32.3%，且全部伴有钝器伤。分析原因认为，化学性损伤通常仅存在于体表，且有明显特异性，故不易与疾病混淆。造成神经损伤或内脏破裂的锐器伤也易从创的形态特征作出正确判断。易造成鉴别钝器伤与疾病间关系错误的原因主要有以下三点：首先，判断内脏损伤因钝性外力所致通常是根据体表相应部位是否遭受过外力打击，当打击不足以造成内部脏器或神经等损伤而该部位又患有某种疾病时，因鉴定人疏忽或能力等原因易将疾病与损伤相混淆，或者错误的判断二者之间存在因果关系。其次，在鉴定过程中没有分析原有疾病的影响因素，主要见于损伤加重病情和对疾病起到促发作用两种情况，例如，有文献报道，对暴力作用于腹部致腹腔脏器破裂，患有腹腔脏器疾病的是无病的3倍，因此在鉴定过程中应详细了解被鉴定人是否患有疾病及其病变程度。第三，鉴定人只注意原发性损伤而忽略了其与疾病之间存在的直接因果关系，亦会造成鉴定意见不客观。严重损伤有时也会造成机体病变，例如，有专家统计，严重创伤后5-7天最易出现重度感染。在实际检验鉴定过程中，

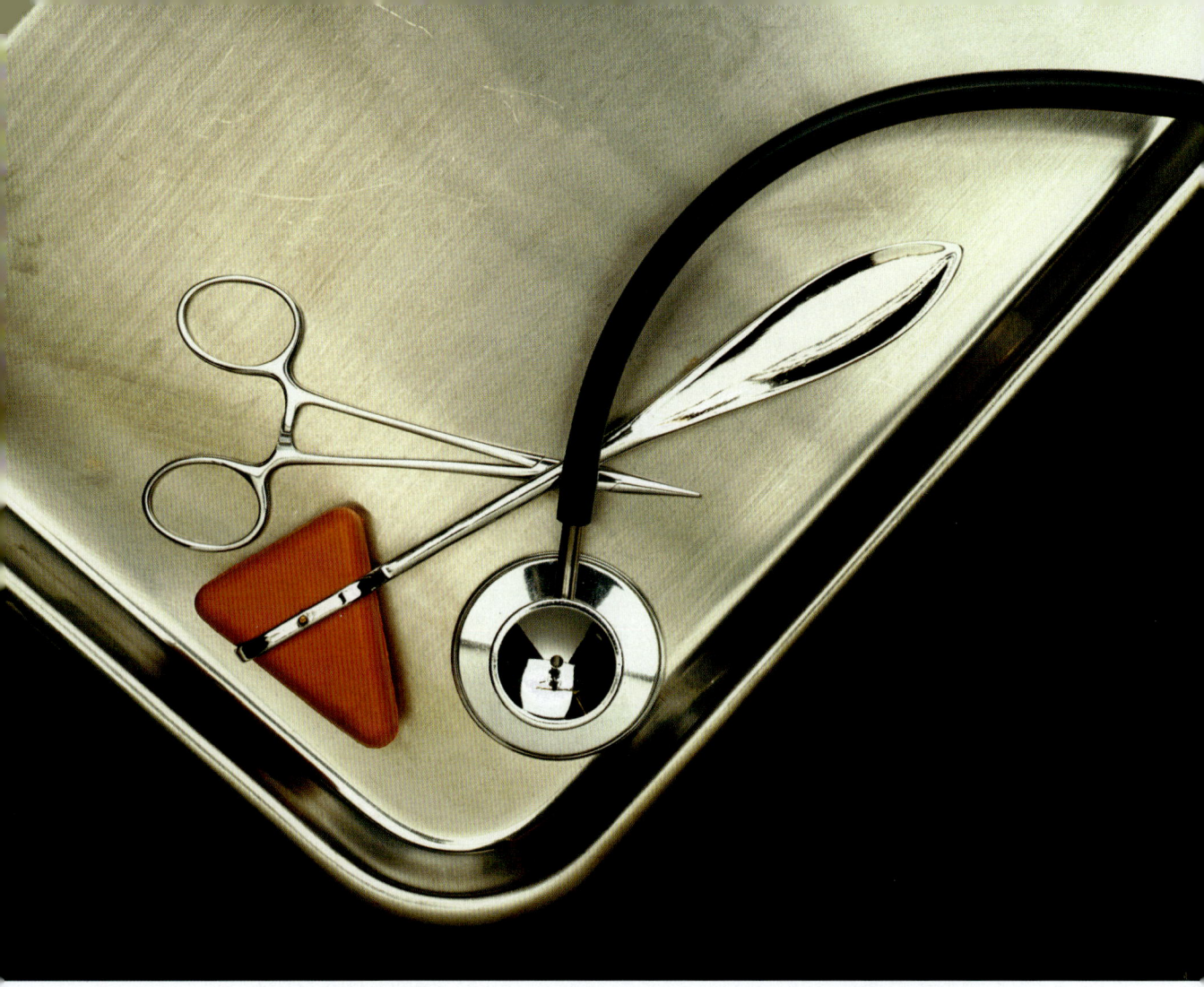

出现由损伤引发疾病的情况很可能会影响最终鉴定意见，而鉴定人对此的忽略或判断错误也是造成鉴定意见错误的一个重要原因。

鉴定条款引用不当造成鉴定错误的案件占总数的28.1%。主要原因为鉴定人缺乏对损伤的全面分析和综合评定，机械的套用评定标准。其次，避重就轻等错误观念也是造成条款引用不当的重要原因。

引用病历资料时应注意医疗水平的差异会造成不同原因医疗失当情况的存在，即使使用先进的检查设备也可能存在漏诊。在本文中对损伤检查不全面而造成鉴定意见错误的案件占到22.9%。因此，损伤评定过程中必须将鉴定人的检查结果与病历记载的伤情相印证，充分发挥法医学检验的主导作用，同时还应注意检验方法的科学性，切忌不加分析的引用病历资料。

本文中因鉴定时限把握不当影响鉴定意见准确性的占16.7%，且均为鉴定时间过早所致。鉴定时间过早会直接影响对瘢痕长度或面积的测量结果以及对神经、肌腱、各感觉器官的功能恢复等情况的评定，还可能会对致伤原因造成误判，常见的有对外伤后迟发性脑出血和迟发性脾破裂损伤原因的错误判断。鉴定时限的原则是伤者在治疗和恢复后伤情处于稳定，不需要再进行临床治疗。

按损伤部位统计，颅脑和面部损伤所占比例最大，共占60.4%。主要有以下两个原因：第一，颅脑和面部是损伤的多发部位，在鉴定实践中所占比例最高。第二，其自身复杂性也使其成为重新鉴定中出现争议的多发部位。故在涉及颅脑和面部损伤的鉴定时应予以特别重视。胸腹部、四肢或脊柱、脊髓或周围神经所占比例相对较低，造成原鉴定意见变更的多数情况多与分析损伤和疾病间的关系错误有关。

综合分析出现鉴定意见错误的原因，笔者认为，降低错误率应从以下两方面着手：第一，提高鉴定人的综合素质。首先，鉴定人应始终遵守在鉴定工作中的责任和义务，对损伤检查应作详细准确的记录，避免有所疏漏，并结合案情材料综合分析，同时坚持实事求是原则，排除外界因素干扰。其次，加强专项业务能力的培训，特别是对容易出现鉴定意见错误的情况进行分析和总结，以提高整体鉴定水平。第二，应制定严格合理的复核审查制度，从制度上保证鉴定意见的准确性。▲

【参考文献】

[1] Milzman DP.Pre-existing disease in trauma Patients: A predictor of fatal independent of age and injury severity score [J].The Tournal of Trauma. 1992.32(2):236.

[2] Papia.G,Mclellan BA.EL-Helou.P,et al.Infection in hospitalized trauma patients:incidence,risk factors,and complications[J].J Trauma,, 1999, 47(5):923-927.

[3] Witek-Janusek L,Stoddard J,Mathews HL.Trauma-induced immune dysfunction:a challenge for critical care [J].Dimens Crit Care Nurs, 1998, 17(4):187-199.

[4] Guo YD,Cai JF,Chang YF,Guan P,Wen JF Forensic analysis of 74 tumor related medical malpractice cases.Fa Yi Xue Za Zhi 2010 Jun,26(3):192-5.

[5] Chen T,Gu S,Han W,Zhang Q.The CT characteristics of orbital blowout fracture and its medicolegal expertise. J Forensic Leg Med. 2009 Jan,16(1):1-4.

[6] 蒋水成，雷振平，王立新.外伤性迟发性脑出血死亡1例[J].法医学杂志，2005，21(3).

[7] 丁志军.迟发性脾破裂诊治分析[J].中外医疗，2010, 29(18).

[8] Hureau J.Responsibility and deontology of the medicolegal expertise. Chirurgie.1996, 121(7):507-14.

运用电子数据 引导案件侦查
——上海铁路运输检察院查办吴某贪污案的主要做法

今年我院反贪部门运用电子数据引导案件侦查,成功查办了吴某贪污案。

文 | 上海铁路运输检察院 柳旦

置身于大数据时代,网络和通讯系统的发达给我们带来各种便利的同时,也为各类犯罪提供了新型工具。作为反贪侦查人员,我们深知"意识"是案件侦查的灵魂所在,新形势下反贪工作要转变侦查方式,就不能再固守过去"一张口、一支笔"的传统侦查方式和"由供到证"的办案模式,而是要紧跟时代发展的步伐,探索运用电子数据引导案件侦查,并以此作为初查工作的突破口。今年我院反贪部门运用电子数据引导案件侦查,成功查办了吴某贪污案,以下是我们的主要做法:

一、案情概况

犯罪嫌疑人吴某于 2008 年 7 月至案发时担任某公司运输服务部副经理的职位。一个正值事业上升期的有为青年,却在金钱面前丧失了人格,亲手葬送了大好前途和美满家庭。他利用主管本部门国际货运代理业务的职务便利,在 2011 年到 2012 年期间以业务需要公路短驳的名义,要求上海某国际物流有限公司、上海某国际货物运输代理有限公司等四家业务相关企业虚开、多开公路运输发票,票面金额共计人民币一百七十余万元,并通过以上四家企业把虚开、多开的金额套取现金后,部分据为己有,肆意挥霍,在 2011 年到 2012 年期间吴某共计侵吞公款达人民币五十余万元。

二、电子数据在职务犯罪侦查过程中的运用

1. 拓宽视野,淡化单一举报线索开展初查

2012 年 9 月我们院收到举报信,

反映 2007 年吴某调入外服公司后，利用职务上的便利，在与客户办理运输业务的过程中高价低发，通过岳父多次收受客户回扣，数额巨大。侦查人员在认真细致分析研判线索时认为，由于铁路系统的封闭性以及对于货运领域的垄断、车皮短缺等多种因素交织之下，铁路货运环节极易滋生腐败。因此初步判断该线索有一定的初查价值。但是在初查伊始，随着对吴某所在外服公司的外围调查不断深入，承办人员就发现该线索存在致命的缺陷，外服公司向客户收取的费用叫做包干费，包括了铁路运费、报关费、代理费、公路运输费等等内容。除了代理费之外其余的费用都是代收代付，而代理费一项的最低价格公司已有严格规定，这样就挤压了吴某对高价货物进行低价发运的操作空间。因此承办人员认为，吴某通过高价低发的方式进行受贿在理论上是难以成立的，这一线索无法继续侦查下去，案件的突破似乎进入了僵局。

但承办人员没有轻易放弃，经过对已掌握情况的梳理和分析，我们认为过分依赖举报信的思维将使案件侦破走进死胡同，因此决定淡化举报信中的内容，不再着眼于受贿犯罪的框架内，而是扩大范围，查找吴某在可能涉嫌的其他犯罪方面是否留有蛛丝马迹。经过对一段时间内吴某的通话记录、短信记录、QQ 聊天记录和网上银行交易记录等电子数据的提取和分类排查，几条接连发到吴某手机上的建设银行账户变动短信通知引起了我们的注意。

承办人员深挖吴某手机通讯记录中联系频繁的联络人，并与建设银行汇款人相互比对，发现几个通话频繁的联络人都是与外服公司有业务往来的货运公司负责人，而汇款的也正是这几家货运公司。而吴某收到汇款后又将部分大款项转账给了一个叫"小霞"的神秘女人。这些货运公司与吴某到底是什么关系？"小霞"又是谁，吴某为什么要汇钱给她？一个个疑问围绕在承办人员心头。

2. 双管齐下，围绕两个主要对象寻求突破

外服公司从事的国际铁路货运代理服务中，主要提供国际铁路货物联运、集装箱多式联运、铁路过境货物运输、铁路——海运联运等进口、出口运输代理业务的操作。业务特点是封闭、多次且每笔进行结算，吴某建设银行卡内的资金流向符合货运业务的结算方式，但从常理上将货物运输款打入业务员个人的银行卡明显有悖行业规范。承办人员决定先从神秘人物"小霞"着手进行突破，逐步厘清脉络。

我院承办人员首先对这个神秘女人展开外围调查，采集了小霞本人发布的微博信息和淘宝交易记录等电子数据，查明她是一家物流有限公司上海分公司的业务员，极度崇尚奢侈品，所使用的衣物、鞋包、化妆品等都是国际一流名牌，而且名下的轿车也是全进口主流品牌。她经常在淘宝网购买国外奢侈品，并将照片发布在微博上，以此来满

足自己的虚荣心。但小霞的家庭背景一般，本人的收入显然也无法负担如此高昂的日常生活开销，从逻辑上判断吴某的汇款是支持着小霞如此"肆无忌惮"开销的最主要因素，而两人之间的关系也在日趋深入的调查中慢慢明朗起来。吴某网上银行交易记录中有一条付款内容是"房租"，于是我们到银行调取收款方的身份信息和联系方式，走访这位收款人，发现他的确是吴某的房东，房东证实与吴某以夫妻名义共同居住的人正是小霞。加上此前我们从铁路互联网售票系统中查找到的二人经常共同乘坐高铁商务座往返外地的情况，吴某与小霞保持着不正当关系确凿无疑。经过层层抽丝剥茧，吴某的犯罪脉络逐渐清晰，他应当具有构成职务犯罪的嫌疑和作案动机。

鉴于铁路系统长年以来的特殊性、封闭性和独立性，如果按照传统的方式直接奔赴吴某所在单位开展调查，泄密的可能性很大，容易打草惊蛇。而铁检机关与涉案单位所在地的工商、税务等行政机关缺少联动协调机制，难以借力。如何采取更为隐蔽的侦查方式是确保该案最终能否立案的重要关键，为此，承办人员一方面在初查阶段中充分运用吴某过去在入党审查期间，单位同事肖某向组织上实名举报过吴某的个人生活作风问题引起整个单位较大反响的信息，虚张声势专门叫外服公司通知肖某来我院，从而麻痹和迷惑案件相关人员，以为检察机关只在调查其个人生活方面的问题。另一方面，在进行突破前夕，承办人员以有举报信反映单位有经济问题需要核实为幌子，在不明确具体对象、具体业务的前提下，到外服公司详细了解近两年来的所有客户单位及业务量的情况，并调取了相关资料，承办人员从中发现向吴某汇款的货运公司都是承包公路运输的企业。由于公路运输费用的结算方式是代收代付，外服公司在公司治理上又缺少相应的监督，给吴某留下了一定的操作空间，所以货运公司的汇款是行贿款的可能性不大，而套取公款的嫌疑最大。此时，新的问题摆在了承办人员面前：近两年来外服公司与货运企业的公路运输业务有几百笔，吴某通过哪些业务往来套取了公款？他究竟套取了多少公款，又是如何把账做平的？这些疑问的答案只有他自己知道。

3. 组合出击，运用三项电子数据铁证如山

现在的涉案主体有着年轻化的趋势，这类人群在日常工作生活中热衷通过微博、微信等网络方式沟通，并善于使用各类电子通讯设备、网银等简便、易捷、新潮的工具，而本案中吴某也才三十多岁，是否也会有上述共通的特点呢？带着这个疑问，承办人员通过渠道秘密收集了吴某的QQ聊天记录，经过梳理、比对和筛选，最终在聊天记录中查找到了重要的涉案证据——发送给货运公司如何开具发票的信息，其中包含了让业务员虚开发票套现的信息确认。问题在于QQ聊天工具上

面的名字都是化名，怎么把他们和汇款的货运企业一一对应起来呢？为此，在对主要涉案单位上海某物流公司取证过程中，承办人员加大了与法人代表韩某及财务人员的谈话力度和深度，终于证实了吴某如何通过QQ发给该公司如何开发票的指令记录，以及QQ聊天记录中化名者的真实身份正是上述人员。同时，承办人员不放过从外服公司调取的业务资料中的蛛丝马迹，最终发现了一个现象：几家货运公司给吴某的每一笔汇款金额都有零头，而他们开具的公路运输发票金额与QQ聊天记录惊人的吻合，而且货运公司的业务量与其汇款金额相比较，明显超过了利润。至此，一条通过虚开公路运输发票套取公款的脉络在承办人员面前清晰的展现了出来，吴某贪污的具体细节和金额最终确定。

在调取上述资料的第二天，我院随即组织全体反贪干警对案件进行突破，不给嫌疑对象反应和思考的时间，从而最大限度地防止吴某串供、毁灭、隐匿证据的可能性。为了尽快取得口供，突破时我们采取先易后难的战术，从吴某与小霞的不正当关系和异常经济往来入手，一开始巧舌如簧的犯罪嫌疑人还试图抵赖，直到我们出示了他与货运公司的QQ聊天记录、网银交易凭证和手机通讯记录后，他的心理防线瞬间崩溃，将侵吞公款的罪行和盘托出。

4.探索创新，采用四种固证手段转化证据

新《刑事诉讼法》把电子数据与视听资料列为法定证据类型之一，使其具有了独立的证据地位，这对反贪查案中证明犯罪、突破案件起到了积极作用。但侦查过程中收集到的电子数据并不必然转化成为电子证据，如何研判、解读电子数据，将其加以固定并强化其证明效力，是今后职务犯罪侦查案件取证工作新的趋势。在吴某案中，根据电子数据的不同类型，我院反贪局分别采取截屏保存、笔录固定、书证取代和数据恢复四种固证手段，强化了证明效力，为吴某贪污一案的顺利侦结起诉铺平了道路。

一是截屏保存，将吴某指令货运公司业务员开具发票的QQ聊天记录，通过电脑屏幕截屏的方法，以图片的形式保存，并由吴某和相关人员签字确认。为了增强这份证据的证明力，反贪局专门抽调了承办人员和技术部门干警共同对QQ聊天记录中所涉及的相关数字、日期等制作了电子表格以备后用。以此为突破口，承办人员最终确定了吴某每次进行物流运输中虚开的涉案款项，为全案最终犯罪事实的认定奠定了扎实的基础。

二是笔录固定，在对吴某进行突破时，当场扣押了他的智能手机，马上提取了他与货运公司业务员的通讯记录，通过出示包含汇款指令的短信内容交由当事人确认，随后以笔录的形式进一步强化了证据效力。在询问货运公司相关业务员时，承办人员将上述通讯内容再次确认，笔录之间相互印证，构成了吴某贪污罪行的证据锁链。

三是书证取代，对从吴某网上银行暂时获取的多笔可疑交易记录，通过另行开具协查银行存款单，用银行盖章提供的书面证据替代了原先获取的电子证据，有利地证实了吴某从关联货运公司处贪污公款，随即用于个人挥霍的整个过程。

四是数据恢复，将吴某的电脑硬盘进行封存，对他已经删除的电子数据进行技术恢复，承办人员通过筛选查找到一张名为"运输收入表"的表格，详细记载了吴某经手的每笔公路运输业务的费用组成，其中"集卡费"一栏正是他套取公款的金额明细，与货运公司开具的发票信息相吻合，成为吴某贪污罪行的关键证据之一。

三、办案中电子数据运用的五点启示

2013年，是铁路检察机关整体纳入国家司法体制进行属地化管理的开局之年，也是新《刑事诉讼法》实施的第一年，我们在吴某贪污一案的办理上开展了积极有效的探索和尝试，充分运用电子数据成功引导了职务犯罪案件的整个侦查过程。而该案的成功侦破也给我们带来了关于反贪侦查中运用电子数据的五点启示：

强化电子数据使用意识，转变侦查方式。侦查方式要适应时代的进步和犯罪手段的进化，大数据时代的反贪工作倒逼办案人员要将电子数据的使用提高到前所未有的高度上来。

遵循电子数据收集规律，把握最佳时机。收集电子数据力求及时主动，防止情况发生变化。与传统的证据类型相比，电子数据大多具有时效性的特征，因此，电子数据一经发现应当尽量即刻提取。

完善电子数据使用规范，加强制度建设。目前电子数据的使用面临着缺少收集、审查等制度层面规范的尴尬，极易造成电子数据收集不规范甚至违法，证明力也就无从谈起了。因此，在现行法律规范、理论的架构下，通过加强制度建设，自主完善电子证据收集、审查、运用规范，使电子数据成功过渡到电子证据，强化其证明力。

注重电子数据办案协作，构建配合机制。电子数据的收集具有一定的技术性要求，应当注重与技术部门的协调配合，引导和帮助侦查人员增强电子取证的意识和能力，才能达到主动、依法、有效地收集固定电子证据的效果。

更新办案人员技术培训，提高专业水平。电子信息技术的日新月异，相关的犯罪手法也是花样翻新，对于检察人员的技术水平提出了更大的挑战。我们应当不断更新办案人员有关计算机方面的知识培训，特别是加强对技术人员的计算机业务培训，以适应新时期检察业务工作的需要。（文中人物均为化名。）▲

大数据时代下的涉检网络舆情应对*

本文通过介绍大数据的相关概念和技术，以及分析目前检察系统网络舆情工作的现状，探讨如何在实践中运用大数据技术，包括云计算平台、分布式文件系统、分布式计算等解决涉检网络舆情的收集与分析工作，同时思考在检察系统的实际工作中大数据技术大规模应用可能出现的问题，初步提出解决这些问题的方法。

文 | 江西省萍乡市人民检察院　胡照
　　江西省萍乡市湘东区人民检察院　彭澍澍
　　广东省广州市人民检察院　汤珺

一、引言

随着互联网和信息行业的发展，"大数据"一词越来越多地被提及，人们用它来描述和定义信息爆炸时代产生的海量数据，并命名与之相关的信息技术发展与创新。今天，我国互联网正以庞大的体积规模和数据流，昂首迈入"大数据时代"。在网络舆情走势中，"大数据"因素的表现也极为突出。面对数亿网民和浩如烟海的网络言论，网络舆情的监测和分析越来越依赖舆情大数据分析技术与平台。作为国家法律监督机关的检察机关，如何在大数据时代中做好涉检网络舆情应对工作，是时下值得研究解决的一个重要课题。

二、大数据的概念和应用技术

（一）大数据的概念

大数据（big data），或称巨量资料，指的是所涉及的资料量规模巨大到无法透过目前主流软件工具，在合理时间内达到撷取、管理、处理、并整理成为帮助企业经营决策更积极目的的资讯。研究机构 Gartner 给出了这样的定义，"大数据"是需要新处理模式才能具有更强的决策力、洞察发现力和流程优化能力的海量、高增长率和多样化的信息资产。

---

*国家科技支撑计划项目科技强检电子信息系统研发与示范 科技强检电子信息系统开发（2011BAK11B02）

（二）大数据应用技术

大数据需要特殊的技术，以有效地处理大量的容忍经过时间内的数据。适用于大数据的技术，包括大规模并行处理数据库、数据挖掘电网、分布式文件系统、分布式数据库、云计算平台、互联网和可扩展的存储系统。目前，大数据的整个处理流程可以概括为四步，分别是采集、导入和预处理、统计和分析，最后是数据挖掘。在网络舆情应用领域，通过大数据技术的处理，能够对互联网（包括各大门户网站、搜索引擎、论坛、贴吧、微博等）海量信息的自动获取、自动聚类、主题检测、专题聚焦，实现网络舆情监测和热点事件专题追踪等需求，形成简报、分析报告等结果。

三、当前检察系统网络舆情监测的现状和问题

目前在检察系统，多数地方对于网络舆情的监控和分析大多依赖于设立专门的网络舆情监控小组，指定专门信息人员对网络数据进行人工收集、整理，形成分析报告。

从人工收集的广度和深度方面来说，对于现在以PB级计数的互联网数据流这样的人工劳动实在很难做到面面俱到，将所有涉检网络舆情数据全都囊括。加上人员劳作本身具有一定的偏好性、懈怠性，很可能漏掉一些最初看起来并不重要的网络舆情信息，而根据调查表明，当前80%的网络热点与政法有关，很多都是一些细小的案件，经过网络的发酵，随即就演变为震动各界的社会热点事件。

从时效性方面来说，对于当前这样一个微博、微视频、微消息泛滥的时代，不管什么事情从事发到全国皆知只需要以分钟计算，相比而言人工收集网络舆情的速度，尤其是完整分析舆情的速度在微时代中就显得很苍白无力。而这种状况造成的后果就是，由于处置相关事件、披露信息的滞后，使疑虑和矛盾迅速壮大，谣言四起、人心惶惶，严重的甚至会出现诸如瓮安事件、石首事件类似的街头骚乱。

在前几年，网络媒体远远不及今天发达，微博也还没有出世，传统的处置观点认为，官方处置突发事件的"黄金时间"是24小时，即在事发24小时内发布权威消息主导舆论是平息事件的关键。但是，随着新兴媒体特别是微博崛起、渗透并深刻参与到突发事件的发展过程，甚至直接推动和主导事件，传统的"黄金24小时"渐渐显得落伍了，逐渐出现"黄金4小时"、"黄金1小时"等观点。其实不管"黄金时间"是多长，强调的也就只有一个字：快！因为只有第一时间快速反应，发布信息，才能占据主动，避免流言，化解危机。大数据分析技术与平台在应对网络舆情的广度、深度和时间方面就具有处理数据量大、类型多、处理速度快的特点，具有传统网络舆情监控手段无法比拟的优势。

四、大数据技术在涉检网络舆情应用的前景和模式

（一）大数据技术在涉检网络舆情应用的前景

以微博为例，互联网数据中心（DCCI）《2012中国微博蓝皮书》显示，目前我国拥有3.27亿的微博用户，将近7成的微博用户仅拥有唯一账号，人均微博账号数1.45个，平均每天发表微博2.13条，转发3.12条。腾讯QQ用户超过7.8亿、QQ手机版用户超过3.8亿。据人民网舆情监测室统计，2012年反腐倡廉类舆情所占比例最大（28%），其次是社会民生类舆情事件（17%）和公共安全舆情事件（11%），其余较为平均地分散于文化教育、刑事案件、涉外、社会道德、食品卫生、环境保护等舆情事件中。与热点舆情话题相对应，2012年热点舆情部门和行业分布排名较为靠前的是公检法部门，党委、政府办和各级宣传部门，纪委监察部门，教育部门，人力与社会保障和组织部门，工商，环保，科技文化部门等。面对如此海量的数据，单靠检察系统内部增加软硬件设备进行处理几乎不可能实现，因此加快大数据技术在涉检网络舆情方面的应用，十分有必要。

未来，如果能在涉检网络舆情方面大规模运用大数据技术，将会带来很多好处。我们能够监测到的网络舆情范围将得到最大程度的扩展，舆情信息的丰富程度将大大增加，同时舆情的接收速度也将得到很大提高。而这种速度的提高意味着给我们检察系统的舆情工作人员的应对时间相应增加，时效性的增强在舆情工作方面的重要性不言而喻，只有第一时间的及时应对才能最有效的处理网络舆情，平息网络谣言。

（二）网络舆情云计算监测模式的运用

云计算是一种基于互联网的计算方式，通过这种方式，共享的软硬件资源和信息可以按需求提供给计算机和其他设备。网络舆情监测引入云计算方式，可有效解决监测网络单一、样本集合较小的问题，并可以充分利用低配置的硬件设备进行高效的数据运算。为实现良好的扩展性、可用性，对网络舆情云计算监测模式也提出了更高的要求，整个架构模式包括日志数据分布式获取、海量存储及分布式计算分析，主要分以下几个阶段：

1. 数据分布式收集阶段

由于云服务应用的多样化，一个服务器集群中往往存在着许多种应用服务，如何有效的收集各种应用的日志信息并把信息分门别类是我们首先要解决的问题。

在该模式运用中我们首先需要在各应用服务中安装"数据引入控制系统"的"Agent代理"模块，并根据"数据引入控制系统"的信息引入规则收集相应的数据信息。数据信息通过"Agent代理"模块引入后再根据

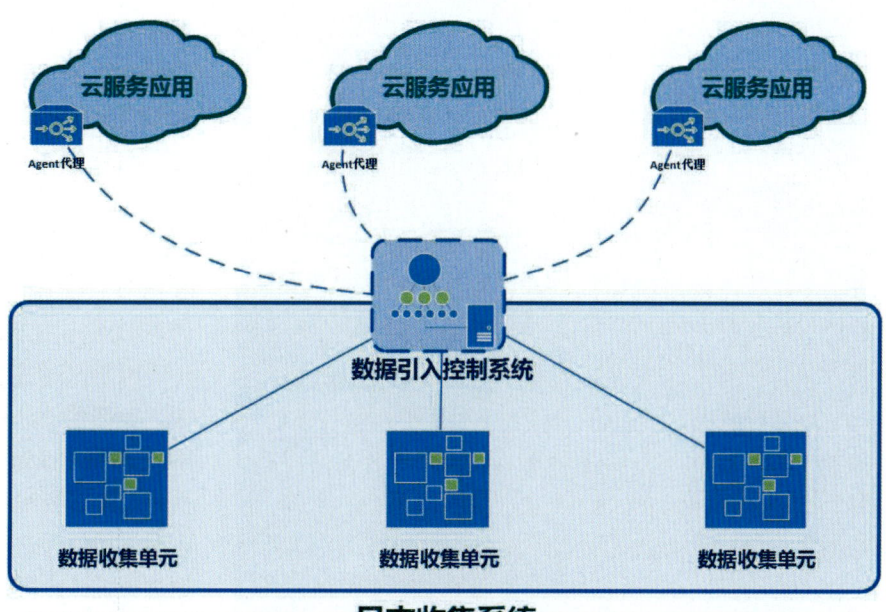

"数据引入控制系统"的信息分类方式,将数据分门别类放置到许多单一信息种类的"数据收集单元"中去。

由于网络日志记录通常遵循一定的国际标准,目前业界广泛采用 Cloudera 提供的一个高可用、高可靠、分布式的海量日志采集、聚合和传输系统 Flume,Flume 提供了从 console(控制台)、RPC（Thrift-RPC）、text（文件）、tail（UNIX tail）、syslog（syslog 日志系统,支持TCP和UDP等2种模式）、exec（命令执行）等数据源上收集数据的能力。Flume采用多Master的方式,Flume 的代理（Agent）由 Flume 主控制器（Master）进行管理和配置,代理每隔一段时间（以秒计数）与 Master 进行通信一次交换管理信息。Flume 代理将日志数据进行格式转化、压缩、加密等预处理后,通过互联网线路传输到同样受 Master 管理的"数据收集单元"集群内,最终所有日志并行写入分布式文件系统,写入时可以设置按照数据大小、行数或者间隔时间自动分割为多个文件。

2. 数据分布式存储阶段

应用服务的信息是判断该应用系统运行过程正常与否的重要判断标准,一次事故分析的处理所要调用的数据资源往往周期性很长,所以信息数据的存储成为分析之前的关键。

目前业界广泛采用 Apache Hadoop 即 HDFS(Hadoop Distributed File System)分布式文件系统,HDFS 有高容错性的特点,可以部署在低廉的硬件上,而且它提供高传输率来访问应用程序的数据。该模式会将每个数据单元内的数据建

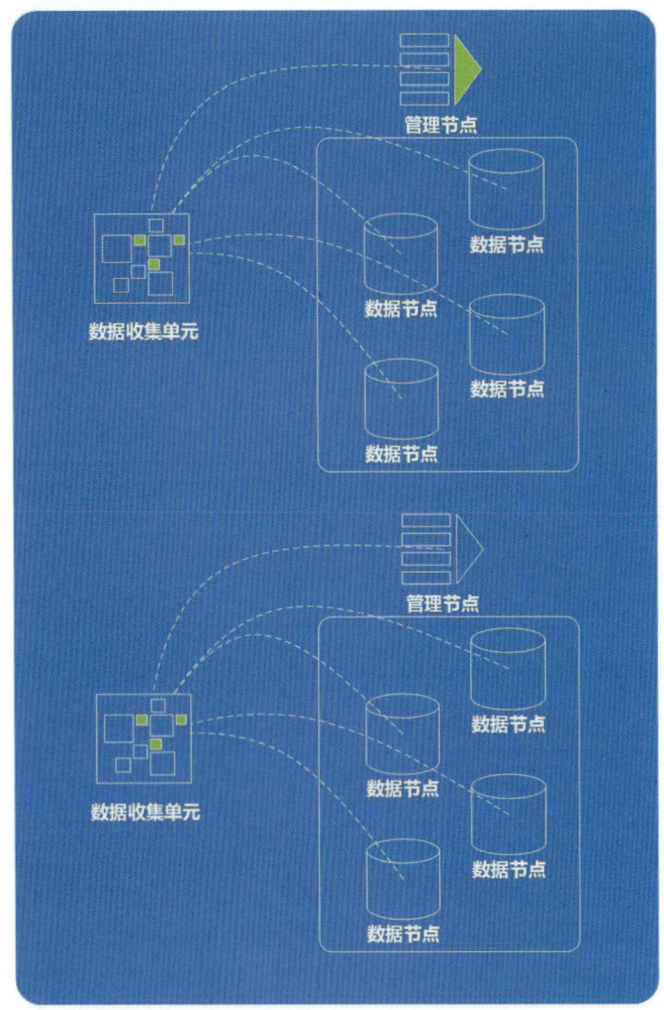

HDFS分布式文件系统

HDFS的分布式计算架构，MapReduce根据数据存放地就近进行计算作业，是典型的把计算带给数据的云计算架构。日志数据分布在数据节点中，Hadoop会在包含指定日志文件数据块的多个数据节点中启动MapReduce计算。每个数据节点在MapReduce阶段可以变成计算节点，在自行编制的舆情分析算法导引下，形成演算结果保存在HDFS中。舆情监测分析程序可根据监测周期要求由Hadoop定期加载和运算，例如在每天夜间HDFS文件系统相对空闲时开始对过去一天收集到的日志数据进行统计分析，运算时间视分析的数据量和分析所包含的程序及代码数量而定，通常在数十分钟到数小时之间。

五、大数据技术在涉检网络舆情应用的问题和解决思路

通过整个云计算监测的流程我们可以很清晰的感觉到相较于传统的网络舆情监控，它的优势在于处理的数据量大，利用效率高，时效性也比较好。

但我们也应该看到大数据技术在涉检网络舆情应用方面仍然存在着很多问题。

首先，在检察系统内部能够熟练运用相关技术的人员明显不足，所需的基础软硬件设施也有很大缺口。通过和商业公司的合作能在一定程度上解决这个问题，但商业公司相较于检察人员，对我们检察系统所关心的网络舆情的了解程度、敏感度都会有很

立独立管理权限节点，每个独立管理权限节点只能管理自己权限的数据资源，这样做可以有效地防止单一管理权限被无限制放大，避免越权访问的发生。在每个管理节点中的数据，采取了分布式的存储方式，保障在每一个数据节点中都有其他数据节点内的数据，防止了单一数据节点损坏造成数据丢失。

3. 数据分布式计算阶段

图中模式是业界主流开源Hadoop云计算架构，Hadoop实现了一个分布式文件系统HDFS，而MapReduce是基于

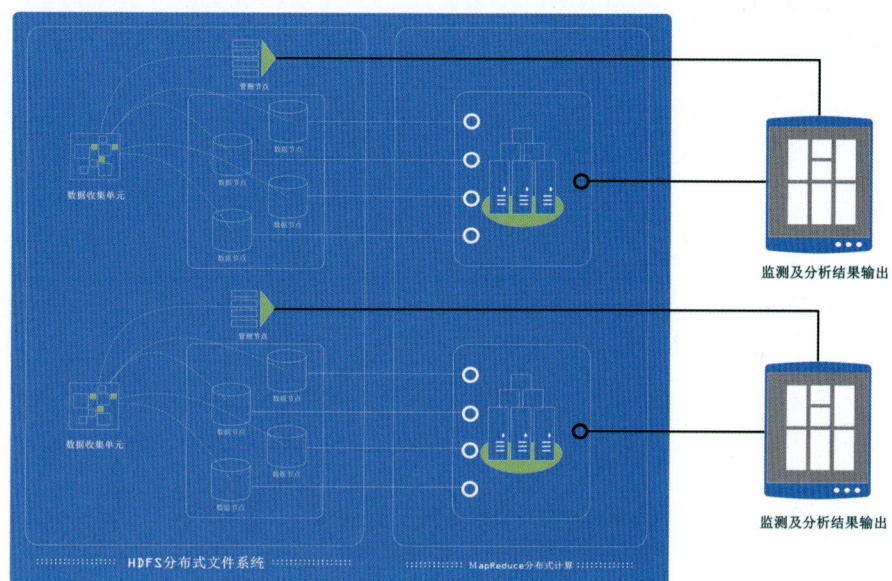

大差距,这就可能造成信息上的漏报、误报。

其次,海量的数据意味着信息的超载,在过剩的信息海洋里,阅读由享受变为负担,头脑中塞满东西和头脑中空空如也同样糟糕。也因此,浓缩海量信息,加工信息实现信息增值成为大数据时代网络舆情服务的基本要求。但就技术层面来说,有许多舆情信息的加工解读存在技术上的困难,仍旧需要人脑的参与,目前我们检察系统的舆情监测人员的舆情解读能力、分析能力都略显不足。

第三,由于大量的数据分析依赖于非本地的终端,数据的安全性就成为制约大数据应用的重要因素。一旦服务提供商出现安全问题,很可能出现数据丢失和泄露的问题。同时,持久的互联网宽带接入是实现云计算舆情监测的重要前提,但目前的网络接入仍旧是云计算成功运行的主要瓶颈。

要解决这些问题,需要我们做各方面的努力。就大数据应用的基础来说,需要我们大力加强专业人才开发利用和基础保障建设,积极构建和完善舆情引导和处置机制,有效促进检察网络舆论引导工作健康发展。尤其需要关注复合型人才,即既懂技术又懂网络舆情分析的人才的培养。在数据安全和网络方面,除了加强检察系统内部相关终端的安全防护工作外,还需要服务提供商和网络运营商的积极配合。

六、总结

虽然存在一些问题,但我们相信随着时代的进步和技术的发展,大数据在涉检网络舆情方面的应用仍会大有可为。网络数据量的极速增加使单纯的人工处理变得几乎不可能,在实践中运用大数据的相关技术,将人与信息技术相结合,我们检察系统的网络舆情工作才会变得更有成效。▲

【参考文献】

[1] Viktor Mayer-Schonberger,Kenneth Cukier . Big Data:A Revolution That Will Transform How We Live,Work,and Think[M]. Hodder & Stoughton.2013.

[2] 刘鹏飞,齐思慧,周亚琼. 2012年网络舆情走势和社会舆论格局[J].新闻记者,2013(1):18-25.

[3] 吴建军. 网络舆情的云计算监测模式分析与实现[J]. 电讯技术,2013(4):476-481.

[4] 黄颖. 基于云计算的网络舆情分析[J]. 福建电脑,2011(7): 54-55.

特稿
检察微信指南纲要
湖北省人民检察院武汉铁路运输分院　蔡欣

"打开微信'扫一扫',扫描以下二维码关注微信公众账号"

"鄂检在线——湖北省人民检察院微信订阅号,每日推送新鲜检察新闻"　"湖北检察——湖北省人民检察院微信服务号,提供优质为民检察服务"

"微信（wechat）"是腾讯公司旗下的一款智能手机软件，由腾讯广州研究院研发和经营，2011年初发布，经过三年的发展，从最初单一的移动社交通讯工具逐渐演变成了集聊天交友、新闻资讯、游戏娱乐、生活支付和购物理财的综合性平台。虽然官方最近一次公布数据是在2013年1月，那时微信用户突破3亿，月活跃用户超过2.7亿，但民间分析文章保守估计，截止2013年底，微信在中国已经拥有5亿用户且数量还在不停的增长，智能手机安装微信的比例几乎是百分百，微信俨然成为了移动互联网时代中国民众的一种生活方式。

相比其他国家机关，检察机关在信息的公开与互动、服务群众的工作机制创新、通过外部压力促进工作效率提升等方面，有着更加迫切的需求，这正是微信等移动互联网工具和平台能够大展拳脚的机会

一、微信是什么？

"微信（wechat）"是腾讯公司旗下的一款智能手机软件，由腾讯广州研究院研发和经营，2011年初发布，经过三年的发展，从最初单一的移动社交通讯工具逐渐演变成了集聊天交友、新闻资讯、游戏娱乐、生活支付和购物理财的综合性平台。虽然官方最近一次公布数据是在2013年1月，那时微信用户突破3亿，月活跃用户超过2.7亿，但民间分析文章保守估计，截止2013年底，微信在中国已经拥有5亿用户且数量还在不停的增长，智能手机安装微信的比例几乎是百分百，微信俨然成为了移动互联网时代中国民众的一种生活方式。

二、微信能做什么？

1. 信息交互功能

信息交互分为即时交互和非即时交互。

即时交互指人与人之间、人与机器之间发送和收到文字、图片、语音、视频等信息流的过程。人与人之间的即时交互主要发生在用户与用户之间的聊天场景（形式分为一对一聊天和群组聊天，方式分为普通发送、实时对讲机、视频聊天），而人与机器的即时交互则主要发生在用户使用微信公众账号时，公众账号根据预先设置的触发机制向用户反馈信息（人工输入或菜单按钮）。

非即时交互指对时效没有严格要求的信息收发和传输过程，如微信的朋友圈、漂流瓶，以及调用公众账号（服务号）客服消息接口的交互。

2. 出口引流功能

信息交互内容中的链接可以点击前往目标页面或其它载体，网页呈现的信息、需要消费的订单或者期待下载的APP是目的，此时微信就像是一座四通八达的"桥"，它之所以被很多人定位营销工具，根本原因即在于此。当然，微信本身也利用其出口引流功能，固定了一些原生的出口指向腾讯旗下的其他产品，如创意相机、微视、手机管家以及各种游戏的下载等等。

3. 入口辨析功能

微信的入口除了传统的文字输入查找，最具特点的就是"扫一扫"：通过扫描二维码可以打开网页、打开应用、添加好友、添加群组、添加公众账号；通过扫描传统条码可以获知商品产地包装价格等信息并提供购买渠道；通过扫描印刷出版物的封面获知书籍的信息并提供购买渠道；通过扫描街景得到地理定位并提供导航；通过扫描语言文字提供即时翻译。此外，微信"摇一摇"中的"摇一摇搜歌"对于音频具有识别辨析能力，是一个独特的入口。前述"出口"属于O2O的"线上到线下（online to offline）"，而

此处的"入口"属于O2O的"线下到线上（offline to online）"。

4. 场景功能

综合运用前述的入口、出口和信息交互功能，微信可以具体应用于各种生活场景，包括：交友、支付、游戏、理财等。在交友场景中，除了账号查找，还有"附近的人"功能通过地理位置远近为用户匹配潜在好友，"摇一摇"功能则通过用户行为识别来匹配潜在好友；在支付场景中，包括购买商品、话费充值、购买彩票、电影票、游戏道具、捐款公益等都可在微信内完成，而"扫一扫"功能也助力微信实现线下的支付；在游戏场景中，微信通过OAuth协议为游戏应用提供用户基本情况、用户好友关系等信息，

使得智能手机应用之间可以实现"同一账号"的信息资源共享和同步；在理财场景中，微信提供"理财通"功能，将理财用户与金融企业产品紧密相连；此外，微信还可以作为智能硬件设备的控制终端，如微信可以作为电视、空调等家用电器的遥控器。

三、微信与国家机关的工作有什么关联？

微信及各种互联网产品，根本的创新与发展的驱动力来自于社会化企业，企业以追求经济利益为首要目的，社会责任处于次要地位，这是与国家机关以人民利益为根本出发点相比本质的区别。明确这一点可以使我们更清晰地看到，在互联网等科技生产力浪潮中国家机关

的定位：国家机关应当向社会化企业学习，利用好各种社会资源，紧跟时代步伐解放和发展自身的生产力，运用先进科技不断提升工作效率，所不同的只是，企业以经济利益为目的，而国家机关的目的是为更好地保障人民群众的利益。

微信等各种互联网产品可以作为政府行政、司法审判与监督的信息公开、互动交流、民众问政的工具和渠道，成为由外向内促进国家机关工作机制创新、工作效率提升的一种方式，将来随着政府和司法机关的科技化、数据化、智能化比重的不断增加，微信等产品甚至有可能成为政府和司法工作的"外围主体架构"（数字世界的办公大楼、办事大厅）、"民意数据获取渠道"和"决策支持平台"。检察机关与其他国家机关一样，都在迎接着一场新的信息化革命巨浪的来临。

四、微信对于检察机关有哪些独特价值？

检察机关作为国家法律监督机关，与一些政府职能部门相比，在同人民群众打交道的形式和方式上有两个突出的特点：

第一，检察机关的职能并非直接体现的立竿见影。政府的行为更多的体现为对具体的个体利益的直接影响，如车管部门办理车辆牌照，与车主（具体个人）的利益息息相关；而检察机关则更多的是在整体层面上打击犯罪、净化社会、提升官员廉洁度，以此来实现对群众利益的无差别保障：审查起诉和出庭公诉中，检察机关只是整个流程中显得不突出的一环，曾被人戏称是"端盘子"的；调查线索和侦查办案中，检察机关办理的多是隐秘的职务犯罪；至于诉讼监督乃至公益诉讼，涉及的也都是国家和社会整体利益，除非作为被告人或被害人直接涉案，否则真有可能一辈子都不清楚检察院是干什么的。也就是说，检察机关的工作极少是立竿见影的，都是一种"长线"的投入与效果，普通群众往往难以察觉。

第二，检察人员与人民群众的接触是"非扁平化"的。检察机关的内部"摊子"很大，诉讼、监督、侦查等各种职能和分工，虽然归根到底都是围绕着"群众"的工作，但是在检察业务工作中，普通群众个人与检察人员的接触大多只能通过控申接待这个"窗口"来进行：来访群众向控申接待的检察人员反映一个问题，控申部门根据案件管辖和内设机构分工，将问题提交给相应的部门具体办理，办结后反馈回控申部门，再将结果告知来访群众，期间可能会经历较为曲折繁琐的呈报、签批、协调过程，而且，有时会有一种糟糕的情况，由于同时面临其它的工作，或者遭遇客观的规范机制不完善，导致办理时间上的拖延，这便有可能诱发群众对检察工作的不满——因为群众在检

>> 贯彻检务公开，通过微信向群众提供检察院内设机构的工作职责和流程图

>> 广泛征求民意、倾听民声，专门设立了"约见检察官"栏目

>> 基于百度地图为群众提供前往检察机关的路线导航

>> 与现有应用对接，而不是重复建设。手机版与电脑版的"受理中心"无缝对接是"湖北检察"的一大特点

察院的大门外看不到院内热火朝天的工作景象，无法体会到和理解检察人员的"难处"。与检察机关"非扁平化"的工作机制相比，政府的一些职能部门，如公安机关与群众之间则是较为"扁平化"的接触面，通过派出所、社区警务室、警务平台、片警等方式将警务工作渗透到了群众日常生活的各种细节之中。

上述特点是由检察机关的工作性质决定的，站在做好群众工作的层面上看，或许是一些先天不利的因素，但限于职能分工、人员配置的不同，检察机关并不能简单的模仿其他国家机关，而应当根据自身条件探索合适的创新之路。因此，相比其他国家机关，检察机关在信息的公开与互动、服务群众的工作机制创新、通过外部压力促进工作效率提升等方面，有着更加迫切的需求，这正是微信等移动互联网工具和平台能够大展拳脚的机会：一是通过微信等平台可以更加实时的展示"检务公开"信息，让人民群众更多的了解检察机关的内部结构、知晓案件办理的情况、理解检察人员的日常工作；二是通过微信等渠道提供为群众服务的便捷，凭借渠道的拓展弥补接触面狭窄的缺陷，凭借互联网力量强大的穿透力建立起人民群众与检察人员的"深度关联"，从而倒逼检察工作内部的督办、催办和反馈机制的完善；三是由于微信等移动互联网平台的搭建相对动辄牵一发动全身的机构改革，是低成本高效率的，当下的网络已经和正在改变很多传统的产业，相信网络神奇的力量可以在一些制度顽疾的面前"柳暗花明又一村"。

五、微信比其他移动互联网平台强在哪里？

我们倡导检察机关开通微信，一般指的是检察机关开通微信公众账号，而不是个人聊天账号。在微博系统中没有这样的信息发布者形态区分，但在微信系统中，除了传统的聊天一对一信息互动机制，首创了公众账号一对多的信息互动机制，它克服了微博时代多对多互动、信息流完全不可控的弊端。并且微信公众账号以 I/O 接口（input/output，即输入/输出）为界，提供统一的用户界面（User Interface，简称 UI），信息样式与信息内容互不干涉，即便是开发者模式，程序也只用专注于编程逻辑的实现，而不必有"样式与内容混杂不便维护"或者"看起来不专业、不统一"的顾虑。同时微信公众账号的操作前端是微信界面，相当于在程序与最终用户之间加了一层屏障，而这层屏障是由微信本身保障安全性的，所以在某种意义上，微信开发人员可以摆脱传统程序"安全与效率不可兼得"的束缚，专注程序效率的提升。以上这些都大大节省了开发支出，提升了效果和成本的比例，与当下"云计算"等服务器解决方案相结合，可以使我们花最少的钱，在移动互联网领域办成大量的事。微信和微博虽然是同为包含"微"字的移动社交工具，但微信显然对于微博是具有颠覆性的。

微信模式在国内外都有强劲的竞争对手，比如国外有 LINE、Whatsapp、kakaotalk，而国内有易信、来往等。然而，微信在市场占有上，牢牢占据着中国大陆的绝对份额，这是国外同类平台所不能比的；国内的其他竞争对手也都只是跟随者，目前还没有看到追赶上来的迹象。所以说，微信在中国的移动互联网环境中占有绝对优势，任何一个检察院如果轻视了微信的阵地，都是移动互联网时代难以原谅的失误。

六、检察微信现状如何？

在百度搜索"检察+微信"，可以看到大量的新闻，报道了在过去的一年多时间里，除最高人民检察院以外的全国各级检察机关或内设机构纷纷开通了官方微信公众账号的情况，结合在微信中搜索相关公众账号的结果，综合看来，有以下几个特点：

1. 命名规范不统一

基于辨识习惯和文字逻辑，以"地名+检察"为命名方式是最合适的，如"湖北检察"、"绍兴检察"，但是，由于从 2013 年 4 月开始，微信团队为了避免风险，注册时禁止在名称中使用"检察"等敏感或包含国家机关属性的词汇，而且也没有提供规范化的解决途径，导致后期注册的检察机关只能采用诸如"正义XX"、"和谐X检"、"X检在线"等作为公众账号的名称，这些名称不易识别、不易搜索，实在是难为民众。

2. 检察微信指向混乱

一方面，检察机关的官方微信公众账号不一定包含"检察"二字，另一方面，包含"检察"二字的却不一定是检察机关。在微信中能搜索出来的60个包含"检察"二字的公众账号中，虽然大部分是检察机关的，但也有一些杂志和媒体，如"检察风云杂志"、"中国检察视频台"，还有部分是检察工作爱好者开通的理论研讨平台，如"检察百科"，此外，还有一个名为"中国检察"的未认证账号，从其"历史消息"中曾群发推送的内容可以看出，这绝对是个人行为。

3. 认证账号凤毛麟角

微信公众账号最初的认证策略是依赖微博认证实现的，达到500名关注者且绑定包含认证名称的已认证微博即可进行认证，到2013年11月，微信推出了基于微信自身的认证体系：对服务号的认证只能是微信认证；而对订阅号的认证要求没那么严格，不过很长一段时间以来，基于微博的认证除了增加了一个加V的身份标识，没有提供任何功能，而基于微信自身的认证则不但给身份加V，而且开放了自定义菜单等高级接口，直到2014年1月底，微博认证的订阅号才有了与微信认证的订阅号几乎同等的待遇，也具有了自定义菜单功能。当然，在实用性上微博认证仍然略逊一筹，若用户在微信中搜索公众账号，除了完全匹配的排名第一，之后呈现结果的先后顺序总是微信认证优先（服务号优先于订阅号），微博认证其次，而未认证的排最后（未认证账号排序的依据则是关注者数量和互动活跃度）。根据笔者在2月9日的统计，检察官方微信经过认证（包括微博和微信两种认证方式）的不到全部检察官方微信公众账号总数的1/5，而包含"检察"二字且通过微信认证的仅有"湖北检察"、"绍兴检察"、"陇西检察"、"苏州检察发布"、"长葛检察"、"钦北检察"、"潍城检察"、"武汉检察"8家，数量太少。

4. 开通主体存在随意性

除了检察机关以"院"的名义开通的以外，也有一些是以内设机构、专项工作的名义开通的公众账号。如北京市东城区检察院未成年人案件检察处的"未检之窗"（微信认证号），山东省烟台市芝罘区派驻检察室的"芝检派驻"，还有没有设置头像也从未发过任何消息的"江苏反渎"等。检察机关的微信公众账号开通具有一定的随意性，与各地重视程度不同、尚缺乏统一明确的职责分工有关。

5. 功能定位不明确

很多检察机关最初开通微信公

众账号,目的就是和建设门户网站、开通微博一样,拓展检察新闻宣传的渠道,实现更全面的检务公开,借助微信的平台实现更好的法治正能量传播效果。但是凭借微信平台能实现的功能远不只是信息的单向传播,更多的是信息的双向互动,所以,一些地方的检察机关开始尝试将微信公众账号作为法律咨询、社区服务的平台,作为联络人大代表、政协委员、人民监督员的平台,作为检察业务向基层延伸、贯彻对犯罪嫌疑人和律师权利保障的平台。微信公众账号究竟对于检察机关最大的意义是哪块儿,各种能够实现的功能孰轻孰重、之间关系如何,如何管理和分配职责,部门之间应当有怎样的协助配合机制,看起来各个地方都处在初步的尝试阶段,这导致了检察微信的功能定位不够明确。

6. 管理人员对微信政策的理解较缺乏

大多数检察院的微信管理员对于公众账号的认识都只是停留在"一对多的信息传播"、"直达用户"这些一年以前的陈旧观念,事实上,2013年8月初微信5.0版推出后,将所有"订阅号"折叠进二级目录,上述特点已经不再突出,取而代之的则是微信团队鼓励的"服务号"。微信团队为服务号提供强大的高级接口,能够基于此开发出更为高效、体验更好的一站式检察服务平台,而且服务号不被折叠进二级目录,推送信息将可有力的直达用户,唯一的代价就是由订阅号的一天群发一次转变为服务号一个月才能群发一次内容。一些地方的管理员缺乏对微信政策的基本了解,盲目开通微信,比如有地方原本是想利用微信推送当地检察新闻,结果在注册账号时选择的是服务号,导致该号暂时处于废止状态。有的管理员一开始随意填写"功能介绍",随便找了张图片作为"头像",结果到了要改的时候才意识到,这些内容一个月只能修改一次,极大的延误了工作效率。还有管理员忽视了微信公众账号后台必须在48小时内与活跃用户进行互动的要求,竟然抱怨微信平台存在bug(程序缺陷)。甚至有的管理员不认真看注册要求,反复多次提交不规范的申请文件,导致多次申请无法成功,然后以"开通微信要求太苛刻"为由放弃开通微信。这些都是在笔者工作中遇到过的真实情况,在这里指出并不是批评,而是善意的提醒。事实上,当很多管理员抱怨注册时名称中不能包含"检察"二字的时候,从2013年12月24日开始,微信团队已经提供了合适的、规范化的改名途径——进行基于微信体系的第三方认证("正义武汉"就是通过微信认证改名为"武汉检察"的),如果花一个小时的时间通读微信公众平台的相关规定,便会在后续的工作中少走很多的弯路。

7. 内容缺乏特色、不接地气

目前来看，检察微信的主力军还是定位于群发信息的订阅号，这其中的两个代表是云南省检察院的"云南省人民检察院"和湖北省检察院的"鄂检在线"。两家省级检察院都坚持每日推送，但"云南省人民检察院"有近一半的内容是与检察工作没关系的，一些心灵鸡汤、生活指南，显得缺乏检察特色，这些内容与检察新闻混杂，显得有些不太搭；而"鄂检在线"虽然以全省检察新闻为主，但难免出现长篇累牍的、普通群众读起来枯燥乏味的内容，不适合移动互联网碎片化、轻松的阅读方式。上述二者的困境其实是所有检察订阅号共同的困惑，那么有没有检察特色与移动阅读兼顾的方法呢，答案是有的，将检察工作转化为群众喜闻乐见的形式呈现，如漫画、微视频、flash、小说故事等等，这些都是办法，但是需要有人做、有团队做，需要资源投入，对于很多院来说，虽然很多地方已经正式将微信纳入宣传工作考核的范畴，但是如果不是在较高层面上实现资源整合、资源共创共享，仅仅依靠自身力量单打独斗，要办好订阅号微信，不太现实。

七、应当怎样建设检察微信？

理想很丰满，现实很骨感，为了使这句调侃的话不再造成困扰，我们需要立即行动。下面就结合笔者的经验，平铺直叙一些"干货"：

1. 注册账号

（1）打开网址 https://mp.weixin.qq.com/，点击右上角"立即注册"，填写邮箱(注意是你已经拥有的邮箱，这邮箱同时也是你将来登陆微信公众账号的用户名），设定密码，勾选遵守服务协议的选项框，点击"注册"按钮。

（2）进入之前填写的电子邮箱，此时会看到微信团队自动发来的一封邮件，里面会有一串很长的链接，点击打开它即可（这是一个验证和激活邮箱的过程）。

（3）此时开始详细的信息登记，在继续之前应当仔细阅读一下"微信公众平台信息登记说明"特别是"政府"那一份，里面都有详细的要求，按照要求操作可以使新注册账号尽快通过审核。开始填表：

①运营主体选择"组织"，类型选择"政府"（检察机关不是政府，但这里的"政府"明显是泛指国家机关）。

②下载"政府信息登记表"模板填写、打印成纸质并盖章（单位的院章，而不是党组章或部门章）、拍照、把照片从相机或手机传到在电脑里、在保证清晰度的前提下照片文件大小不超过5Mb（用photoshop、firework等专业软件或者用"美图秀秀"这样的傻瓜软件也可以，其实一般就只用改一下图

片的大小即可，照片长度1024像素已经绰绰有余，除非照片本身就不清晰）、点击"选择文件"上传。至于内容，"政府信息登记表"的机构全称写"XX人民检察院"，机构性质写"检察机关"，常有人问"简介"和"公众号发布的内容/提供的服务"怎么写，这些没有固定格式，主要就是介绍一下开通这个微信公众账号是做什么的，围绕"检务公开"、"推送检察新闻"、"传播法治正能量"来写就可以。

③填写公众号运营者的姓名、身份证号码、手机等资料，此时你需要拿出自己的身份证，按照页面上图示的要求，让另一个人帮你拍照，然后点击"选择文件"将照片上传上去。填写手机号码后，点击下面的"获取验证码"按钮，手机会收到短信，依照短信内容填写验证码一栏。

④下载"授权运营书"模板，与上述"政府信息登记表"过程一样，填写、打印、盖章、拍照、调整到合适大小、上传。曾有人问，"授权代表签字"找谁签字，依照笔者的经验，找部门领导签字就可以了，不过印章还是要盖院章。

上述内容填好，点击"继续"到下一步。如果你点了"继续"页面却无动于衷，请注意在某个输入框旁边是否有红色的字提示，它说明有遗漏或者填写不合要求的项目，把它们按照要求填好，才能"继续"。

（4）接下来是选择类型，是订阅号还是服务号。微信5.0版之前的订阅号可以申请转服务号，之后的新公众账号如果注册为订阅号则不支持再转为服务号，无论是旧还是新号，服务号都是不能再转为订阅号的。订阅号有每日群发推送的功能，而且在通过微信或微博认证后，订阅号也可以拥有自定义菜单，因此笔者认为，大多数检察机关用订阅号足够了，至于服务号，需要具备一定的开发能力，基层检察院最好不要贸然选择。

（5）注册的最后一步是填写公众号信息，这里有三点需要注意：一是账号名称，前面说过，此时不能直接注册包含"检察"二字的名称，只得先填写变通的名称，如"正义XX"或"X检在线"，待账号正式开通后，再通过微信认证来修改；二是功能介绍一栏，这一项是当用户在微信中查看该公众号时会显示的内容，但是笔者用不同的手机测试，有些手机平台上会遇到只能显示两行的尴尬，也就是说，大约超过28个汉字位置的部分无法显示，所以，这里提倡短小精悍，介绍不超过28个字最好；三是类型就选默认的"普通公众账号"，千万不要好奇去选别的，因为比如像"公众会议账号"可以有一些普通号没有的特权，但有效期只有一个月，它是留给会议等特殊用途的。

当你顺利进行完上述步骤，会

被告知微信团队将会在7个工作日内进行审核。在审核期间，账号是没有实际功能的，当然可以用之前设置的账号和密码登录进来。如果没有审核通过，点击后台右上角那个像信封一样的图标进入"通知中心"，你会看到没有通过审核的原因说明，按照要求改进并重新提交吧！

2.账号信息设置

微信团队的审核效率一般不低，根据经验，差不多2-3个工作日就能得到是否注册成功的反馈。当一个公众账号开通后，首先要进行一些初步的设置。在左边是一列菜单，主菜单包括"功能"、"管理"、"服务"、"统计"、"设置"等五项，点击其中一个，会看到之下将弹出二级菜单。我们的账号信息设置需要点开"设置→账号信息"，或者点击右上角该公众账号的名称可在任意页面直达这里：

（1）上传头像：点击"修改头像"，选择一张不超过2Mb的图片文件，传上去之后，可以拖拉线框来选择需要的部分。我们在手机微信上可以看到，公众账号的显示有两种形式，一种是正方形全部显示，另一种是圆形只显示正方形框架中最大的圆形部分，所以应注意主体标识不要因为圆形显示而有所缺失。

（2）修改"微信号"：搜索微信号是用户搜到该公众账号的一种途径，微信号是由英文字母和阿拉伯数字构成，一般要取的方便好记，如"湖北检察"的微信号就是"hbjcwx"即"湖北检察微信"六个字的拼音开头字母。微信号一旦设置，永久性不能再修改。

（3）隐私设置：这是一项新近的功能，适用于调试阶段的公众号暂不想让普通用户通过昵称搜索到的情况。而准备好正式开通的公众号，则一定要"允许"。

（4）设置地理位置：点击"地区"后面的"设置"，在文本框里输入单位的地理位置，如"湖北省武汉市雄楚大街356号"（湖北省检察院的地址），在地图左边弹出的一系列选项中选择一个离得比较近的，然后在地图上就会出现一个标注，将该标注挪到准确的位置，点击绿色的"设为我的位置"按钮，这样设置后，在微信中，用户除了可以看见公众账号的介绍信息，还能直接在地图上找到单位的地理位置，获取路线导航，方便办事。

（5）绑定腾讯微博：如果希望将来微信群发的信息同时自动发布到腾讯微博，就绑定一下。这个能减轻微博管理员的负担，避免同样的内容在微信和微博里重复操作，而且也不影响微博的正常使用。

（6）设置图片水印：每篇微信发布的文章里都必须有张图片，如果你希望每次上传图片到微信后，系统自动在图片的右下角加上版权信息，那么可以选择"使用微信号作为水印"或"使用昵称作为水印"，当然，由于检察机关一般可能没有原创图片制作的能力，所以建议大家还是选择"不添加水印"吧！

（7）其他：其他项目在初始设置时一般没必要修改，如果一定要改，则要看清楚要求，特别是那些一个月只能修改一次的项目。

3. 基本互动设置

点开"功能→高级功能"，你会看到"编辑模式"和"高级模式"，二者选一，最多只能有一个处于开启状态，也就是说，开启其中一个，另一个需要关闭。此时，关闭"高级模式"，打开并进入"编辑模式"。点击"启用"，确认开启编辑模式。然后点"设置"，此时有三个项目：

（1）被添加自动回复

指在用户在手机微信上点击绿色的"关注"按钮时，也就是用户关注该微信公众账号时，系统自动发出的问候语。可以是一段文字，也可以是一张图片、一段语音或视频，当然，对于检察机关官方微信公众账号来说，一般都是一段文字，如果愿意放一段检察长致辞的录音或视频，也将是非常赞的创意。

（2）关键词自动回复

当用户在手机微信上与公众账号进行对话互动时，可以设置系统如何回答用户。比如你可以在此设置，当用户输入数字"5"的时候，系统自动将第5期的内容发送给他。关键词自动回复默认最多只能设置200条，如果超过200条，要么向微信团队申请增加条目的权限，要么转向高级模式，即开发程序解决。

（3）消息自动回复

无论设置再多的关键词自动回复，都有可能超出预设范围，从过往的经验来看，检察机关的微信公众账号经常会收到用户控告申诉的信息，此时，便可以在这里设置关键词自动回复逻辑之外的统一答复语，例如："您的信息已收到，我们会尽快处理。"当然，可以长一些，把各种情况都要考虑进去。

4. 编辑素材

进入"管理→素材管理"，默认是在"图文消息"的管理页面（其它可管理的素材选项还有"图片"、"语音"、"视频"，这些暂不赘述），你会看到这里有一个"＋"，将鼠标放上去,会出现两个选项:新增"单图文信息"和"多图文信息"。

（1）新增单图文信息

如果拟新建的素材只有一项，就用单图文信息，一般是用于比较重大的新闻和公告。注意单图文信息不能直接转为多图文信息，如果一定要在头条后面增加信息条目，则只能另新建多图文信息，再复制粘贴过去。

①填写标题。

②作者可以空着。

③上传封面：这是一张较大的图片，官方建议尺寸是360×200像素，如果有使用软件剪裁图片的技术就弄一下，如果没有的话，只要图片文件不是大得或小得太离谱，传上去之后系统会自动调整好的。"封面图片显示在正文中"选项是最近增加的功能，默认是勾选的，这样封面图片将会在正文中标题之下、内容之上显示，如果不勾选此项，则正文中将不显示此图片。

④填写摘要：用最简单的两三句话来概括正文的内容，不可多，超过一定的字数保存时会被系统自动截断；也不可不填，若不填的话，保存时系统会根据正文内容自动生成一些摘要，那样的摘要有可能是混乱的。

⑤填写内容：如果你嫌这个编辑框太小，可以点击其右上角的"放大编辑"，就可以在较大的模式下进行内容编辑。不过我们提倡先将内容及其格式编辑好，直接复制粘贴进来，原因一是因为在线编辑器一直不算百分百兼容，有时你会发现在在线编辑器里删掉一个空格，整个文章的格式就全乱了；原因二是避免突发障碍，如果你花了很长时间编辑，结果由于网络断了或者登录超时而无法保存，岂不是很亏。此外，为了给群众一个规范化的印象，每期推送的内容都应当保持较为一致的格式，如湖北省检察院订阅号"鄂检在线"的内容均是在本机Word中按照"小四+宋体+行间距固定值23磅"的模板编辑好，再一次性复制到编辑框中。有些浏览器中不支持鼠标右键复制粘贴，得用键盘"Ctrl+C"和"Ctrl+V"来进行。编辑内容完毕点右上角的"×"或"编辑完毕"回到小框状态。

⑥在内容中插入图片：如果内容中需要加入图片，直接从word文档等本机电脑中复制图片是不能奏效的，你需要先把光标放到待插入图片的地方，然后点击内容编辑框上方靠中部的图片按钮，在出现的操作框中"添加照片"，可选一张，也可同时选多张，选好后点"开始上传"，之后一般会在左下角选择最靠右的那一个"居中"，然后点"确定"，图片将依次插入到正文中。已经插入到微信后台的图片如果想挪位置，或者想用在另一篇文章中，倒是可以拖选然后直接复制粘贴。

⑦预览和保存：如果你想在这些内容发出去之前自己先检查一下或者看看手机上的效果，点击"预览"，输入你自己的微信号即可收到（注意是微信号不是昵称，微信号一般是你登录微信时使用的一串字母和数字组合，不是QQ号，也不是手机号，如果你没有设置微信号，

可以打开手机上的微信，在"个人信息"中设置你个人账号的微信号，以便进行预览；当然，如果不愿这么麻烦，也可以自己关注该公众账号，在与自己互动的界面将该素材发给自己，效果和预览没有区别）。当内容编辑好后，点击保存即可。点击保存有可能会在页面的上面中部出现黄底字的错误提示，根据这些提示修改内容符合要求后再保存。

（2）新增多图文信息

如果你想一次性发布2-8条图文信息，可以采用多图文信息。多图文信息的制作过程与单图文是差不多的，下面只讲二者有区别的注意点：

①填写标题：注意在iphone手机上，第一条信息的标题如果太长，有可能显示不完全，超过28个汉字的部分将不能显示。其它平台和条目暂无此问题。

②新建多图文信息初始有两条信息，如果需要增加信息条目，点击下面的"＋"，如果要删除某个条目，将鼠标放在该条目上，会出现垃圾桶样的图标，点击即可删除，而垃圾桶样图标的左边是铅笔样图标，点击该铅笔图标，即可编辑对应的信息条目，编辑过程中可随意切换信息条目，不必点保存。多图文信息的编辑与单图文信息编辑是类似的，唯一的不同有两点：一是不用填写摘要；二是封面照片的建议规格不同，第一条信息的封面照片的要求与单图文信息一样是360×200像素，而后面的封面照片则建议是200×200像素。

（3）修改和删除素材

保存好的素材将会出现在素材管理界面，如果想对图文信息素材进行修改，点击该素材下部的铅笔样图标，如果想删除，则点该素材下部的垃圾桶样图标。

5. 推送群发

进入"功能→群发功能"，选择"图文消息"后可以见到之前编辑好的那些素材，选择其中一个，该素材上面会出现"√"，然后点"确定"，接着点"群发"，再次"确定"后，系统将会迅速把该图文消息发送给所有的此公众账号的关注者（当然，有一些关注者如果在微信里设置了"不接受消息"，就收不到了，有多少人收到、多少人查看、转发，一天以后在"统计→图文分析"里均可以看到，如果发现"送达人数"少于现有的关注者数量，有可能就是这个原因）。有时群发会遇到网络堵塞，或者有一些敏感词汇审查不通过，则可能发送失败，可在"功能→群发功能"页面点击上方的"已发送"选项卡，查看历史群发内容以及刚刚发送的内容是否发送成功。

需要强调的是，群发内容不可撤销，一旦发出，就达到用户手机里，而且会永久记录在该微信公众账号的"历史消息"里，就算是非常特殊的情况，也只能请求微信团队对内容进行删除，用户手机里的目录不会消失，"历史消息"也会永久存在，只是点开具体页面后，会用红色的字显示"您查看的内容已删除"。这是一个容易给人造成误解的策略，因此为了避免这种情况，建议微信管理员以个人名义再申请注册一个测试号，用以试验诸如"群发"这类不可逆的操作。

6. 用户管理

微信管理员可以在"管理→用户管理"下查看本公众账号的关注者列表，并对其进行分组和备注。先要在靠右侧的分组管理中新建一些分组，然后将鼠标放在某个用户的头像上，在自动弹出的标签靠下部分选择某个分组，则该用户即放入该组中。如果某个关注者需要备注，就点其后面的"修改备注"，写上后点"确定"即可。

7. 一对一互动

如果要和某个用户进行一对一的互动，可以直接在上述用户管理的界面中点击其头像，或者，进入"管理→消息管理"查看新近收到的留言，要对某个留言进行回复，点击该留言者的头像，也可以进入一对一互动的对话界面。一对一互动可以发送文字、图片、视频、语音以及图文消息等各种信息，没有次数限制，但唯一的要求就是，该用户要在48小时内与公众账号进行了互动（关注、输入内容、点击菜单），也就是说，如果一个用户最后一次留言是在两天以前，你可能就没机会答复其留言了（稍早前这项限制是24小时，1月中旬才增加为48小时）。这项限制为很多微信公众账号的管理员诟病，但笔者认为，微信团队这样做是为了打击网络营销和垃圾信息推送，有利于净化信息环境，值得肯定，而所带来的弊端，可以利用基于服务号开发"微社区"等方案来弥补，以实现更好的服务，而不是更多的杂音。

8. 公众账号推广

当你将上述提到的步骤都搞明白了之后，开通一个微信公众订阅号的技术条件也就成熟了，开通账号之后，你需要利用各种媒介进行广泛宣传，以便让预期的受众添加此公众账号。你可以告诉群众，添加公众账号的三种方法：在"添加朋友"或"查找公众号"中搜索名称，如搜索"鄂检在线"；或者搜索微信号，如"hbjcwx"；还可以打开"扫一扫"，扫描二维码。这个二维码在"设置→账号信息"的最下方可以看到，点击它既可下载下来，把它打印出来挂在控申接待室、印刷在举报宣传手册上，都是不错的办法。

上面讲的是线下的推广，而在线上，则需要精心准备一些高质量的文章，使得用户愿意转发或者共享到朋友圈，然后在推送每篇文章的结尾处，最好加一段话，告诉微信用户，可以点每篇文章标题之下第二行的公众号名称，或者在微信中搜索名称或微信号，或者扫描附在后面的二维码对此公众账号进行关注。这段话可以是文字格式，也可以制作成精致的图片，有必要的话，也可以将微信中如何操作的流程用图示的形式一并展示，当然，图片不可太多，因为若是消耗用户太多流量，可能会遭人厌恶及退订。

9. 认证

前面说了，申请注册时名称中不能包含"检察"二字，需要通过微信认证的方式来改名。打开"服务→服务中心"，点击"微信认证"，接着点"申请"进入认证流程。微信认证对于商业机构是收费的，每次300元，而对于国家机关是免费的，在第2步"类型"中选择"政府及事业单位→政府"（此处"政府"仍应广义地理解为国家机关），之后的填写内容相对注册要更繁琐，需要更多的耐心。在认证过程中，需要下载模板填表盖章并上传，参照注册时的方法操作，这里需要注意，"政府申请认证公函"中需要填写原始ID，这个可以在"账户信息"页面找到，一般以"gh_"开头，这个才是公众账号最根本的身份识别依据，账号名称、微信号、登录邮箱那些都是可以改的，所以，在后续第3步"确认名称"时，一定要注意填写"XX检察"这样预期的规范名称，而不是原名，不要填错了。至于申请认证公函中"申请认证的理由"，有同志问怎么填，笔者的回答是：一是需要通过认证改名，二是认证后加V具有公信力和权威性，三是认证后可具有自定义菜单等功能，方便用户操作。

微信认证不是由微信团队进行，而是由第三方权威认证机构进行，所以要求非常严格，借用一位微信团队成员的话说："一旦有冒充就会很糟糕"。在认证过程中，除了填表盖章，还需要提供单位的组织机构代码证，另外需要提供单位的对公银行账户，认证机构会给该对公账户打很小一笔金额的款项，例如5分钱，然后让你到财务截图发给他。这里有两个小技巧：一个是组织机构代码证，为避免原件拍照的可能风险，有的单位只能提供复印件，认证机构不认可复印件，但是复印件加盖印章的方式是认可的，所以可以在复印件盖章的同时写上"只用作XX微信公众账号的认证"，这样就能杜绝被挪作他用；另一个技巧是，在财务的电脑屏幕上截图，哪怕是拿着手机照相也是很敏感的事情，对此，你可以让财务将该笔账目打印出来，再拍照传给认证机构，也是认可的。

认证机构有时还会以其它方式试探你的真实性，比如让你提供一个上级领导的电话，他们会给那位领导打电话核实你提交的信息的真实性。微信认证过程虽然极其让人煎熬，而且每年都要定期"年检"，但是一旦认证成功，就能实现很多锦上添花的功能，让你们院的公众账号有机会卓越群雄。

这里主要讲的是微信认证，如果只是想进行微博认证，则在"设置→账号信息"页面中点击"关联微博认证"，按照要求操作即可。由于微博认证需要现有同名微博已经是认证账户，且公众账号关注人数达到500人，才有资格申请，对于新开通的公众账号来说是较难在短时间内达成的条件，所以笔者不推荐检察机关官方微信公众账号做微博认证，而提倡直接进行微信认证。

10. 设置自定义菜单

当你申请认证通过后，在"服务→我的服务"中可看到"自定义菜单"位列其中，点击右侧的链接可到说明页，里面有详细的说明，操作方式在这里就不赘述。而设置自定义菜单有两种方式：通过高级模式开发程序进行和在编辑模式中设置。一般来说，如果不懂代码，就通过编辑模式来操作，进入"功能→高级功能→编辑模式"，你会看到在"自动回复"的下面就是"自定义菜单"，进入编辑后，参考操作说明进行。

菜单最多有2级3行5列（共计15个）：菜单可只有一级，也可将一级目录设置为点击后弹出二级目录；如果是只有一级的菜单，或者是第二级菜单，点击后的效果可

笔者开设了一个微信聊天群，取名为"检察微信研讨"，希望有朋友愿意扫一扫这个二维码来加入我们对检察微信建设与发展的探讨。

选择两者之一：Click 或者 View——Click 属性的选项在点击后会向系统传递一个预设的值，如点击"第5期"菜单后，预设传递的值是"5"，这与用户直接在对话框中输入"5"的效果是一样的，进而根据之前设置好的关键词自动回复，系统推送相应内容；View 属性的选项则是直接引导用户跳转到一个预设的网页，如点击"鄂检网阵→荆楚公平正义网"选项，微信会立即打开"http://www.hbjc.gov.cn/"。

若自定义菜单通过开发程序来实现，原理则是向特定网址输入一个 json 格式的数据，在此不详述。

11. 高级模式（开发者模式）

前述的内容基本上就算是基础编辑模式能实现的最大范围了，所以如果具备一定的代码编程能力的时候，一定要尝试一下高级模式，因为它不仅仅是为了实现 200 个以上的关键词自动回复这样的量变，而是可以放飞想象的翅膀实现一些绝然不同的东西，比如实现对过往文章的关键词搜索而不仅仅是数字索引，比如可以为了吸引人气通过微信举行一场投票（比如"鄂检在线"每月的"最靓微文投票"），或者搞一场问答比赛（比如"鄂检在线"在马年春节期间的"每日一题"），程序编好后，不需要什么人力投入，它会自动与用户进行互动，总之只有在开发者手中，微信才算是一个移动互联网的平台，而不仅仅是一个信息传播工具。

另外，千万不要把编程看得很神秘，事实上，我们都不需要"重新发明轮子"，只需要下载网络上现成的 SDK 或者程序模板，用基本的英文就能大致理解代码的逻辑，然后根据说明文档，对代码进行修改就能实现很多功能。网上的资源很多，遇到不明白可以搜索，笔者的很多微信开发知识是从一个叫"方倍工作室"的博客学来的，其网址是 http://txw1958.cnblogs.com/；若想系统的学习，大家可以看下青龙老贼的著作《微信终极秘籍》。

12. 特殊需求的开发

当你关注一个微信公众账号，它的问候语中居然有对你的称呼，你一定会很惊讶，它怎么会知道我的名称的？在微信开放服务号的获取用户信息的接口之前，"湖北检察"就已经实现了这项功能，引得一片称赞。更令许多朋友惊叹的是，订阅号"鄂检在线"曾经每天早上 5:56 分准时将当天信息群发出来，那时管理员可能还在睡梦中，这个定时群发是如何实现的呢？其实不是管理员厉害，而是网上集合众人智慧的开源程序厉害，在大型开源网站 github 上找到一款模拟微信公众账号登录的 SDK，下载并安装，你不需要看懂全部的代码，只需要根据说明懂得如何使用接口就可以了，上述那些看似神秘的功能，实际上只需要几行代码就能实现。这款优秀的 SDK 的下载地址是 https://github.com/dodgepudding/wechat-php-sdk 。

不过，用程序模拟微信账号登录而不是真的在浏览器中登录，存在一定的风险，因为它可以使订阅号实现服务号的某些功能，可以使未认证号拥有认证号的某些接口，它的存在对微信的政策构成了威胁，若大规模使用会有遭致公众账号被关闭的风险，技术上来说，只要微信官方变更了后台参数和逻辑，现有的 SDK 功能就可能失效。所以，不要过分依赖模拟登录的 SDK，能不用它尽量不用，这里提到也只是为了拓展思路——事实上，现在的"湖北检察"获取用户名称已经是通过服务号的高级接口来实现，而出于"当天新闻当天发"的时效性考虑，"鄂检在线"的群发时间已经从清晨改到了傍晚，基本已经用不上定时发送功能了。▲

在本文后续的讨论中，笔者着重描述了可基于微信服务号高级接口开发的功能，并且结合其参与"湖北检察"微信服务平台建设的经验，谈了一些需要注重的细节，有兴趣的读者不妨打开微信"扫一扫"对准此处二维码，可在网上查看其余的部分。

域外司法鉴定管理体制和机构设置综述

文 | 最高人民检察院技术信息研究中心

为了便于广大检察技术工作者更好地了解国外司法鉴定的管理体制和机构设置,本刊编辑为读者编选了相关域外大陆法系和英美法系国家司法鉴定管理体系和机构设置情况,以供读者借鉴和参考。

一、欧美的司法鉴定管理体制

(一)欧美的鉴定管理体制

1.英国。在管理主体架构上,英国司法鉴定统一管理机构是由内政部、检察院、警察局共同成立的法庭科学管理委员会,负责对全国司法鉴定工作进行指导。该委员会设在内政部,独立于警察、检察机构。英国内政部具体负责一些管理工作。如对英格兰和威尔士鉴定科学服务局进行政策指导。在管理内容上,英国虽无鉴定人资格统一的考试考核制度,但英国内政部掌握着一大批由行业协会推荐的专家名单,定期公告,起推荐和引导作用。从1988年起,由英国两个咨询公司对司法鉴定机构进行统一的评估认证。鉴定机构采用统一的技术标准。目前,欧洲12个成员国已经建立了统一的DNA鉴定技术标准。从改革的方向上,英国的司法鉴定改革趋势明显地向集中方向发展。1995年4月,英国鉴定机构进行了改革,把7个对全国有重要影响的法庭科学实验室收归内政部统一管理,并开始办案收费制度。2000年11月成立了专家证人注册委员会,对包括在警察局工作的现场勘验人员、社会其他鉴定人员等实行自愿注册制,定期公告专家证人的资信、

能力及服务水平。

2. 美国。虽然美国是联邦制国家，鉴定管理体制较为分散，鉴定人的资格主要由行业协会确定。但也有统一管理的机构，即美国司法部的国家执法与矫正技术中心，负责建立统一的司法鉴定标准，对鉴定机构进行评估和认证工作。目前已建立了DNA、电器、武器、毛发、车灯等数据库。

3. 澳大利亚。澳大利亚司法鉴定管理体制架构上有政策的制定机构，即澳新（新西兰）司法鉴定高级管理者委员会；有实验室的统一认证机构，即澳大利亚联邦国家测试认证中心；有主要的管理机构，即澳新司法鉴定协会。澳新司法鉴定高级管理者委员会，主要职责是制定司法鉴定实验室的管理政策，委员会有6名执行委员会，下设专家委员会，每年召开1次年会。

澳大利亚联邦政府通过司法鉴定协会体现对司法鉴定的管理职能。管理的内容主要有：一是每两年对全国所有的鉴定人进行登记注册。二是对各州的司法鉴定工作进行监督和指导，明确州司法鉴定检测局的主要职责是对鉴定人进行技术培训，负责鉴定质量，每2-3年对所有实验室进行测试和资格评估，制定通行的司法鉴定技术标准。三是全国每年定期举办年会，加强交流和合作。

4. 德国。德国司法鉴定机构的管理机关是司法部。德国大学法医学研究所接受司法部的指定从事法医学鉴定。

5. 俄罗斯。俄罗斯司法部统一管理全国的司法鉴定工作。卫生局负责指导全国法医学鉴定工作，管辖各级鉴定机构。

（二）国外司法鉴定管理体制的特点

第一，从管理模式来看，政府管理和行业自律管理相互作用。在英美法系国家，自律管理为主，政府管理为辅；在大陆法系国家，政府管理更为明显。

第二，从主体架构上来看，一般有管理政策制定者、主管机关和统一评估认定机构。这在澳大利亚表现最为明显。

第三，管理内容上，有鉴定人资格推荐制、公告制、注册制；有鉴定机构的评估认证制；有统一的技术标准和一些数据库等。

第四，从发展趋势上，管理朝集中方向发展。

二、国外司法鉴定机构设置情况及特点

（一）英美法系国家的司法鉴定机构设置

1. 英国司法鉴定机构

（1）英国专门的鉴定机构。英国有两个较大的"国家级"专门的司法鉴定服务机构，一是英格兰和威尔士鉴定科学服务局；二是苏格兰的鉴定同盟会。两机构接受委托，在全英为所有委托人和单位提供所有的鉴定技术，与其他规模较小的鉴定机构（如国防部门的鉴定有限公司、大学内的鉴定试验室、警察署内部的鉴定机构等）平等竞争，共同组成英国司法鉴定服务的平台和网络。

近年来，英国警方司法鉴定机构也进行改革，鉴定科学服务局就是英国1988年以来司法鉴定体制改革的产物。该局原系内政部的一部分，1991年从内政部剥离出来，独立于警察、皇家公诉人办公室、法院等系统，成为面向社会服务的专门的鉴定机构。在机构管理上，鉴定科学服务局独立于内政部，但内政部基于其原有的资产产权而持有一定比例的股份，并负责政策方面的指导；其鉴定科学服务局现有2000多人，其中鉴定专家1700人，研究人员12人，其身份也已转变为经营性的市场主体。鉴定科学服务局在威尔士、英格兰地区的伦敦、亨丁顿、伯明汉等6个地方设有专门的鉴定机构，这些机构接受威尔士、英格兰43个警察局的委托，也接受其他执法机构、公民个人、公司和海外机构的委托从事司法鉴定工作。每年作为专家证人出庭约3200多次，出刑事犯罪现场约1200次。

苏格兰的鉴定同盟会是一个与政府没有关系的，主要为警方提供鉴定服务的司法鉴定组织，每天24小时全方位为警方提供鉴定服务，

属于民间性质的私营公司。同时，也接受社会委托。

英国的私人公司也可以为国家提供鉴定服务，并且经警察总长许可，能够使用国家数据库。

（2）英国法院、检察院和警察机构鉴定机构设置情况。英国法院、检察院没有自己的鉴定机构。英国部分警察局按照需要、适当集中的原则设置了自己的鉴定机构，有直属内政部的法庭科学实验室系统，也有地方警察机构的鉴定机构。在没有设立鉴定机构的警察局有专门的技术人员负责现场勘察，需要鉴定的则对外委托。警局之间的鉴定机构互不隶属，接受委托进行服务。

一些专门的警察机构如不列颠交通警察局、国防部警察局、国家犯罪情报署等，也有鉴定机构。

（3）英国的法医学鉴定机构。在英格兰、威尔士和北爱尔兰实行验尸官或死因裁判官制度，在苏格兰则实行检察官佐证制度。由验尸官或检察官主持负责对可疑死亡案件的调查工作，验尸官、检察官本人并不从事鉴定工作。

在英格兰、威尔士和北爱尔兰，可疑死亡案件发生时均需向验尸官申报，由验尸官决定是否做尸体解剖，决定是否做第二次解剖。验尸官召唤的检验人员80%是大学法医学教授与临床病理医师。疑有谋杀的案件，验尸官直接召唤在内务部注册的病理学家进行解剖，或者临床病理医师解剖后保留尸体，由内务部解剖病理学家进行第二次解剖。第二次解剖时，第一次解剖的医师要到场介绍情况。

在苏格兰地区，凡死亡原因不明或有疑问的，由检察官决定是否将尸体送往大学法医鉴定机构进行尸体解剖。苏格兰内政和卫生局4所大学设4个法医学鉴定机构。各法医学鉴定机构行政上由大学管理，政府拨经费。法医学尸体检验必须有两名法医参加，共同在鉴定书上签字，两名法医均须在不同时间出庭，接受询问和质疑。因而，在英国，尸体解剖必须在验尸官或检察官主持下进行，警察无权进行尸体解剖。警察局内部的警察医或称警察外科医生只能对活体进行一定范围的检测，如血液、精斑等检验，解决的只是临床上一些问题。

2.美国司法鉴定机构

（1）美国鉴定机构设置总体情况。从鉴定所服务对象来分，美国的司法鉴定机构有属于执法机构的司法鉴定组织，专为执法活动服务，也有医疗卫生部门、大学、私人机构等设立的面向社会服务的鉴定组织。从鉴定机构资金来源划分，有政府投资的官方实验室和私人投资的私人实验室。官方的实验室分别隶属于联邦、州、县、地方政府部门，其中大部分实验室属警察机构或执法机构，其他的则分属公共安全部门、医疗卫生部门等。美国联邦政府的司法鉴定机构包括：隶属于联邦调查局和缉毒署实验室；隶属于财政部烟酒火器管理局科学服务处；

他山之石 REFERENCE

隶属于陆军部的犯罪调查局下设3个犯罪侦查实验室。此外，美国联邦政府的司法鉴定机构还有隶属于邮政总局的邮政稽查署实验室等。这些实验室不仅向本系统的执法机关提供司法鉴定服务，而且还应委托向美国各地的司法和执法机关提供司法鉴定服务。私人开设的实验室或个人和大学联合开设的实验室，规模相对较小，鉴定人员也比较少。

（2）美国法院、检察院和警察部门司法鉴定机构设置情况。美国法院、检察院没有设置鉴定机构。美国警察机构设有司法鉴定机构。美国大约有2万个大大小小的警察局。警局之间相互独立、互不隶属。因而，警察局的鉴定机构也是相互独立、互不隶属的。警察部门根据需要，按照适当集中的原则设置鉴定机构。官方的鉴定机构主要为执法机关提供服务。如美国伊利诺州警察局法庭科学中心是由州政府拨款建立的，鉴定人员作为政府的雇员，只为警察局服务。埃文斯顿市警察局只有10名现场技术人员，负责一般刑事案件的现场勘查工作。在遇到疑难现场或需要检验物证鉴定时，多求助于伊利诺州警察局的实验室。

（3）美国法医学鉴定机构。美国法医学鉴定体制是独立的鉴定体系，法医不属于法庭科学实验室或犯罪侦查实验室，也不隶属于警察系统、高等院校及科研机构，而是由统一独立的机构验尸官办公室或法医局负责管理，只有验尸官办公

室或法医局的法医鉴定人才可以出具法医学鉴定书，其他任何鉴定机构和个人无权出具法医学鉴定书。同英国一样，警方无权做尸体病理解剖、鉴定。美国验尸官制度是从英国传入的。通常验尸官由两党候选人中产生，大多数不考虑其法律与医学背景，任期2-4年。验尸官组织病理医师进行尸体检验。现在美国已有20多个州废除了验尸官制度，实行法医局鉴定制度（或医师鉴定人制度）。法医局接到警察通知后，派出调查员，了解案情，进行现场勘查。有的法医局有警察局的警察常驻，专门负责此项工作。

美国法医局领导体制各州也不完全统一，有三种形式：属于警察局领导的警察法医局；由当地卫生

局领导的独立法医局；直属县、市政府的司法局作为政府的一个机构。

（4）美国司法鉴定机构特点。

第一，美国司法鉴定体制具有分散性。这是与美国联邦制、当事人抗辩诉讼模式相适应的。近年来，美国出现了一些向集中制方向的改革。有些地区建立了多县联合实验室，如美国加利福尼亚州有一个县、市实验室合并计划，二者合并在大学里设立新的鉴定机构。

第二，司法鉴定机构中立性。美国各类实验室都是中立的，不附属在执法机构内，具有法人资格，能够独立对外承担责任。以委托方式提供监督服务，鉴定人不具备官方身份，作为专家证人出庭作证。

第三，政府投资的鉴定机构非营利性。美国公立实验室分别由联邦、州政府直接投资，不得进行营利性的服务。直接投资有利于人、财、物集中使用，造就了鉴定机构设备精良，人员结构合理，业务素质普遍较高。另一方面，直接投资减少鉴定机构对隶属部门的依赖性，从财力上保证鉴定机构的中立性和独立性。

3. 澳大利亚司法鉴定机构

（1）鉴定机构总体情况。澳大利亚鉴定机构主要有：警察机构的鉴定机构，政府的鉴定机构，科研机构、部分大学设有的鉴定机构，鉴定内容各有侧重。

（2）法院、检察院和警察部门

的鉴定机构。澳大利亚的法院、检察院没有自己的鉴定机构。

警察部门有鉴定机构。澳大利亚联邦和各州都有自己的政府和警察部门。州警察局专职从事司法鉴定的警察一般在100人左右，主要在现场、实验室开展鉴定工作，为警察部门服务，但它是比较中立的，不依附于具体刑事办案部门。如新南威尔士州警察局鉴定中心承担着司法鉴定和发展研究、教育培训的职责，不接受社会委托，鉴定是满足本职工作的需要。

由于澳大利亚是联邦制国家，各州情况不一样，有的州还设置了隶属于政府的警察科学服务局。

（3）法医学鉴定机构。澳大利亚的法医学主要由科研机构承担。

澳大利亚的临床病理学及医学研究院是澳洲最著名的能够提供良好病理学服务的机构之一。其分析实验室与法医学研究室直接提供司法鉴定服务。分析实验室内又设刑事技术服务部和法科学组。前者主要应用DNA技术为刑事案件的侦破提供技术服务，并参与澳大利亚国家数据库的建设。后者主要从事法医毒理学研究，通过毒物分析鉴定死因，并将有关结果提交法庭；除了完成验尸官委托的测试任务外，还接受警察的委托。又如，维多利亚法医学研究所，是由政府、银行和MONA SH大学于1988年共同出资建立，隶属于州政府。主要从事法医病理学、法医齿科学和人类骨骼鉴定。

源于英国传统，澳大利亚也有验尸官制度。验尸官实质是验尸决定官，并不直接从事验尸工作。

（二）大陆法系国家司法鉴定机构设置

1. 法国的司法鉴定机构

法国警察系统设有司法鉴定机构。如国家司法警察局附属的司法鉴定中心、巴黎警察局的中心实验室和毒物学实验室等；国家宪兵总局的技术处负责现场勘查和鉴定工作。

2. 德国的司法鉴定机构

（1）警察、检察、法院司法鉴定机构设置情况。德国检察院、法院没有鉴定机构。警察系统设立司法鉴定机构。分属于德国警察机构的联邦和州鉴定机构之间互不隶属。联邦刑事警察局的指纹鉴定部门为全国警察机构服务；州警察机构大多有自己的刑事技术检验和鉴定机构。

（2）德国的法医学鉴定制度。德国的法医学鉴定实行大学法医学研究所承担制，即德国的法医学鉴定工作均由各医学院校的法医研究所承担，法院、检察院都不设法医。德国法医学研究所既是教学科研机构，也是受司法部指定从事法医学检验的独立机构。德国现有77所大学设法医学研究所，均由教授领导。各大学法医研究所研究方向不同，如波恩大学法医学研究所重点研究法庭人类学；海德堡大学法医学研究所重点研究车祸的生物力学；美茵茨大学研究所研究法庭血清学及DNA分析。

3. 日本司法鉴定机构

（1）日本司法鉴定机构总体情况。日本警察系统、法院（限于情况鉴定）、法务部设有鉴定机构。

日本在地方警察机构中普遍设置鉴定课和科学（侦查）研究所，负责现场勘查、指纹、毒品、枪弹、笔迹等物证的鉴定工作。日本法院也设立鉴定机构，限于情况鉴定，如交通事故鉴定。

法务省负责检察、矫正与国家利害关系的诉讼等事务，其矫正局的医疗分类课就负责掌管被收容者的鉴别、分类及保护，负责关于犯人的指纹及其他个人识别事项。检察机关专设检察技术官，负责通讯或物证检查技术工作。

（2）日本法医鉴定机构。日本法医鉴定体制基本上承袭德国的法医学制度。现有的80所医学院均设有法医教研室，大多由教授领导。第二次世界大战以后，按美国体制在日本五大城市建立了法医局，建立了所谓"监察医制度"。目前仅有东京都和大阪实行日常的监察医制度，横滨和神户进行检视工作，其他地区这方面工作都已经停止。

（3）在日本，法医学解剖分为司法解剖与行政解剖。司法解剖由医学院校的法医室承担。但必须根据《刑事诉讼法》规定的手续，受警察、检察官的委托，获得法官鉴定处分许可证方能施行。司法解剖主要作刑事案件的尸体解剖。

行政解剖则由监察医务院承担，对全部非自然死亡、部分自然死亡（如曾诊治但发生急死、死因不明发病或死亡时状况异常，死因可疑、传染病及食物中毒等死前未确诊者）进行尸体解剖。根据东京都监察医务院规程，监察医对尸体进行检验时，应得到检察官及警察的协助，检验结束后，应将检验报告交给该警察署长。在没有监察医务院的地方，这类解剖也由医学院校的法医学教室承担。

由于日本法医解剖分成了司法或行政不同性质，就需要区别案件性质的机构和人员，加之日本专职法医不承担出现场勘查任务，这样就产生了检视官制度又称刑事调查官制度，即所谓的"警察医制度"，隶属于警察系统，多由具有多年刑事侦查经验和又通过约半年时间的法医学知识教育无法医解剖的实习训练的一定级别的警官担任，主要任务是：现场勘查、尸表检验，区分案件性质，参加司法解剖。检视官制度方便了警察工作，成为沟通警方和法医解剖受理单位的桥梁。

4. 俄罗斯司法鉴定机构

（1）俄罗斯民警系统设立鉴定机构，其最高领导机构内务部也设有刑事技术部门。

（2）虽然没有直接资料证实俄罗斯检察院设有鉴定机构，但从它与民警系统关于对犯罪案件管辖分工来看,以及检察院侦查局设有科学侦查处室来看,很有可能设有鉴定机构。

(3)俄罗斯司法部设有司法鉴定研究所、司法鉴定实验室。

(4)俄罗斯在全国或各州卫生部设立了法医鉴定所(局)或司法精神疾病鉴定中心(研究所),作为法医鉴定和精神病鉴定的法定机构,并受卫生部的统一领导。

(5)俄罗斯高等医学院也设法医教研组,担任法医教学和部分法医学鉴定工作。俄罗斯(前苏联)的司法鉴定体制对我国产生了重大影响。

(三)国外司法鉴定机构设置特点

1. 行使侦查权的机关普遍有自己鉴定机构。警察机关根据一定原则都建立鉴定机构。但在鉴定的范围、对象存在差异,绝大多数国家的警察机构不能作尸体解剖,而由大学或科研机构,或专门法医局进行鉴定。如美国、日本、澳大利亚、德国等。部分国家检察机关也设立鉴定机构,如韩国、日本。

2. 法院设置鉴定机构情况较为罕见,仅有日本。

3. 大学和科研机构设有专门的鉴定机构,是从事医学鉴定的主导力量。

4. 有些国家还专门设立法医局、监察医务院作为法医的专门鉴定机构,法医鉴定与其他鉴定分离,实行法医集中专门鉴定。▲

图书在版编目（CIP）数据

检察技术与信息化.2014年.第1辑/柯汉民主编
.--北京：中国检察出版社，2014.4
ISBN 978-7-5102-1174-4

Ⅰ.①检… Ⅱ.①柯… Ⅲ.①检察机关—工作—信息化—中国 Ⅳ.① D926.3-39

中国版本图书馆CIP数据核字(2014)第064355号

中国检察出版社

书　　名	检察技术与信息化 2014年第1辑

ISBN 978-7-5102-1174-4

执行主编	赵志刚
责任编辑	徐珂　王佳语
美术编辑	徐珂
技术编辑	王佳语
出版发行	中国检察出版社
地　　址	北京市石景山区香山南路111号（邮编100144）
邮　　箱	zgjccbsfxb@gmail.com
发行电话	010-68686531　010-68650029
新浪微博	@中国检察出版社
印　　刷	北京墨阁印刷有限公司
成品尺寸	185mm×260mm
版　　次	2014年4月第一版
印　　次	2014年7月第二次印刷
印　　张	13
字　　数	160千字
定　　价	29.00元

·本书如有缺页、破损、装订错误，可向本社调换·